こどもまんなか社会に活かす
「子ども家庭支援論」

監修

立花直樹・安田誠人

編

中　典子・青井夕貴・谷村和秀・吉田祐一郎

晃洋書房

は じ め に

この教科書で勉強する人は，将来，保育者となって「子どもの養護と教育」に携わることを夢みていることだろう．そんな皆さんには，是非ともソーシャルワークやカウンセリングの基本を学んでほしいのである．

保育という仕事は，物を作ったり，売ったりする仕事ではなく，生きている人を相手にする仕事である．医療，看護，教育，介護，福祉，心理など，人を支援する仕事をヒューマンサービス（対人援助職）と言うが，保育もヒューマンサービスの重要な職域の1つである．そのような仕事では，ホスピタリティ（人との接し方）を学ぶ必要がある．

ヒューマンサービスに従事する保育者は，子どもや保護者の信頼を得られなければ，本来の仕事ができない．信頼を得るには，高い専門性に加え，面接技術と子どもや保護者を理解する能力が求められる．

子どもや保護者と密接に接し，子どもや保護者を理解する方法がソーシャルワークであり，カウンセリングマインドを基本とした発達段階やライフステージにおける心理的支援でもある．この本はソーシャルワーク並びに心理的支援の基本を学び，保育現場における子どもや保護者との接し方を会得する書籍として編集されている．

とりわけ近年は，社会状況や子ども・保護者が変化して，保育の仕事が今までより難しくなってきた．これまでなら，保育者は保育所や幼保連携型認定こども園，幼稚園等へやってくる子どもや保護者を待ち受けて保育を行えばよかったが，現在は子どもを理解するため，保育所・児童福祉施設や幼保連携型認定こども園，幼稚園の中だけではなく，子どもが生活している家庭や地域社会を理解する必要性が増している．つまり，子育て支援や家庭支援を行ううえで，子どもや保護者だけでなく，子どもや保護者が日常的に過ごす家庭環境や地域社会についても，人間関係や状況を把握し理解した方が，よりニーズに的確に対応した援助ができるからである．

現在では"食生活"をはじめとして，"しつけ"など生活全般に課題がある家庭も少なくない．極端な場合には児童虐待のケースも珍しくない昨今である．そのような家庭の子どもに，行動やパーソナリティの偏りがみられることもある．また，子どもを取り巻く状況としては"貧困""虐待""特別な配慮""不登校""いじめ""多様な性""日本語理解が困難"など，多様で複合的な問題が山積していることから，小学校・中学校・高等学校等では「スクールカウンセラー」や「スクールソーシャルワーカー」といった専門職が活躍し，多様な専門機関や専門職と連携する中で大きな成果を上げている．そこで，2022（令和4）年度より幼児教育の分野にも「スクールカウンセラー」や「スクールソーシャルワーカー」が派遣されることが決まり，保育分野でも「カウンセリング」や「ソーシャルワーク」を本格的に導入していこうという機運が高まっている．2024（令和6）年からは，子ども虐待をはじめとした子どもやその家庭への支援ができる新たな専門資格として「こども家庭ソーシャルワーカー」の養成がスタートした．保護者支援や子ども家庭支援に携わった一定経験の

ある保育者も資格取得が可能となった.

さらには，2023（令和5）年4月から設置された「こども家庭庁」は「こどもまんなか社会の実現」をスローガンに掲げ，常に子どもの最善の利益を第一に考え，子どもに関する取組・政策を社会の真ん中に据えている．今後は，ますます子どもの権利を重視し，子どもを中心とした保育や子育てが実践されていくために，様々な専門職が協働する時代となっていくだろう．

あなた方の理想とする保育が行われ，子どもと保護者の信頼を得て，子どもの健全な発達に寄与できるよう，子どもと保護者を理解し，問題の解決もしくは緩和のノウハウとして，本書で「相談支援」や「心理的支援」の基礎を学んでもらいたい．

最後に，少子化社会に生まれ育ったあなた方の中には，人との付き合い方や接し方が得意ではない人もいる．また，外遊びや野外活動等の経験が少なく，たくさんの友人と日が暮れるまで戯れた経験も豊富でないかもしれない．そこで本書を活用し，各理論の意義や種々の法制度がもつ背景を理解する中で，様々な事例から具体的場面を思い浮かべて，"ヒューマンサービスの理論" や "対人援助のノウハウ" を学ぶことは，あなた方の人生にとっても有益であろう．

保育者を目指す皆さんには，高い問題意識と使命感，そして希望を持って学んでいただきたい．

2024年12月

編者と執筆者を代表して　立 花 直 樹

※1　文部科学省では「子供」を用い，こども家庭庁では「こども」を用いている．ただし社会において最も用いられているのは「子ども」という表記である．本書では法律や制度における名称等については，それぞれの表記を優先するが，主語などで一般的に用いる際は「子ども」と表記している．
※2　「保育所等」および「保育園等」と記載している文言については，認定こども園や小規模保育施設等を含んでいる．
※3　「保護者等」または「親」と，場面によって表記が異なる場合があるが，いずれも同じ意味をあらわしている．

ワークとワーク解説をご希望の方へ

「ワーク」とその要点をまとめた「ワーク解説」（本書には未掲載です）を小社HPよりダウンロードしてご利用いただくことができます．但しご利用については，本書をご講義等でご利用いただいている教員の方のみに限定させていただきます．

「ワーク」と「ワーク解説」をご希望の方は，下記専用のメールアドレスに
　　①　書名『こどもまんなか社会に活かす「子ども家庭支援論」』
　　②　お名前
　　③　所属
　　④　所属先住所
　　⑤　お電話番号
　　⑥　メールアドレス
をご記入のうえご連絡ください．送信いただいたメール内容を確認の上，「ダウンロード手順」について，小社よりご連絡いたします．

晃洋書房ワーク専用メールアドレス：exp@koyoshobo.net

目　　次

はじめに

子ども家庭支援・子育て支援における関連法律一覧

第 I 部　子ども家庭支援の意義・役割・基本と体制

第 II 部　多様な支援の展開と関係機関との連携

子ども家庭支援・子育て支援における関連法律一覧〈五十音順〉

＊（　）内は法律の正式名称

アレルギー疾患対策基本法

育児・介護休業法（育児休業，介護休業等育児又は家族介護を行う労働者の福祉に関する法律）

いじめ防止対策推進法

医療的ケア児支援法（医療的ケア児及びその家族に対する支援に関する法律）

LGBT 理解増進法（性的指向及びジェンダーアイデンティティの多様性に関する国民の理解の増進に関する法律）

学校教育法

個人情報保護法（個人情報の保護に関する法律）

子ども・子育て関連3法

　　関係法律の整備法（子ども・子育て支援法及び就学前の子どもに関する教育，保育等の総合的な提供の推進に関する法律の一部を改正する法律の施行に伴う関係法律の整備等に関する法律）

　　子ども・子育て支援法

　　認定こども園法の一部改正（就学前の子どもに関する教育，保育等の総合的な提供の推進に関する法律の一部を改正する法律）

こども家庭庁設置法

こども基本法

子どもの権利条約

こどもの貧困の解消に向けた対策の推進に関する法律

子ども・若者育成支援推進法改正（子ども・子育て支援法等の一部を改正する法律）

次世代育成支援対策推進法

児童虐待防止法（児童虐待の防止等に関する法律）

児童手当法

児童福祉法

児童福祉法改正（児童福祉法等の一部を改正する法律）

児童扶養手当法

障害者基本法

障害者差別解消法（障害を理由とする差別の解消の推進に関する法律）

障害者総合支援法（障害者の日常生活及び社会生活を総合的に支援するための法律）

少子化社会対策基本法

少年法

女性支援新法（困難な問題を抱える女性への支援に関する法律）

身体障害者福祉法

生活困窮者自立支援法

生活保護法

精神保健福祉法（精神保健及び精神障害者福祉に関する法律）

男女雇用機会均等法（雇用の分野における男女の均等な機会及び待遇の確保等に関する法律）

知的障害者福祉法

特別児童扶養手当等の支給に関する法律

配偶者暴力防止法（配偶者からの暴力の防止及び被害者の保護等に関する法律）

発達障害者支援法

母子及び父子並びに寡婦福祉法

母子保健法

民法

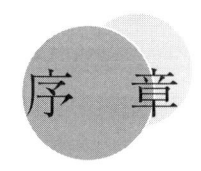

序　章

子ども家庭支援のシステム

第1節　保育者の役割

　保育者は，「保姆」として貧困地域の児童に対する子育て（保育）を担う者として出発した．「保姆」とは，語源である中国語では「お手伝い，家政婦」という意味で使用されていた．日本でも，明治期以降に開設された「子守学校の保育室」「貧困地域の託児施設や幼稚園」「孤児施設」などで働く無給や少給の保育者（家庭で保育の難しい乳幼児の保育を行う女性）を「保姆」と呼んでいた．その頃の保育（子育て）は，社会や国民から「専門的な知識や技術がなくても誰でもできる仕事」と捉えられていた．

　しかし，1891（明治24）年の文部省令第18号（「幼稚園図書館盲唖学校其他小学校ニ類スル各種学校及私立小学校等ニ関スル規則」）において，幼稚園保拇の資格が規定され，1925（大正15）年に幼稚園令が制定されると，同令および同施行規則（文部省令第75号）によって，尋常小学校本科正教員程度以上の者を保姆有資格者としたことから，幼稚園保姆の専門性や地位・労働条件は向上していった．

　一方，幼稚園保姆以外の保姆については，昭和初期における託児所の急増とともに託児所保姆に対する私的団体による養成講習が徐々に拡大し，1948（昭和23）年に「保母養成施設の設置及び運営に関する件」（厚生省児童家庭局長通知第105号）で，保母養成校並びに保母講習が設置され，1949（昭和24）年からは資格試験がスタートしたことで，「保姆」から「保母」に名称が変わり，徐々に専門性が認められるようになっていった．

　その後，1977（昭和52）年の児童福祉法改正時に，女性のみならず男性も，保母養成校や保母試験を受験することが認められ，保育に従事できるようになった．

　さらには，1999（平成11）年の児童福祉法改正で「保母」が「保育士」へと名称変更され，2001（平成13）年時の児童福祉法改正で「児童に対する保育」に加え「保護者に対する保育指導」も保育者の主たる業務と位置づけられるようになった．加えて，2008（平成20）年に改訂された「保育所保育指針」では，新たに「保護者に対する支援」の章が設けられ，同年に改訂された「幼稚園教育要領」や2013（平成26）年に制定された「幼保連携型認定こども園教育・保育要領」においても「子育て支援」の項目が設けられ，「保護者に対する相談支援・相談援助」「地域における子育て支援」が保育者の重要な役割と位置づけられた．

　そして，2015（平成27）年からは，子ども・子育て支援新制度がスタートし，家族機能の弱体化や待機児童家庭への対応の為，子育てを行う保護者や家庭を支援し社会全体で子育てを推進することが必要になり，「児童」「保護者」のみならず，「児童と保護者も含めた家庭全体への支援」が求

められている.

第2節　子ども家庭支援論とは

　2019（平成31・令和元）年度より保育士養成科目に「**子ども家庭支援論**」が新たに設置された.
子ども家庭支援論は, 従来科目の「**家庭支援論**」をベースとして, これまでの「保育相談支援」の
保護者支援の部分と「**相談援助**」のソーシャルワークの理論と方法の部分を融合させ, 幅広く「児
童と保護者も含めた家庭全体への支援」を実践的に学んでいく科目となった.

　児童を取り巻く様々な問題は, 就学後に発生するばかりでなく, 多くが乳幼児期から兆候が見ら
れたり問題が発生したりしているため, 早期に発見し相談を受け適切な対応が必要と考えられてい
る. 2021（令和3）年8月に, 文部科学省が幼児教育の分野にも「**スクールカウンセラー（SC）**」
と「**スクールソーシャルワーカー（SSW）**」を派遣し, 全国的に "小1プロブレム" を解消する方
針を決定した. 2015（平成27）年度から, 全国の小学校・中学校・高等学校に配置されるようになっ
たスクールソーシャルワーカーが, 虐待, 発達の遅れ, 障がい, 貧困, いじめ, 不登校, DV, 保
護者の体調不良や精神疾患などの問題に対して, 対象者である児童・保護者はもちろん家庭や地域
という生活環境, さらには関係機関・施設・事業所に働きかけ, 児童が在籍する学校の教員と協働
して, 問題の低減や課題解決に成果をあげてきたことが大きい（子どもや家庭における様々な課題や
事例・対応方法については, **第9章～第15章**参照）.

　また, 2016（平成28）年4月からの「障害者差別解消法」の施行により, 同年6月より児童福祉
法が改正され, これまで保育所・認定こども園・幼稚園等における受け入れを等閑にされてきた「**医
療的ケア児**（重度の障がいがあり, 常時医療的なケアを必要とされる児童）」を保育現場で受け入れる
努力義務が課された. さらには, 2021（令和3）年6月に成立した「医療的ケア児支援法」におい
て, 保育所・認定こども園・幼稚園・学校等で, 医療的ケア児を支援する責務を明記している. 今
後は, 重度の障がいがあっても, 地域の保育施設や教育施設等で友人と保育や教育を受けることが
保障される社会（インクルーシブな共生社会）になっていくことになる（**第13章**参照）.

　この様に, 近年, 保育現場で重視されている「**ソーシャルワーク**（相談援助や相談支援）」とは何
かを考えることが重要である. また, 子どもや保護者などに対して, ソーシャルワークを実践する
際に必要な知識や技術が, 子ども家庭支援の中でどのように活かされるのかを理解することが保育
者には重要である.

第3節　子ども家庭支援の構造やサービスを計る4つの要素

　まず, 子ども家庭支援の構造を考えれば, 2つの要素から成り立っている. 1つは, 法律・制度,
建物・設備など "見える（visible）要素" であり, もう1つは, ソーシャルワークといわれる "見
えない（invisible）要素" である（**図序-1**）. 言い換えれば, 前者はハードの要素であり, 後者はソ
フトの要素である. どんなに最新の設備や建物である保育施設であったとしても, そこで働く保育

子ども家庭支援 ─┬─ 法律・制度，建物・設備（見えるハードの要素）
　　　　　　　　 └─ 知識，技術，価値観・倫理観，関係性（見えないソフトの要素）

図序-1　子ども家庭支援の構造

（出典）西尾監修（2019：3）を筆者が修正.

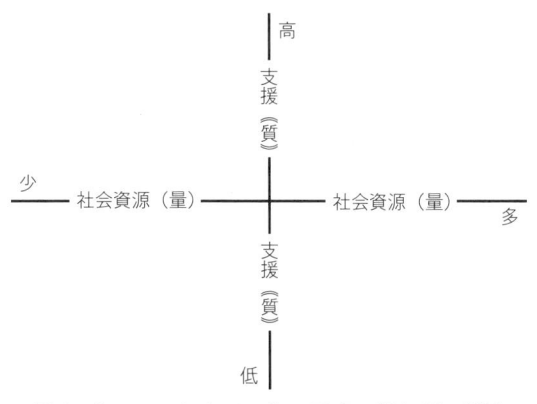

図序-2　ハードやソフトの要素の質と量の構造

（出典）筆者作成.

者に知識や技術が無い状況で，子どもや保護者が満足できる保育サービスを提供できるだろうか.反対に，知識や技術の高い保育者ばかりが働く保育施設であったとしても，エアコンが壊れていて温度調整もできず雨漏りがするような建物で，子どもや保護者が満足できる保育サービスを提供できるだろうか.

　さらに，子ども家庭支援のサービスを考えれば，2つの要素から成り立っている．1つは，社会資源（マンパワー，施設・事業所，種類など）という“見える要素（量）”と援助・支援（ソーシャルワークや保育など）の“見えない要素（質）”である．地域に沢山の施設があり選択し放題の状況であったとしても，各施設で働く保育者や専門職が新人ばかりでうまく援助や支援ができない状況で，子どもや保護者は満足できるだろうか．反対に，有名なカリスマ保育者や専門職が働く施設があったとしても，地域に施設が1つしかなく中々利用できない状況で，子どもや保護者は満足できるだろうか（**図序-2**）.

　子ども家庭支援に必要な4つの要素については，テーマごとに**第1章～第8章**で深く学ぶことができる.

第4節　法制度，機関，施設

　社会福祉の法制度としては，基盤となる社会福祉法があり，そこから枝分かれするように，児童福祉法，生活保護法，老人福祉法，母子及び父子並びに寡婦福祉法，身体障害者福祉法，知的障害者福祉法などの各福祉法が制定されている．また，近年の保健・医療・福祉の連携の流れから，社会福祉に関する法律には，障害者総合支援法，精神保健福祉法，売春防止法，母子保健法，子ども・若者育成支援推進法，生活困窮者自立支援法，配偶者暴力防止法などと連関した各種のサービスや事業が規定されている．そして，各々の法律に基づき，様々な種別の「相談援助（ソーシャルワー

表序-1　ソーシャルワークに関連する法制度，機関，施設の一覧

法　　律	機関	施設および団体
社会福祉法	福祉事務所	社会福祉協議会
児童福祉法	福祉事務所，児童相談所，保健所，こども家庭センター	助産施設，乳児院，母子生活支援施設，保育所，幼保連携型認定こども園，児童厚生施設，児童養護施設，障害児入所施設，児童発達支援センター，児童心理治療施設，児童自立支援施設，児童家庭支援センター，里親支援センター
生活保護法	福祉事務所	救護施設，更生施設，医療保護施設，授産施設など
母子及び父子並びに寡婦福祉法	福祉事務所，母子家庭等就業・自立支援センター	母子・父子福祉センター，母子・父子休養ホームなど
身体障害者福祉法	福祉事務所，身体障害者更生相談所，身体障害者福祉センター	障害者支援施設，視聴覚障害者情報提供施設など
知的障害者福祉法	福祉事務所，知的障害者更生相談所	障害者支援施設など
障害者総合支援法	障害者地域生活支援センター	障害者支援施設など
精神保健福祉法	精神保健福祉センター	医療施設など
女性支援新法（困難な問題を抱える女性への支援に関する法律）	女性相談支援センター，女性健康支援センター	女性自立支援施設など
母子保健法	産後ケアセンター，こども家庭センター	
子ども・若者育成支援推進法	子ども・若者総合相談センター	
生活困窮者自立支援法	自立相談支援機関	就労支援施設など
配偶者暴力防止法	配偶者暴力相談支援センター，児童相談所	一時保護施設，地域シェルターなど

（出典）筆者作成.

ク）を行う機関」や「サービスを提供し各種相談支援（ソーシャルワーク）を行う施設」が設置・運営されている（**表序-1**）.

第5節　ソーシャルワーク

　ソーシャルワークとは前節の法律・制度や建物・設備，マンパワーや施設・事業所を効率的に運営し，困難に陥っている個人，集団，地域を効果的に援助するための知識，技術の体系であるといえる.

　児童福祉を例にとって説明しよう. 児童福祉法に基づいて児童相談所という機関が設置されているが，児童相談所には，児童に関するあらゆる相談，判定，福祉の措置（保護者の指導，施設入所の決定など），一時保護などの役割が課せられている. しかし，このような業務は素人には不可能であり，様々な児童に関する知識を身につけ，児童のニーズを的確に把握し，適切な方途を講ずることができる人材が必要である. そのため，児童相談所には医師，児童福祉司，児童心理司，保育士などの専門職が配置されている. 同様に児童養護施設には被虐待など様々な背景と問題をかかえた児童が入所してくる. そこで，児童養護施設には保育士，児童指導員，家庭支援専門相談員（ファ

ミリーソーシャルワーカー），里親支援専門相談員，栄養士，看護師などの専門職が配置されている．

　もし，それら機関や施設を運営するに当たって必要な倫理観をもたず，様々な児童や家族，地域社会を深く理解できず，個別に適切な援助を提供できる知識と技術がなければ，最新の設備を兼ね備えた児童相談所も児童養護施設などの機関や施設も，単なる「箱」に成り下がってしまう．法制度や機関，施設を有効に機能させる価値，知識および技法がソーシャルワークであり，社会福祉の極めて重要な要素なのである．

　このような構造は医療や教育などの他の社会制度でも共通している．例えば医療では病院や保健所が"見える要素（ハード面）"であり，そこで働く医師や看護師の業務は"見えない要素（ソフト面）"である．もし医療専門職が提供する専門的サービスがなければ，病院や保健所はただの箱でしかない．教育においても同様に，学校や博物館なども専門的教育と訓練を受けた教員や学芸員が配置されてはじめて本来の機能を果たすことができる．

第6節　ソーシャルワークの誕生と歴史

　19世紀のヨーロッパにおける無秩序で恣意的な慈善の弊害への反省から，ソーシャルワークが芽生えた．1869（明治2）年にイギリスのロンドンで誕生した**慈善組織協会**（COS：Charity Organization Society）は，慈善活動や援助物資の調整を行い，"Face to Face（顔を合わせて，相手の表情や状態を確認する）""Mind upon Mind（相手の気持ちを汲み取り信頼関係を築き，ニーズを引き出す）"という，2つの援助のスローガンをもって，訪問援助訓練を受けた**友愛訪問員**（Friendly Visitor）が援助活動を行った．困難に陥っている人への援助は，対象療法的援助だけではなく，困難に陥っている原因を突き止め，根本的な対策が必要になる．開発途上国への援助も同様で，差し当たっての食料援助だけではなく，食料増産のノウハウの伝達，農器具・肥料などの援助を通じて，途上国の自立を助ける援助が求められているのと変わりはない．

第7節　直接援助と間接援助

　一般的にソーシャルワークは**直接援助**と**間接援助**とに分けて説明される．『現代福祉学レキシコン』（京極監修，1993）はその仕組みを軍隊モデルで説明している．直接援助は戦争の際の第一線部隊（front line）で，困難に陥っている個人，集団，地域社会を直接援助（face to face social work）する実戦部隊に位置づけている．間接援助は第一線部隊が直接援助を効果的に展開できるよう，資源を開発・調整する役割（behind the scenes social work）を担う．直接援助は多様多種の社会資源があって初めて有効な援助が期待できるのであり，一方，間接援助も第一線から情報のフィードバックがなければ業務の効果的な遂行が望めない．この両者は車の両輪のごとく互いに補い合いながらバランスよく遂行されないと，福祉の向上は期待できない．

　直接援助と対比して間接援助は，直接援助が効果的に遂行されるよう，つまりケースワーカーやグループワーカーが活動しやすいように条件を整える業務である．間接援助は軍隊用語で**兵站**と呼

ばれる任務に相当する業務で，第一線部隊に弾薬や食料を補給する役割を担うもので，兵站を軽視する軍隊は弱い軍隊である．同様にソーシャルワークでも，福祉制度の充実，福祉ニードの鮮明化，社会資源の創出，調整などを担当する部署が整備されていないと直接援助に携わるソーシャルワーカーは実力を発揮できない．

第8節　ソーシャルワーカーとは

これまで述べたように，ソーシャルワークは幅広い守備範囲をカバーしているが，ソーシャルワークを行うソーシャルワーカーには，社会福祉士や精神保健福祉士といった国家資格がある．社会福祉士および介護福祉士法では，ソーシャルワーカーを次のように定義している．

> 「専門知識及び技術をもって，身体上もしくは精神上の障害があること，または環境上の理由により日常生活を営むのに支障のある者の福祉に関する相談に応じ，助言，指導その他の援助を行う」．

社会福祉士がソーシャルワーカーであるとして，この法律では社会福祉士の業務としては，直接援助しか念頭に置いていないため，非常に狭い定義になっている．しかし，国際的視点に立つと上記の幅広い活動領域がソーシャルワーカーの職務であるというのが一般的見解である．

例えばアメリカの社会福祉学者 R. L. バーカー（Barker, 1991）の定義は次の通りである．

> 「ソーシャルワーカーとは専門の大学を卒業し，または大学院修士課程を修了し，クライエント（個人，家族，集団，地域，社会など）の社会的援助を提供できる知識と技術を有する者である．そして，ソーシャルワーカーは人々が抱える問題を解決する能力を向上させ，社会資源を活用させ，クライエントに他者や環境との関係を改善させるとともに，人々を結集させ，社会的施策を充実させる働きをする」．

また，国際ソーシャルワーカー連盟（IFSW：International Federation of Social Workers）は次のように定義している（ソーシャルワークのグローバル定義：本書巻末資料参照）．

> 「ソーシャルワークは，社会変革と社会開発，社会的結束，および人々のエンパワメントと解放を促進する，実践に基づいた専門職であり学問である．社会正義，人権，集団的責任，および多様性尊重の諸原理は，ソーシャルワークの中核をなす．ソーシャルワークの理論，社会科学，人文学，および地域・民族固有の知を基盤として，ソーシャルワークは，生活課題に取り組み**ウェルビーイング**を高めるよう，人々やさまざまな構造に働きかける．
> 　この定義は，各国および世界の各地域で展開してもよい」．

ブラジル人の教育学者であった P. フレイレ（Freire, P. 1921-1997：エンパワメントの父）が，貧困地域で識字教育を推進する中で，「貧困を抜け出すために，言葉の読み書きを学習する中で，暮らしを変え，意識を変え，人生を変えていくこと」を貧民たちとともに実践し，成果を収めたこと

からエンパワメント(empowerment)という言葉が生まれた．その後，アメリカの **B. ソロモン**(Solomon, B. 1934–)が，1976（昭和51）年に『黒人のエンパワーメント』を著し，ソーシャルワーク分野でのエンパワメントの重要性を指摘した．

　今日では，「援助を必要としている人自身が，自らの生活状況や課題を改善する社会的・経済的・政治的能力を高め，自らの人生のあり方を決めることができるよう援助すること」をエンパワメントという．

第9節　ヒューマンサービスとソーシャルワーク

　医療，保健，介護，教育（保育を含む），福祉などの人との関わり，人を援助する仕事をヒューマンサービスと名付けている．言い換えると，物を作ったり，修理したり，販売したりする職業ではなく，人を援助する職業である．

　医療は病気に苦しむ人に対して治療を行い，保健は人の健康保持を手助けする．介護は日常生活に支障ある人を援助して，その人の日常生活を円滑にする．乳幼児に対する保育は，遊びや社会のルール・生活習慣の習得などを通じて，人間としての成長発達を援助する．教育は全ての年齢層の人に対して，知識・技術などを教え，人間に内在する素質や能力を発展させる．福祉は困難に陥っている人に対して，様々な社会制度を活用しながら，困難を解消もしくは軽減するため援助する仕事である．

　これらの仕事に従事する人は，患者やサービスを活用する人（援助対象者）の信頼をかち得て，相互の信頼関係を築かなければ，それぞれの仕事を効果的に果たせないのである．この信頼関係を社会福祉では**ラポール**（rapport）と呼んでいる．

　人を援助する専門職が，援助対象者とラポールを形成するのに最も効果的なのは，ソーシャルワークの知識と技法なのである．**ヒューマンサービス**に従事する人は，この意味でソーシャルワークを学ぶ必要があるのである．保育者もまず，担当児童とその親との間にラポールを形成し，児童の保育や両親への援助が円滑に効果的に遂行されるように努めなければならない．保育者がその本来の業務を立派に果たすために，ソーシャルワークを学び，身につけることが求められている．

　本書の各章で，子ども家庭支援に関するテーマや課題ついて，"見える（visible）要素"と"見えない（invisible）要素"に必要な知識・技術・価値観を高める中で，理論と実践力を兼ね備えた保育者を目指して頂きたい．

（立 花 直 樹）

第Ⅰ部
子ども家庭支援の意義・役割・基本と体制

第1章

子ども家庭支援の意義・目的と機能

学びのポイント

　保育者を志す学生のなかには，保育者の業務が保育に加えて子どもの育つ家庭や保護者支援を行う役割も求められることを入学後に知る者も少なくない．第1節では現代の子どもが育つ家庭や子育て環境について述べ，保育者だからこそ行える支援の意義について述べる．第2節では保育者がなぜ子ども家庭支援を行うのか，複数の視点から支援の目的について述べる．第3節では子どもや保護者の身近な専門職として継続的な関わりかつアウトリーチが行える保育者の強みを生かした機能について学ぶ．

事前学習課題：1章の本文を読み，学びのポイントにあるキーワードについて，その言葉の意味を書き出しましょう．

事後学習課題：1章で学んだ内容から，あなたが保育者として何を大切にしたいのか決意表明しましょう．

　キーワード：子どもの最善の利益，アンコンシャス・バイアス，アウトリーチ

第1節　子ども家庭支援の意義

1　子どもや家庭をとりまく現状

　2024（令和6）年4月現在，15歳未満の子どもの推計人口は1401万人であり，43年連続減少と少子化に歯止めがかからない状態である（読売新聞2024年5月4日）．内閣府の少子化に関する国際意識調査（2021年）において「子どもを生み育てやすい国と思うか」と質問したところ，「そう思う」と回答した割合はドイツ77％，フランス82％，スウェーデン97％であったのに対し，日本は38％と対照的に低い結果となった．

　子育てを「自己責任」とみなし，親子を苦しめる社会・政治の制度・慣行を「**子育て罰**」と表現される（末冨・桜井，2021）ように，子どもの声がうるさいという理由で公園が閉鎖され（朝日新聞デジタル2023年8月11日），認可保育所の建設反対運動（東京新聞2024年6月30日）などの例が実際にみられる．子どもや子育てに温かいまなざしが向けられているとは言い難い状況がある．

2　子どもの最善の利益と子どもが育つ家庭のギャップ

　1995年前後に専業主婦世帯と共働き世帯の割合が逆転して以降，共働き家庭は上昇し続けている（内閣府男女共同参画局，2022：特-7図）．そして保護者，とりわけ母親の就業が子どもの生活に大

きな影響を与えている．睡眠を例にとると，母親の帰宅時間の遅さが子どもの就寝時間の遅さや睡眠時間の短さにつながっている（冬木・佐野，2019）．「就寝時刻」および「生活習慣」はさらに幼児・児童の朝食欠食につながっている（小林・篠田，2007）．乳幼児期の睡眠の問題については，ADHDなどの発達障害との関連や，その後の就学期における自律神経症状など健康状態への影響も指摘されている（三池，2021）．

　一方で保護者の時間的な余裕のなさや子育て経験の乏しさから子どもとの接し方が分からないなど様々な理由から，「**スマホ育児**」といわれる事象がみられるようになっている．0歳後半から6歳児がスマートフォンに接する頻度は「ほとんど毎日」が約2割であり，中には4時間以上も使用しているケースもある（ベネッセ教育総合研究所，2017：27）．このように，子どもの育ちにおいて「子どもの最善の利益」が十分に守られているとはいえない現状が一部に見られる．

3　根強い育児や家事に関するアンコンシャス・バイアス

　諸外国と比較して日本は男女とも仕事など対価を得る有償労働，家庭内での育児など無償労働をあわせた総労働時間が長く，時間的にはすでに限界まで労働しているのが現状である．とりわけ母親の負担は大きく，日本は育児や家事などの無償労働時間の男女比が1：5.5と比較国中で一番差が大きい（内閣府，2020）．

　その根本的な要因の1つとして，育児や家事に関する**アンコンシャス・バイアス**（性別に基づく無意識の思い込み）がある．内閣府（2021b）が行った調査では，回答者の76.3％に，性別に基づく無意識の思い込み（アンコンシャス・バイアス）があった．「直接言われた経験」よりも「言動や態度から感じた経験（間接経験）」の方が多く，男性より女性の方が，性別に基づく役割や思い込みを決めつけられた経験があると多く回答している．育児や家事に関するものとしては，「育児や家事は女性がするべきだ」「共働きで子どもの具合が悪くなった時，母親が看病するべきだ」といった固定観念が強く残っていることも明らかになった．このことは子育て当事者である保護者自身や，家族や親族をはじめとする周囲の人々，そして保育者にもあてはまる可能性がある．

4　保育者が行う子ども家庭支援の意義

　2024（令和6）年6月に子ども・子育て支援法などの少子化対策関連法が改正され，「**こども誰でも通園制度**」が試験的に導入され，2025（令和7）年度から実施に向かっている．保育所等に通っていない満3歳未満の子どもを対象とし，「全てのこどもの育ちを応援し，こどもの良質な成育環境を整備するとともに，全ての子育て家庭に対して，多様な働き方やライフスタイルにかかわらない形での支援を強化するため，就労要件を問わず時間単位等で柔軟に利用できる新たな通園給付」であり，「子どもの育ちに適した人的・物的・空間的環境があり，専門職がいる場で，家庭とは異なる経験や，家族以外の人と関わる機会が得られる，子どもにとって年齢の近い子どもとの関わりは，社会情緒的な発達への効果的な影響がある」「保護者が専門職から子どものよいところや成長を伝えられたり，子どもをともに見守る人がいると感じたりすることで，子どもへの接し方が変わったり新たな気づきを得たりして，子どもとの関係性や子どもの育ちにもよい影響がある」（こども

家庭庁，2023b）とされ，保育者に対する期待も大きい.

　子ども家庭支援の根幹的課題は，「視点の変換」「意識の変換」である. 性別役割に関する意識的な変換はもちろん，子育てにおける保護者の役割の捉えなおしが必要である. 2015（平成27）年に施行された子ども・子育て支援新制度の「子育てを社会全体で支える」という理念はいまだ人々のなかに浸透しているとは言い難い. 保育者は専門職として，保護者と社会の双方に対して意識の変換を伝えやすい立場にある. 保育者の強みを生かした子ども家庭支援の１つとして，まずは自らのアンコンシャス・バイアスを意識することからはじめ，社会全体で子育てを行う意識の変革・醸成の中心的役割を果たすことが求められている.

第２節　子ども家庭支援の目的

1　子ども家庭支援の捉え方

　子ども家庭支援という言葉は，「子ども」「家庭」「支援」の３つの言葉から成り立っている. 子どもが育つ基盤である家庭を支援する，もしくは子どもと家庭の両方を支援する，などいくつかの捉え方が考えられる. そして子ども家庭支援と同義の概念，類似した概念として「子育て支援」「保護者支援」もある. 本章では子ども家庭支援における具体的実践として保護者支援をイメージしながら論を進めていく. 子ども家庭支援は保育者が本来行う保育実践そのものではなく保育に付随する取り組みであるため，保育者によって「経験年数が豊かな保育者だからできるもの」「管理職が行うべきもの」など，捉え方が個々に異なる可能性がある. しかし専門職として行う実践は，立場や経験年数を問わず，誰が行っても一定の質が確保されるべきである. 専門性をもった子ども家庭支援を行うために，目的や役割をしっかり理解し，意識して支援を行うことが大切である.

2　子どものため

　まず，子ども家庭支援を行う一番の目的が子どものためであることは言うまでもない. **子どもの最善の利益**は，保育者にとって何よりも守るべき価値である. その理念について児童福祉法第１条では「全て児童は，児童の権利に関する条約の精神にのつとり，適切に養育されること，その生活を保障されること，愛され，保護されること，その心身の健やかな成長及び発達並びにその自立が図られることその他の福祉を等しく保障される権利を有する」とあり，第２条で「全て国民は，児童が良好な環境において生まれ，かつ，社会のあらゆる分野において，児童の年齢及び発達の程度に応じて，その意見が尊重され，その最善の利益が優先して考慮され，心身ともに健やかに育成されるよう努めなければならない」と規定されている. 全国保育士会倫理綱領も最初の項目として「子どもの最善の利益の尊重」を揚げ，「私たちは，一人ひとりの子どもの最善の利益を第一に考え，保育を通してその福祉を積極的に増進するよう努めます」と定めている（全国保育士会，2018）.

　一方で子どもの育つ家庭環境は様々である. 18歳未満の子どもへの児童虐待件数は，30年連続で増え続け，2022（令和４）年度は過去最多の21万9170件となった（こども家庭庁，2022）. また明確に虐待とまではいえない，グレーゾーンともいえる不適切な養育，いわゆる**マルトリートメント**の

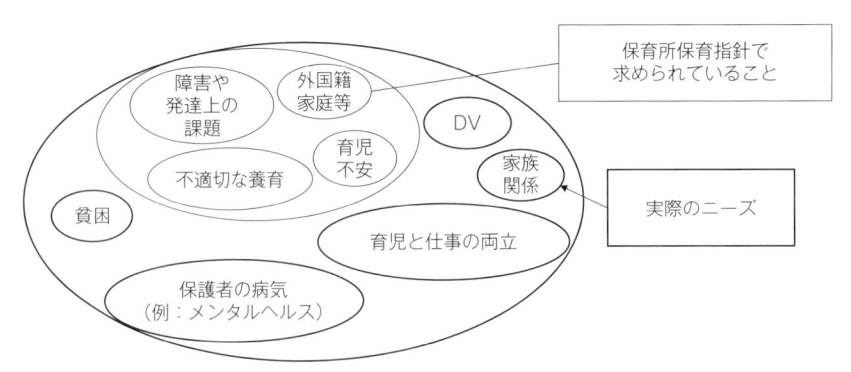

図1-1　保育所保育指針で求められている支援と実際のニーズとのギャップ

（出典）筆者作成.

実態は数値で把握されている以上に多いことが推測される. 例えば, 園児の中に持ち物が揃わない, あるいは洗濯されていないままの子どももいる（丸目・八重津・渡辺, 2021：20）.

　前述の全国保育士会倫理綱領は解説文において,「子どもを取り巻く家庭や地域の環境を踏まえ, 生まれてから成人にいたるまでの発達を長期的視野でとらえながら, 現在（いま）の福祉の増進を図ること」としている. つまり, 子どもの現状に対する改善はもちろん, 将来にわたって育ちに大きな影響を与える事象を軽減するために, 保育実践と並行して家庭や地域など子どもが育つ環境にも目を向けていく必要があることを示しているともいえる.

3　保護者のため

　「赤ちゃんや小さい子どもとふれあう機会がよくあった（よくある）」と答えた未婚者は4割前後であり（国立社会保障・人口問題研究所, 2022）, 少子化や核家族化のなかで多くの保護者は子育てに関する経験や知識が乏しいまま子育てをスタートしている. さらに子育て中の孤立や孤独に関する調査では, 74.2%の母親が「孤立や孤独」を感じているにも関わらず, 子育てで頼れる存在については約1割が「頼れる存在はいない」と回答している.（PIAZZA, 2024）. 親族や地域との関係が希薄化するなかで, 中には誰にも頼ることができず, 孤独や孤立を抱えながら育児を行っている保護者の存在があることも明らかになっている.

　一方で保護者が抱えている問題や課題は子育てに関することだけではない. 図1-1に示すように, 仕事と家庭の両立や, 家族間の人間関係, また保護者自身の疾患や障がいなど, 子育て以外の問題が結果として子育てに影響を与えている場合も考えられる.

　上記のいずれに対しても, 子どもと保護者の一番身近な存在である保育者は, 問題に気づきやすく, そして介入しやすい強みを持っている. 保護者や家庭が抱えている問題や課題の解決なくして, 子どもの最善の利益は成立しえないのである.

4　専門職として

　保育士は,「児童福祉法」「保育所保育指針」において, 業務内容として子ども家庭支援を行うことが定められている.

　まず児童福祉法では第18条の４において，「この法律で，保育士とは，第18条の18第１項の登録を受け，保育士の名称を用いて，専門的知識及び技術をもつて，児童の保育及び児童の保護者に対する保育に関する指導を行うことを業とする者をいう」と規定され，第48条の４において「保育所は，当該保育所が主として利用される地域の住民に対してその行う保育に関し情報の提供を行い，並びにその行う保育に支障がない限りにおいて，乳児，幼児等の保育に関する相談に応じ，及び助言を行うよう努めなければならない．②保育所に勤務する保育士は，乳児，幼児等の保育に関する相談に応じ，及び助言を行うために必要な知識及び技能の修得，維持及び向上に努めなければならない」と定められている．

　また**保育所保育指針**では，2008（平成20）年の改定において，初めて「保護者に対する支援」が独立した章として設けられた後，2018（平成30）年の改定で章のタイトルが「子育て支援」と改められた．その経緯について，保育所保育指針解説では，「多様化する保育ニーズに応じた保育や，特別なニーズを有する家庭への支援，児童虐待の発生予防及び発生時の迅速かつ的確な対応」が求められていること，そして社会全体で子育てを支える「子ども・子育て支援新制度の施行等を背景」に「保護者とともに子どもの育ちを支えるという視点，さらに地域で子育て支援に携わる他の機関や団体など様々な社会資源との連携や協働」への期待が保育所や保育士に求められていることが述べられている．

　幼保連携型認定こども園教育・保育要領においても，第４章に「子育ての支援」が独立して設けられており，幼保連携型認定こども園教育・保育要領解説では幼保連携型認定こども園（以下，こども園）の特性を生かした支援として，継続的に子どもの発達の援助および保護者に対する子育ての支援を行うことができる点，保育教諭をはじめ専門性を有する職員が配置されている点，子育ての支援の活動にふさわしい設備を備えている施設である点のほか，地域の公的施設として様々な社会資源の連携や協力が可能な点をあげている．

　また**幼稚園教育要領**においては，第１章第７節の２，第３章２に「子育ての支援」があり，幼稚園教育要領解説においては「保護者の子育てに対する不安やストレスを解消し，その喜びや生きがいを取り戻して，子供のよりよい育ちを実現する方向となるよう子育ての支援を行うことが大切」とし，地域子育て支援においては「幼児期の教育のセンター」としての役割があること，その際，他職種や他機関との連携・協力しながら支援にあたることが大切であるとしている．

　このように，保育者は通園する子どもの保護者の支援に加え，地域の子育て家庭も支援対象となること，そして他機関や他職種の連携や協働，協力を行いながら専門性を生かした支援にあたることが共通して定められている．根拠法令を遵守することはもちろん，規範性を有する「告示」である指針や要領は，専門職として一定の質を担保するためのガイドラインである．専門職の１人として，意識をもって子ども家庭支援を行うことが大切である．

表1－1　Ａ市における子育て相談体制

相談窓口	専門領域	専門職	相談できる内容	対応方法	継続的な相談	ケアマネジメント機能	アウトリーチ機能
子育て相談	保育・看護・保健・心理等	保育士・看護師・心理判定員・総合相談員等	全般的な相談	電話・面接・メール	△	△	×
保健相談	保健	保健師	身体計測や育児等に関する相談	電話・面接	×	×	×
出前型乳幼児保健相談	保健	保健師	サークルなどのグループが対象．身体計測や育児等に関する相談	面接	×	×	○
栄養相談（電話）	栄養	栄養士	乳幼児期の食事や栄養面に関する相談	電話	×	×	×
栄養相談（面接）	栄養	栄養士	食生活に関する相談	面接	×	×	×

（出典）筆者作成．

第3節　子ども家庭支援の機能

1　保育者にしか行えない子ども家庭支援

　保護者や家庭の支援を行っているのは保育者だけではない．**表1-1**のように保健・医療・福祉，心理など様々な職種が子ども家庭支援を行っている．子ども家庭支援において保育者がもつ強みとして，「継続的」な関わりができる点，保護者からの相談を待つのではなく，支援者である保育者側から援助をはたらきかける「**アウトリーチ**」が可能である点などがあげられる．以下では保育者が行う子ども家庭支援の機能・役割について述べる．

2　予防する

　保育所，こども園等の保護者の多くは，毎日送り迎えの際に保育者と顔を合わせる．保護者が望めば保育者とコンタクトが容易にとれる環境は「分からないことが出てきたらいつでも聞ける」という不安の解消や安心感につながる．またあいさつを交わす，なにげない会話をすることが孤独や孤立を感じる保護者の気分を浮上させることもある．

　また，保育者が普段から保護者との会話を通して家庭の様子を情報収集しておくこと，毎日顔を合わせているからこそ分かる，小さな変化に気づくことや声かけを行うことが，予防にも，問題の早期発見にもつながりやすい．

3　アドバイスする

　前述したように，保護者は子育ての知識や経験が乏しいケースが多い．そのため，例えば離乳食

やトイレトレーニング，しつけなどをはじめ，子どもの年齢や成長・発達に応じてその都度生じる子育ての課題に戸惑うことが想定される．その際に，保護者から相談がある場合もあるし，相談がない場合でも，日々の保育における子どもへの関わりと連動して保育者から保護者に働きかけることは意義が大きい．また送迎時の会話だけでなく，連絡帳を通じて情報提供やアドバイスを行うなど，直接的，間接的に支援を行うことができる．また保護者一人ひとりへのはたらきかけに加え，クラス懇談やクラスだよりを活用したり，園で子育て講座を開催したりするなど，集団に対する子ども家庭支援も有用である．

4　つなぐ

第1節で述べたように，保育者は他機関や他職種と連携・協力・協働しながら子ども家庭支援を行うことが求められている．例えば発達障がいなど，他の専門領域の知見や支援が必要な場合もある．あるいは保護者が抱える問題や課題は，**図1-1**のように子育てに関することだけではない．介護や医療など子ども領域以外の幅広い他分野へと視野を広げる必要がある．また園が開所している時間は24時間365日ではない．週末や夜間，そして長期休みを園のみで支えることには限界があり，地域と連携をとりながら支援を行うことが望ましいケースも少なからずある．

上記の場合，保護者に他機関や他職種に関する情報提供を行ったり，利用を促したりするだけでは実際の利用につながらない場合がある．保護者が他機関や他職種に支援を受けるところまで確実に「つなぐ」ことが必要である．

5　寄り添う・見守る

保育者が行う子ども家庭支援の強みは，継続して関わることができる点であることはすでに述べた．毎日のように，そして年単位で保護者に寄り添い，支援の経過を見守ることができることは，保護者に大きな安心感を与える．さらに新たに生じる課題や問題にもいち早く対応できる．

他方，ケースによっては「同行」や「代行」など，さらに関わる度合いを強めて支援を行う必要がある．例えば保護者の精神疾患や精神障がい，あるいはネグレクトやDVなど，何らかの原因により理解力や判断力，または意欲や行動力が乏しい場合は，保育者が保護者とともに，あるいは保護者の代わりに問題解決に取り組むことがある．保護者が依存的になりすぎないように，そして保育者が指導的・誘導的になりすぎないように，保護者の**ワーカビリティ**[1]を見極めながら，**伴走型支援**を行うことが大切である．

（丸 目 満 弓）

1）ワーカビリティとは「クライエントの問題解決能力のこと」である．クライエントの動機づけに加えて，情緒的能力，知的能力，身体的能力からなるとされる（山縣・柏女編，2013：394）．

第2章

子ども家庭支援に活かす保育の専門性

学びのポイント

　子ども家庭支援を行うには，児童福祉法の保育士の定義で述べられている「専門的知識及び技術」を用いることになる．この章では，これらのことを踏まえて，保育所保育指針や全国保育士会倫理綱領で述べられている保育の特質や保育者の専門性を整理する．そして，子ども家庭支援において念頭に置かなければならない「子どもの最善の利益」のために，保育者の子どもやその保護者への支援姿勢や技術を確認する．また，保育所や認定こども園で求められる保育の専門性を生かした子ども家庭支援の意義をふまえ，専門性の向上について考えていく．

事前学習課題：2章の文章を読み，学びのポイントにあるキーワードについて，その言葉の意味を書き出しましょう．

事後学習課題：2章で学んだ内容から，あなたが保育者として何を大切にしたいのか決意表明しましょう．

　キーワード：児童福祉法第18条４，保育の特質，保育の専門性，子ども家庭支援の意義，専門性の向上

第1節　保育の特質と保育者の専門性について

1　保育の特質

　保育士は児童福祉法第18条４で「保育士の名称を用いて，専門的知識及び技術をもつて，児童の保育及び児童の保護者に対する保育に関する指導を行うことを業とする者」と規定された国家資格である．そして，「全国保育士会倫理綱領」の８番目の柱の専門職としての責務で「研修や自己研鑽を通して，常に自らの人間性と専門性の向上に努め，専門職としての責務を果たします」と明記され，子どもの育ちを支えること，保護者の子育てを支えること，子どもと子育てにやさしい社会をつくることを責務として明言されている．さらに，「保育所保育指針」の「第１章　総則」には，「１（１）保育所の役割」には，「エ」に「保育所の役割及び機能が適切に発揮されるように，倫理観に裏付けられた専門的知識，技術及び判断をもって，子どもを保育するとともに，子どもの保護者に対する保育に関する指導を行うものであり，その職責を遂行するための専門性の向上に絶えず努めなければならない」と述べられている．これらから，保育者の業務や専門性とは，専門的価値・倫理，知識，技術から成り，その対象や業務は，子どもの保育に関わるものと，保護者への支援に

関わるものがある.

　「保育所保育指針」の「第1章　総則」「1　(1) 保育所の役割」では,「イ」に「保育に関する専門性を有する職員が, 家庭との緊密な連携の下に, 子どもの状況や発達過程を踏まえ, 保育所における環境を通して, 養護及び教育を一体的に行うことを特性」としている. **養護**とは,「子どもたちの生命を保持し, その情緒の安定を図るための保育士等による細やかな配慮の下での援助や関わり」を称するものであり, **教育**は「子どもが健やかに成長し, その活動がより豊かに展開されるための発達の援助」を意味する.

　そして, 養護と教育を一体的に行うとは,「保育所保育指針解説書」において「保育士等が子どもを一人の人間として尊重し, その命を守り, 情緒の安定を図りつつ, 乳幼児期にふさわしい経験が積み重ねられていくよう丁寧に援助すること」と示されている. 子どもが自分の存在を受け止めてもらえる保育士等や友達との安定した関係の中で, 自ら環境に関わり, 興味や関心を広げ, 様々な活動や遊びにおいて心を動かされる豊かな体験を重ねることを通して, 資質・能力は育まれていく.

2　保育の専門性

　保育者の専門性は, 保育に関する専門性と保護者への支援に関する専門性に大別できる. 具体的にはどのような内容なのだろうか.「保育所保育指針解説書」(2008) では, 保育士の専門性として, 次の6つをあげている.

> ① これからの社会に求められる資質を踏まえながら, 乳幼児期の子どもの発達に関する専門的知識を基に子どもの育ちを見通し, 一人一人の子どもの発達を援助する知識及び技術
>
> ② 子どもの発達過程や意欲を踏まえ, 子ども自らが生活していく力を細やかに助ける生活援助の知識及び技術
>
> ③ 保育所内外の空間や様々な設備, 遊具, 素材等の物的環境, 自然環境や人的環境を生かし, 保育の環境を構成していく知識及び技術
>
> ④ 子どもの経験や興味や関心に応じて, 様々な遊びを豊かに展開していくための知識及び技術
>
> ⑤ 子ども同士の関わりや子どもと保護者の関わりなどを見守り, その気持ちに寄り添いながら適宜必要な援助をしていく関係構築の知識及び技術
>
> ⑥ 保護者等への相談, 助言に関する知識及び技術

　⑥は子どもの保護者への支援に関わる専門性にあたる. これを除く5つは, いずれも, 子どもの保育において保育者が日常的に活用している知識や技術であり, これらは前述した保育の特質に深く関わるものである. 柏女と橋本 (2010) は, これら①–⑥の専門性に対応する知識・技術として, **表2-1**のように, ① 発達援助の技術, ② 生活援助の技術, ③ 環境構成の技術, ④ 遊びを展開する技術, ⑤ 関係構築の知識・技術, ⑥ 相談, 助言の知識・技術と命名し, それぞれについて, 受信型技術と発信型技術に分けて解説している. 前者は子どもの保護者の感情や行動を受け止める技

表2-1　保育者の専門性（保育に関する専門性）と技術

分類		内　容
①発達援助の技術		発達過程にある子どもの心身の状態を把握し，その発達の援助を行うために活用される技術．
	受動型技術	・子どもの心身の状態を把握する技術 ・子どもの自発的・能動的活動を受容し，見守り，支持，承認することで発達を促す技術
	発信型技術	・子どもの発達の援助を行うために働きかける技術 ・「遊びを展開する技術」「環境を構成する技術」を併用しながら，子どもへの関わり方や行動見本を示したり，助言したりする技術
②生活援助の技術		子どもの食事，排せつ，休息，衣服の調整等の基本的生活習慣を援助する技術，また，子どもの日課を把握し，調整する技術．保育者が子どもの基本的生活習慣を介助する技術や子ども自身がそれを獲得できるように援助する技術．
	受動型技術	・子どもの生理的欲求を的確に把握する技術
	発信型技術	・子どもの生理的欲求を満たす技術
③環境構成の技術		子どもが環境との相互作用における多様な体験を通じて自ら育むことを，環境構成により支える技術．
	受動型技術	・子どもと環境の相互作用の観察と子どもの発達や興味・関心の変化の見極めの技術
	発信型技術	・受信型技術により得た情報をもとに環境を構成，あるいは再構成していく技術
④遊びを展開する技術		遊びを通して，その時期にふさわしい体験を提供する技術．また，個人を対象に活用される技術と集団遊びの展開などに活用される集団を対象にした技術．
	受動型技術	・子どもの発達に応じた遊びの環境，遊具や素材などを準備し，子どもの関心や発見を受け止め，自発的な活動を見守り，支持，承認する技術
	発信型技術	・必要に応じて保育者から遊びを提供し，ともに遊ぶ中で行動見本を提示するなどの技術
⑤関係構築の技術		子ども同士の関わりや子どもと保護者の関わりなどを見守り，その気持ちに寄り添いながら適宜必要な援助をしていく関係構築の技術．
	受動型技術	・言語発達が未熟な乳幼児に対して，非言語的なコミュニケーションスキル，また発達段階に応じた言語を用いて働きかけ，関係を構築したり，調整したりする技術
	発信型技術	・言語発達が未熟な乳幼児の非言語的な反応や表現を読み取り，受け止めるなどにより，関係を構築したり，関係を調整したりする技術
⑥相談，助言の知識，技術		保護者への相談・助言に関する知識・技術．
	受信型技術	・バイスティックの7原則などに基づいた信頼関係を築き，専門的な支援関係を構築する技術 ・子育てのパートナーとしての相互関係による働きかけを行う技術
	受信型技術	・保護者の感情をよみとり，意図的に伝える技術

（出典）柏女・橋本（2010：192）を一部修正．

術であり，後者は子どもや保護者の感情や行動に意図的に働きかける技術である．

　保育者には，このような専門的な知識および技術を，状況に応じた判断の下，適切かつ柔軟に用いながら，子どもの保育と保護者への支援を行うことが求められる．その際，これらの知識や技術および判断は，**子どもの最善の利益**を尊重することをはじめとした児童福祉の理念に基づく倫理観に裏付けられたものでなくてはならない．

第2節　保育者の専門性を生かした子ども家庭支援

1　子ども家庭支援とは

　「保育所保育指針解説」の「第4章　子育て支援」の中で，「子どもの保護者に対する保育に関する指導」とは，「保護者が支援を求めている子育ての問題や課題に対して，保護者の気持ちを受け

止めつつ行われる，子育てに関する相談，助言，行動見本の提示その他援助業務の総体を指す．子どもの保育に関する専門性を有する保育士が，各家庭において安定した親子関係が築かれ，保護者の養育力の向上につながることを目指して，保育の専門的知識・技術を背景としながら行うものである」と述べられている．

　つまり，保育所で行う子ども家庭支援は，子どもの最善の利益を念頭に置き，保護者が求めている課題に対して，保護者の気持ちを受けとめ，寄り添いながら，相談に応じて，必要な助言を行う．そして，保育者が保育の専門的知識・技術を用いて，保育と密接に関連して展開されるところに特徴があることを理解して行うことである．

2　子ども家庭支援の基本

1）　保護者との連携について

　保護者に対する支援に当たっては，保育者等が保護者と連携して子どもの育ちを支える視点をもって，子どもの育ちの姿とその意味を保護者に丁寧に伝え，子どもの育ちを保護者とともに喜び合うことを重視する．保護者の養育する姿勢や力の発揮を支えるためにも，保護者自身の主体性，自己決定を尊重することが基本となる．

　そのため，保護者への支援を行うに当たっては，子どもと保護者の関係，保護者同士の関係，子どもや保護者と地域の関係を把握し，それらの関係性を高めることが保護者の子育てや子どもの成長を支える大きな力になることを念頭に置いて，働きかけることが大切である．

2）　保護者に対する基本的態度

　保護者への支援にあたり，保育者には，一人ひとりの保護者を尊重しつつ，ありのままを受け止める受容的態度が求められる．受容とは，不適切と思われる行動等を無条件に肯定することではなく，そのような行動も保護者を理解する手がかりとする姿勢を保ち，援助を目的として敬意をもってより深く保護者を理解することである．また，援助の過程においては，保育者は保護者自らが選択，決定していくことを支援することが大切である．このような援助関係は，安心して話をすることができる状態が保障されていること，プライバシーの保護や守秘義務が前提となる．保育者が守秘義務を前提としつつ保護者を受容し，その自己決定を尊重する過程を通じて両者の間に信頼関係が構築されていく．

　また，保育者が保護者の不安や悩みに寄り添い，子どもへの愛情や成長を喜ぶ気持ちを共感し合うことによって，保護者は子育てへの意欲や自信を膨らませることができる．保護者とのコミュニケーションにおいては，子育てに不安を感じている保護者が子育てに自信をもち，子育てを楽しいと感じることができるよう，保育施設や保育者等による働きかけや環境づくりが望まれる．

3　子ども家庭支援の技術

　子ども家庭支援では，すでに述べてきたように保育技術をそのまま保護者に活用するのではなく，保育技術の視点から保護者の子育ての状態を把握したり，働きかけたりしている．保育者が子ども家庭支援を行うにあたっては，保育技術に加えて，保護者の状況を把握し，働きかけるための技術

表2-2　子ども家庭支援の技術

類型	定義
① 支持	保護者の子育てへの意欲や態度が継続されるように働きかけること
② 承認	保護者の心情や態度を認めること
③ 助言	保護者の子育てに対して抽象的に方向性や解決策を示すこと
④ 解説	現象に保育技術の視点から分析を加えて伝える発言や行為のこと
⑤ 情報提供	広く一般的に活用しやすい情報を伝えること
⑥ 物理的環境の構成	支援のための場や機会を設定すること
⑦ 行動見本の提示	保護者が活用可能な子育ての方法を実際の行動で示すこと
⑧ 体験の提供	保護者が子育てスキルを獲得するための体験を提供すること

（出典）柏女監修（2010：77）をもとに一部改変.

が必要となる.

　具体的には，ソーシャルワークやカウンセリングなどの支援としての① 支持，② 承認，③ 助言，④ 解説，⑤ 情報提供と，保育のなかで培われた技術の⑥ 物理的環境の構成，⑦ 行動見本の提示，⑧ 体験の提供等がある（**表2-2**）.

　子ども家庭支援は，保育者からの一方的な指導ではない. 子どもの成長・発達をともに支えるために行われる保護者と保育者の共同作業の一環である. 例えば，「助言」の内容をよく見ると，発達の知識を用いた解説，子どもの姿や思いの伝達，一般的な情報の提供，保育所における対応と様々な内容が含まれている. まずは，保護者のニーズや思いを十分に受け止め，保護者の思いや意向を明らかにすること，そのうえで必要に応じて，その事例への対応に相応しい技術を適切に選択し，活用する力量を高めることが必要である. 実践場面における瞬時の適切な判断を支えるためには，多様な事例を検討するなどの研修が欠かせない.

第3節　保育の現場に求められる子ども家庭支援の専門性

1　保育所・認定こども園に求められる子ども家庭支援

　「保育所保育指針」には，「保育所は，児童福祉法第48条の4の規定に基づき，その行う保育に支障がない限りにおいて，地域の事情や当該保育所の体制等を踏まえ，地域の保護者等を踏まえ，地域の保護者等に対して，保育所保育の専門性を生かした子育て支援を積極的に行うよう努めること」と述べられている.

　また「幼保連携型認定こども園教育・保育要領」第4章第3「地域における子育て家庭の保護者等に対する支援」の1では「幼保連携型認定こども園において，『認定こども園法』第2条第12項に規定する子育て支援事業を実施する際には，当該幼保連携型認定こども園がもつ地域性や専門性などを十分に考慮して当該地域において必要と認められるものを適切に実施すること」とあり，さらに3では「地域の子どもが健やかに育成される環境を提供し，保護者に対する総合的な子育ての支援を推進するため，地域における乳幼児期の教育及び保育の中心的な役割を果たすよう努めること」と示されている.

　これからもわかるように，現在は時代の背景や地域の実情を踏まえ，地域で子どもを育てている保護者に対する子育て支援も視野に入れて，専門性を生かして取り組んでいく必要がある．

2　保育所・認定こども園で働く保育者の専門性を生かした支援

　園における地域の子育て家庭の保護者への支援としてまず大切なことは，気軽に訪れることができ，子育ての不安や悩みをいつでも相談できる場所になることである．そのためには，地域に根ざした園として，園に通う子どもとその保護者の支援のみでなく，地域の子育て家庭全てに対して，いつ訪れてもよい場所であることを，地域の回覧板や掲示板，インターネットなどで周知することが必要である．そのなかで，「園庭解放」や「体験保育」などを行い，少し足を延ばせば安心して遊べる場所があることや，いつでも笑顔で快く迎えてくれる園の職員がいることを伝えると同時に，子育てに悩んだときはいつも相談できる人がいることを伝えておく．

　はじめて訪れた保護者に対して，どの職員も気持ちよく「こんにちは」とあいさつをすることで，保護者は緊張感がほぐれ安心できる．そして，何度か立ち寄り，打ち解けてくると，信頼関係もでき日常的な雑談のなかで相談できる関係になっていく．そんな保育者の存在は，保護者にとっては心強く，安心感につながることが予想される．また，虐待防止の観点からも，地域の保護者の置かれている実情を理解し，その子育てを支援していくことが園・保育者に求められている．また，園には保育者以外にも看護師，栄養士等専門職としての知識をもった職員が勤務している．それぞれの職種が，保護者の悩みや相談に応え，実際に園の生活を体験する場合などでは，保育者等が実際に行動見本を示すことが，子どもとの関わり方のヒントにもなる．同じ月齢でも気質や環境の違いで接し方も違うことや，その子に応じた声かけや理解が必要なことを伝えていくことも大切である．

　また，1日中子どもと向き合い続けている保護者のストレスを軽減するための「一時預かり事業」を行っている園も増えている．上記のことから，保育所や認定こども園は，子育て支援の中心的な場として積極的にその役割を担うことが求められていると言える．そして，園や保育者はその専門性を生かし，親が「子育てが楽しい」と感じるよう環境を工夫し，そこに来た親同士をつなげるためにほどよい介入を心がけることが必要である．

3　子ども家庭支援としての社会資源

　保育者は，保育者としての専門的知識として，様々な社会資源を知っておくことが必要である．地域の子育て家庭への支援についての社会資源として，フォーマルな社会資源とインフォーマルな社会資源がある．前者としては，① 福祉事務所や児童相談所，市町村保健センター，こども家庭センターなどの公的な専門機関，② 地域専門活動を行っている民生委員・児童委員やファミリー・サポート・センター等やボランティアや子育てサークル，③ 個人経営の塾やお稽古事，④ 保育所，認定こども園，幼稚園，学校，放課後児童クラブ，児童福祉施設などの保育者等で地域子育て支援拠点事業を行っている園などがある．後者としては，家族や親戚，友人などがある．

　例えば，子どもに障がいや発達上の課題が見られる場合には，家庭との連絡を密にするとともに，かかりつけ医や保健センター等との連携をはじめ，育てにくさを感じている保護者に対して，子育

てに前向きになれるよう子どもへの理解や対応についてのプログラムを紹介したり，児童発達支援センター等の専門機関からの助言を受けたりするなど，状況に応じて関係機関と協力しながら支援していくことが重要である．就学に際しては，保護者の意向を丁寧に受け止めつつ，小学校や特別支援学校等，就学先との連携を図ることができる．保育者が社会資源の役割や機能を知っておくことは，子育て家庭の保護者の実情を把握する過程で，必要に応じてそれらの社会資源を紹介し，関係機関との連携がしやすくなる．

4　子ども家庭支援の専門性の向上

保育所保育指針の「第5章　職員の資質向上」には，「1（1）　保育所職員に求められる専門性」としては，「子どもの最善の利益を考慮し，人権に配慮した保育を行うためには，職員一人一人の倫理観，人間性並びに保育所職員としての職務及び責任の理解と自覚が基盤となる．各職員は，自己評価に基づく課題等を踏まえ，保育所内外の研修等を通じて，保育士・看護師・調理員・栄養士等，それぞれの職務内容に応じた専門性を高めるため，必要な知識及び技術の修得，維持及び向上に努めなければならない」と明記されており，子どもの保育に関わるあらゆる職種の職員一人ひとりが，その資質を向上させる必要がある．子どもの保育に関わる様々な知識や技能に基づく適切な判断と対応によって，保育者は子どもの気持ちを受け止め，一人ひとりの子どもが保育所で安定，安心して生活できるように保育を行い，また，子どもの保護者や地域への子育て支援を行っていく．保育士の専門性については，子どもの保育と保護者の援助を行っていくために，全ての保育所職員に対して，それぞれの職務にふさわしい専門性が求められる．また，保育者が全国保育士会倫理綱領の「8．専門職としての責務」には，「研修や自己研鑽を通して，常に自らの人間性と専門性の向上に努め，専門職としての責務を果たします」と明記されている．

保育者の専門性を向上するために，保育所保育指針の「第5章　職員の資質向上」では，「1（2）保育所においては，保育内容等に関する自己評価等を通じて把握した，保育の質の向上に向けた課題に組織的に対応するため，保育内容の改善や保育士等の役割分担の見直し等に取り組むとともに，それぞれの職位や職務内容等に応じて，各職員が必要な知識及び技能を身につけられるよう努めなければならない」と述べられている．これは，それぞれの保育者が行っている保育の質の向上のために自己評価し，その中で挙がった課題に対応するために保育所全体で共有することである．その上で，課題への対応は，職員がそれぞれの専門性を生かし，協働して行う．また，保育所全体として保育の専門性を向上していくための組織的な取り組みとしての研修がある．研修に関しては，児童福祉施設の設備及び運営に関する基準の第7条の2の2において，「児童福祉施設は，職員に対し，その資質の向上のための研修の機会を確保しなければならない」と明記されている．研修については，施設長による取組の下，組織的な対応として機会が確保され，研修が計画的に参加できるように職場環境を整えることが重要である．研修のパターンとしては，基本的に OJT，OFF–JT，SDS の形態を活用して行われる（表2-3）．

これらにより，保育者はそれぞれに必要な専門的知識や技術を修得し，より高度な専門性を得て，専門職としてのキャリアを形成していくことができる．つまり，保育士の質が向上していくのであ

表2-3　職場研修の3つのパターン

基本形 (パターン)		レベル	内容・特徴	例	推進主体
OJT 職務を通じての研修 (職場内教育)	職命実施・派遣	職場レベル	・後輩一人ひとりに対し，職務遂行過程のなかで必要な知識，技能，態度を実践的に身につけさせる教育 ・意図的・計画的に，様々な機会をとらえて継続的に行う教育	・個別指導―業務上の指導・助言，個別スーパービジョン，チューター制指導，同行訓練等 ・集団指導―グループスーパービジョン，ケースカンファレンス	職場の上司・先輩が部下・後輩に行う
OFF-JT 職務を離れての研修 (集合研修)		施設全体レベル	・職員に必要な一般的な知識，技能，態度について職務を離れた場所で集中的に身につけさせる教育 ・個別職能に必要な専門知識や技能の教育 ・相互啓発	・職場内―職場内での集合研修，定例学習会等 ・職場外―中央や都道府県研修機関実施研修への派遣，種別協議会その他の団体等実施研修への派遣等	主として教育訓練スタッフが行う
SDS 自己啓発援助制度 (自己啓発制度)	援助	個人レベル	・個人が必要とする知識や技能を自らすすんで学ぶ ・法人・施設は，本人の意欲を喚起し，促進のための援助を行う	・職場内―職場内自主研究会や職員学習サークルへの援助等 ・職場外―職場外の様々な研修への自主的参加に対する援助など	制度的な支援を受けて，個人が行う

（出典）全国社会福祉協議会中央福祉人材センター（1995：10）．

る．このことは，子どもやその家庭の安全・安心につながり，**子どもの最善の利益**になっていくと考える．

（谷村和秀）

第3章

子どもの育ちの喜びの共有

学びのポイント

　子育ては，楽しいばかりではない．保護者は試行錯誤の連続の中で，子どもの育ちに一喜一憂しながら子育てに向き合っている．その意欲を維持するためには，何が必要なのだろうか．本章では，保護者が抱く子育ての喜びを整理し，保護者と保育者が喜びを共有する意義と留意点について理解を深める．

事前学習課題：3章の本文を読み，学びのポイントにあるキーワードについて，その言葉の意味を書き出しましょう．

事後学習課題：3章で学んだ内容から，あなたが保育者として何を大切にしたいのか決意表明しましょう．

　キーワード：子育ての喜び，喜びの共有，子育てへの意欲

第1節　保護者が感じる子育ての喜び

　みなさんは，子育てに対して，どのようなイメージを抱いているだろうか．近年，保育者にはソーシャルワークの活用が求められ，その実践に必要な素養として6H(Head：知識, Hand：技術, Heart：価値観・倫理観, Health：健康, Human-relationship：人間関係, Human-rights：人権意識) があげられている．その中でも「価値観」では，専門的知識や技術とともに，援助者自身が対象をどのように捉え，援助に対してどのような考えをもっているかなどを認識する援助者自身の**自己覚知**も大切である．

　では，みなさん自身が抱いているイメージや考えを踏まえながら，子育て中の保護者がどのような意識を抱いているのか，その実際を整理していこう．第5回21世紀出生児縦断調査（厚生労働省，2014）によると，子どもがいてよかったと思う保護者（調査時は4歳6か月の子どもの保護者）は99.4％，子どもを育てていて負担に思うことや悩みがある保護者は83.5％となっていた．それぞれの具体的な内容を**図3−1**と**図3−2**に示した．これらを比べるとわかるが，子どもがいてよかったと思うことよりも負担に思うことの方が多岐にわたっており，最も多い「出費がかさむ」も半数を超えていない．一方よかったと思うことは，9割近くの保護者が「子どもの成長によろこびを感じる」をあげており，多くの保護者にとって「子どもが成長した」と感じられる経験が子育ての支えになっていると読み取れる．

　ただし，上記の内容は，あくまでも全体的な傾向であるという点を忘れないでほしい．わずかな

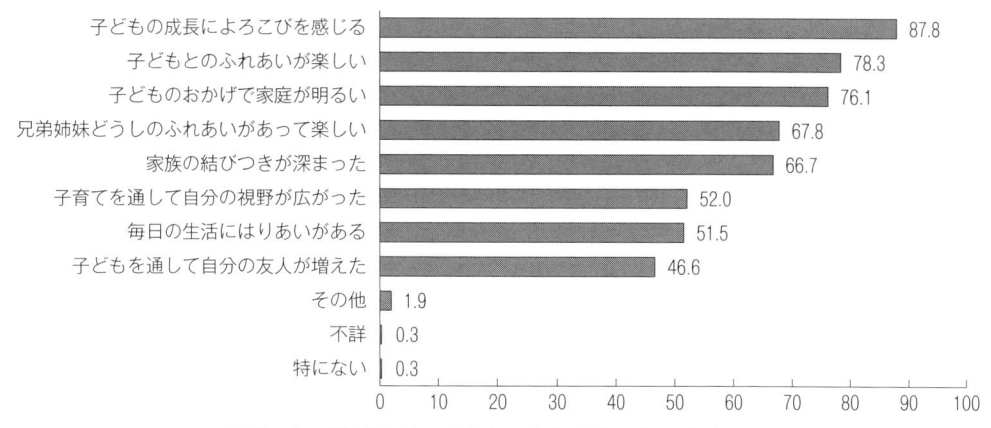

図3-1 子どもがいてよかったと思うことの内容（%）

（出典）厚生労働省（2014）をもとに筆者作成.

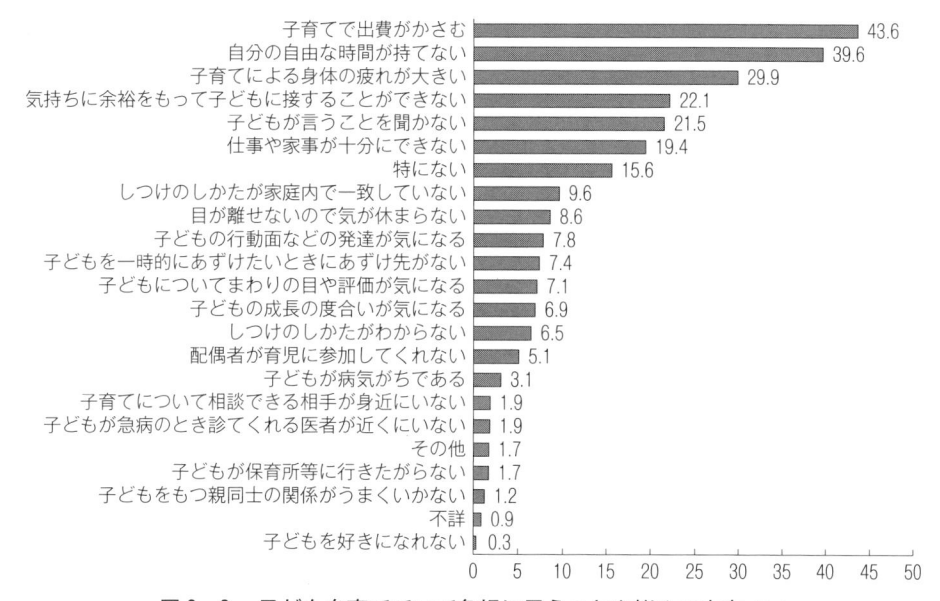

図3-2 子どもを育てていて負担に思うことや悩みの内容（%）

（出典）図3-1と同様.

数ではあるが, 子どもがいてよかったと思うことが「特にない（**図3-1**)」や「子どもを好きになれない（**図3-2**)」と回答している保護者も存在する. 「親が子どもに愛情を注ぐのは当然である」「親は子どもの成長を喜ぶものだ」という枠を保育者自身がもち, その捉え方しかできない場合は危険である. まずは, 多様な保護者の状況を理解しようとする姿勢を保つためにも, 保育者が自身の視点や価値観を客観的に捉えること（自己覚知）が不可欠である.

　多くの保護者にとって子育てを楽しいと思えることは大切だが, 現実的には楽しいことばかりではない. 実際には, 何らかの悩みを抱えながら, 試行錯誤しながら, 結局答えが見つからないままになることも多い. それでも何とか乗り越えよう, 子どもに向き合おうとする意欲を持ち続けられるのは, それに勝る喜びや楽しさがあるからともいえる. わが子が「こんなに成長した！」「こん

なこともできるようになった！」と感じることで「これからもがんばってみようかな」という意欲になるのかもしれない．この繰り返しが，保護者への**エンパワメント**になり，「**保護者が子育てを自ら実践する力**」の基盤になるであろう．

第2節 喜びを共有する意義

1 育ちの気づきにつなげる

前節で述べたように，保護者が子どもの育ちに喜びを感じられることが，子育てへの意欲に大きく影響していると考えられる．そのため，「保育所保育指針」（平成29年告示）には，「保育及び子育てに関する知識や技術など，保育士等の専門性や，子どもが常に存在する環境など，保育所の特性を生かし，保護者が子どもの成長に気付き子育ての喜びを感じられるように努めること」とある．「幼保連携型認定こども園教育・保育要領」（平成29年告示）でも同様に記されている．さらに「保育所保育指針解説」（平成30年）では，「保護者に対する子育て支援に当たっては，保育士等が保護者と連携して子どもの育ちを支える視点をもって，子どもの育ちの姿とその意味を保護者に丁寧に伝え，子どもの育ちを保護者と共に喜び合うことを重視する」と示されている．つまり，どのような育ちに喜びを感じるかは子どもの発達段階によって変化していくだろうが，その育ちに保護者自身が気づける力と機会が必要になるといえる．

例えば，保護者の仕事の都合で朝8時から夕方6時まで保育所に通っている子どもを想定してみよう．平日保護者と過ごすことができる時間は，朝登所するまでと帰宅した後の数時間である．その数時間も，食事の支度をしたり，洗濯をしたり，入浴したりなど，保護者としては慌ただしい時間であり，子どもとゆったりと過ごすことは難しいかもしれない．実際のふだんの養育者（**図3-3**）として，保育所など教育・保育施設の保育者は，母親に近い存在といえる．特に乳幼児期のような成長・発達が著しい段階の平日に限定すると，保護者よりも保育者の方が子どもの変化に気づく機会が多い可能性は高い．

本来であれば，保護者が親子の時間を過ごす中で「お！」と気づき，「すごい！」「うれしい！」と家族で喜び合うことが理想的かもしれない．平日でも少ない時間の中で，あるいは休日を一緒に過ごす中でも，そのような機会はあるだろう．しかし，前述したような背景を踏まえると，保育所等で子どもの育ちを保育者が把握し，それを丁寧に保護者に伝え，限られた時間の中でも保護者がより多くの「**気づき**」を得られるような支援が求められる．例えば，お迎えの時に保育者が「今日は，もう少しで歩き出しそうだった」というエピソードを保護者に伝えることで，保護者は忙しい中でも「もうすぐ歩くかな」と思いながらいつもよりも子どもを注意深く観

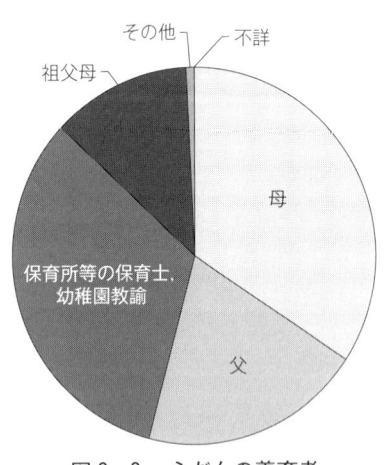

図3-3 ふだんの養育者

（注）調査では「ふだんの保育者」と記されているが，本章で使用する「保育者」との区別をするために「養育者」とした．
（出典）図3-1と同様．

察したり，声かけを多くしたりするかもしれない．そして「初めて歩いた」場面に保護者が遭遇できれば，大きな喜びとなるだろう．

2　子育てへの意欲につなげる

さらに，保護者が自身の喜びを誰かと共有することで，喜びが2倍にも3倍にもなり，その後の**子育てへの意欲**につながると期待される．最も効力があるのは，夫婦や祖父母など家族での共有だと推測するが，保育者という身近な第三者とともに喜び合うことで，保護者が「自分の子どもをこんなに見てくれている人がいる」「こんなに些細なことでもこんなに喜んでくれる人がいる」「子育てに関わっているのは自分や家族だけではない」などと感じるような**安心感**につなげることも重要である．「もうすぐ歩くかも」と保育者の方からの投げかけで終わらず，保護者「先生，歩きました！」，担任「わー！　うれしいですね！」，あるいは担任「その後いかがですか？」，保護者「まだですが，足を出そうとしてがんばっています」，担任「ドキドキしますね」など，日々のやり取りを通した共有の積み重ねが，悩みや課題が生じた時の基盤となるエネルギーになるだろう．

第3節　共有する際の留意点

1　保護者に応じた多様な手段の活用

保護者と喜びを共有するといっても，一律にはできない．子どもに個々の特性があるように，保護者の特性も個々に異なるからである．保護者の性別や年齢，生活状況（ひとり親，引っ越してきたばかりなど）は当然ながら，自分から積極的に喜びを表現する人，保育者が喜びを表現すると応じる人，保育者とは喜びを共有したくない人，保育者と喜び合いたいと思っているが表現が苦手な人など，性格や好みなども様々である．ソーシャルワークには**個別化の原則**（バイスティックの7原則）があるように，保育者は，そのような保護者個々人の特性に応じて，保護者が何をいつどのように求めているのかを見極めながら，あらゆる手段を駆使してアプローチしていく．例えば，後述の事例では**連絡帳**でのやり取りを取りあげている．S君の母親は，送迎時等でのやり取りより連絡帳でのやり取りを望んでいた．送迎時のやり取りは，即時性がある，表情などの非言語行動の情報が入りやすいなどの利点があるが，話すことが苦手な人や周囲が気になる人などにとっては，ストレスがかかってくる手段でもある．一方，連絡帳はやり取りに時間がかかり，文章能力などが必要にはなってくるが，じっくりと考えたい，周囲を気にしなくていいなどという点で有効である．このように，共有する手段についても，保護者の特性に応じて変化させることで，より円滑な共有となるだろう．

喜びの共有では，園で育っている姿をもとにすることも多いが，保育者の話から「うれしいな」とは思っても，園生活での育ちだという理解に留まり，家庭での生活や親子の関わりにつながらない場合もある．そうすると，子育てへの意欲にもそれほど影響が及ばない可能性が出てくる．その場合，保護者自身が実際に見たり聞いたり関わったりする中で，子どもの育ちを実感し，納得する経験が有用であるといえる．例えば，**保育参観**や**保育参加**の活用も，園生活を保育者から聞くだけ

ではなく，実際に子どもの様子を観察できる機会となる．最近では，プライバシーに配慮しながら写真や動画を活用している園もある．

2　事例から考察する

　ここで事例をじっくりと読んでみよう．この事例の母親がどのような思いを抱いているのか深く考察するとともに，担任保育者がどのような意図をもって保護者と関わっているかについても読み取ってほしい．

●事例3-1　夏まつりで踊りに挑戦

　S君（男児）は，足腰が弱く，運動面やリズムダンスなどが苦手である．母親は，他児と比べ，S君のできない部分が目立つことをとても気にしている．4歳児となり夏まつりで挑戦する踊りについて，連絡帳によるやり取りを行った一部である．

（夏まつり1か月前）・・・

|母親から|

　夏まつりで踊りをやるんですよね．練習が始まっているようですが，Sができないところがあれば教えてください．家で練習します．

|担任から|

　いつもご協力いただき，ありがとうございます．4歳児になり初めての行事なので，クラス全体がやる気にあふれています．S君も，小道具を両手で持ったり，ジャンプしたりする場面では，特にうれしそうです．今回の踊りは，静と動のバランスがポイントです．ご家庭での練習は，例えば毎日交差点での横断の際，「ストップ→右→左→右」を自分でしっかり言葉と動作でできるようにしてはいかがでしょうか？　最初は，お母さんも一緒に見本を見せてあげてください．ぜひ，よろしくお願いします．

|母親から|

　早速，明日からやってみます．こんなことが練習になるのですね．まずは，保育園玄関前の横断からやるといいですね．

|担任から|

　いいアイディアですね！　交通指導当番の保護者の方々の前ですると，見てもらったり褒めてもらったりするので，S君もうれしいかもしれません．

（夏まつり1週間前）・・

|母親から|

　夏まつりまで，1週間になりました．先生からのお知らせで上手になってきていると思いますが，やはり当日が心配です．横断時の声はだんだん大きくなってきました．手のあげ方もしっかりとできるようになってきました．家庭ですることはもうないでしょうか？

|担任から|

　横断の練習効果！　うれしいです！　お母さんのご協力のおかげです．いよいよ1週間前になりました．この1週間は，おみこし，お店屋さんなど，夏まつりの楽しいイメージをいっぱい話してみてください．踊りについては，お母さんからはあえて話題にしない方がいいかもしれません．保育園ではたくさん練習して疲れていると思いますので，お家では身体と心をしっかりほぐしてほしいです．

（本番後）・・・

|母親から|

　Sが，みんなと同じように踊りができるとは思っていませんでした．始まる前，私の心臓は，ちゃんとできるかどうかとバクバクでした．最後のポーズをとり，私に"にこっ"と笑ったSの姿に涙が出てきました．人の前で披露することって私も苦手ですが，それができた我が子が輝いて見えました．先

生ありがとうございました．園長先生や主任の先生達からも「S君，頑張っていたね」と声をかけていただき，本当にうれしく思いました．先生にいろいろ教えていただき，やってきたことが良かったのだとすごく感じました．

担任から

　本番を最後までやり切った時は，私も本当に感動しました！　そして，今日のS君は，自信に充ちあふれていたので，きっとご家族でしっかりと褒められたのだろうとニヤリとしました．お母さんの協力があったからこそと，私たちも感じています．こちらこそ，保育のご理解とご協力ありがとうございました．S君の自信を大切にして，今後も保育に取り組んでいきたいです．これからも，よろしくお願いします．

　S君の母親は，S君をとても心配しており，何とかしたいという思いが強く，園にも協力的な様子がうかがえる．今回の事例では，夏まつりの踊りを成功させるために，母親の方から「何かできることを教えてほしい」との要望があった．園で練習している内容を母親に伝え，同じように取り組んで喜びを共有することもできただろう．園生活と家庭生活で子どもに混乱が起きないように，同じような取り組みや関わりを実践する場合も多い．一方で，事例の担任保育者のように，踊りの練習の仕方ではなく，横断歩道の渡り方について提案する，つまり園での取り組みそのものではなく，その取り組みにつながり，かつ家庭で（保護者が）実践できる，達成できそうな取り組みを提案する場合もある．おそらく，家庭で踊りの練習をすると親子が互いにがんばり過ぎてしまうのではないか，S君にとっては難しい部分もあるので達成できなかったらS君も母親も落ち込んでしまうのではないかなどを考慮していたのではないかと推察する．これらは全て，保育者がS君と母親の現状や特性を的確に把握・理解していないとできない支援である．

　最終的には踊りの成功によってS君の育ちを喜び，母親が自分で取り組んだことの成果（横断時の声が大きくなった，しっかりと手をあげるようになった）も自分で感じることができた．事例のやり取りはごく一部であり，保育者（担任だけではなく園全体）はS君や母親に対して励まし，称賛，承認の気持ちを丁寧に言葉にして伝えながら，一進一退を何年も繰り返してきた結果である．

　このように，何かあった時だけではなく，日々のささやかな喜びの共有を続けていく根気強さも，保育者にとっては大切であろう．また，喜びの共有は，園で子どもができるようになった姿を保育者と保護者がただ喜び合うだけではない．なぜできるようになったのか，これから何ができるようになるのかなど，その育ちの意味を含めた喜びの共有が，保護者にとって**子育ての見通し**となり，**安心感や意欲**につながる一助となる．保育者には，子どもの育ちに関する知識や技術があるからこそ，保護者の子育て支援ができるのだと常に意識していてほしい．

（青井夕貴）

第4章

保護者および地域の子育てに関する
保育施設の保育者による支援

第1節　保育施設に求められる支援

1　子育て環境の変遷と保育施設への期待

　第二次ベビーブーム（1971~1974）といわれた時期は，知り合いになった成人の女性に「お子さんは何人？」と聞くのはふつうであった．当時ハラスメントに対する意識が低かったということもあるが，成人女性は結婚し子どもを授かるものだと当然のように認識しているほど，大半の成人女性は結婚をして子どもがいた．もちろん，少数の結婚をしない人や子どものいない夫婦もいたが，「子どもが1人」ということを遠慮がちにいうことがあるほど，複数の子どもがいる人が多数派を占めていた．今日そのような質問をすることは，相手の既婚や出産というプライベートの非常にナイーブな面に触れてしまうので，初対面はもちろん，かなり親しくならないかぎりストレートには聞きにくい．子どもの用事で都合をつけないといけない時になって，初めて職場が把握することになるという人もいるかもしれない．

　子ども連れの母親が多くいた頃は，商店街のおもちゃやお菓子の棚の前で子どもがじっとその場に留まったり駄々をこねたりするということが日常的にあった．同時にそのそばで困り顔の保護者や店員に平謝りする保護者が居合わせることがあり，「子どもがいると大変」という思いを共有しあっていた．子どもの困りごとは他人事でなく，初対面でも子育て中や子育て経験という連帯感を

持つことができた．小児科病院の待合室で顔見知りになった者同士で，子育ての困りごとを相談し合うこともあった．

　しかし，今日のような少子化に至っては，そのような連帯感を簡単には持てない．人が多く住んでいる地域でも，何日も子連れの親子に出会えない状態がある．また，近所に住む人同士であっても，心を許せるとは限らず，どのような人なのか警戒することもある．極力他人の生活に干渉しないようにするのがマナーのようになってきている地域もある．そのようになってきたのは，世の中の個人主義的な考えだけでなく，子どもを狙った事件などのためにやむをえずそうなってきたという事情がある．

　生活状況の変化の中で，子育て家庭の孤立が心配されるようになってきた．特に，1997（平成9）年度「国民生活選好度調査」（経済企画庁）で，幼稚園等に子どもを通園させていない専業主婦の家庭で，子育ての困難がより深刻であることが明らかになった．

　2001（平成13）年の改正児童福祉法に保育士資格が法定化されたのと同時に「児童の保育及び児童の保護者に対する保育に関する指導を行う」として家庭の子育て支援を担うということが規定され，2002（平成14）年に少子化対策プラスワンで「地域における子育て支援」が提言され，保育所が**地域子育て支援拠点**として期待されるようになった．保育所は，戦後共働き家庭等の子育てのサポート機能を果たしていたが，全国にまんべんなく一定数設置されていて，かつ保育の知識技術をもつ専門家がいて，保育環境が整っていることにより適所とされたのだった（水枝谷，2011：116）．時を同じくして，文部科学省も幼児教育振興プログラム（2001）において，幼稚園に地域の幼児教育センターになるよう役割機能を求め，その後創設された幼保連携型認定こども園とともに，地域の子育て支援を実践する施設となった（齋藤，2007：70-71）．

2　保護者に持続的に子育てを可能にする力

　家庭保育を原則としている日本において，1994（平成6）年「今後の子育て支援のための施策の基本的方向について」（エンゼルプラン）が合意されても，2003（平成15）年の児童福祉法改正で「子育て支援」事業が市町村の責務とされても（齋藤，2007：68，72），市民の中には「ボタン1つで家事（洗濯・調理・食器洗い等）が済むようになったのに，これ以上親を甘やかすな」という声があり，実際の子育て家庭の孤立感は地域住民に十分理解されていない状況があった．世の中には，子どもを持つことを個人の自己選択と自己責任に帰する考えも現れ，子どもを育てるという選択をした限りは保護者が周りに迷惑をかけずに責任をもって成し遂げるべきという，目に見えない圧力がかかるようになってきた．しかし，少子化によって，年金制度や社会インフラが保てなくなることが社会的に浸透してくるにつれて，子どもが次世代の人材であることが意識されるようになり，子育て支援を社会が担っていく必要性が理解されるようになった．しかし，まだ「子どもが生まれても周りが助けてくれるから大丈夫，十分生活していける」と言えるほど環境が整っているとは言いがたい．

　もちろん，わが子をかわいく思う気持ちは大きい．わが子を迎えたとき，どの保護者も「この小さないのちを自分のいのちにかえても守っていかないとならない」と決意する．しかし，長期間に

わたる子育て期間中，子育てをする自分たちが社会から迷惑がられたり，人としての必要な休養や安心感が得られなかったりすると，自己防衛本能から「子どもが言うことをきかないせいで」「子どもさえいなければ」という思いがかすめるのも事実である．子どもを健やかに育てるのには，その子どもを育てている家族も健やかに守られる必要がある．保護者には人として適切な休養や必要な手助けを得る機会が保障されなければならない．このような保護者に対する環境が整って初めて，保護者自身が子育てを自ら実践しようとする力を発揮できるのである．

第2節　保護者が子育てを主体的に楽しむために必要なこと

1　子育てを楽しく担える要素

　人は，面白く楽しみを生むものに対しては，いくらでも時間やエネルギーを傾けて主体的に取り組むことができる．子どもに関わることも，保護者にとってそのようなものになれば，楽しく継続的に取り組むことができる．

　そのためには，まず保護者自身のモチベーションが子どもに向いていないといけない．特に新生児を育てている保護者は，新生児の睡眠と覚醒リズムが定まっていないために，十分な睡眠が取れず心身とも限界に達している可能性が高い．また，子どもがなかなか寝付かない，夜泣きがある場合も同様である．また夜尿があると，仕事や登園に向けて忙しい時間に布団の洗濯をしないといけなくなる．これらの対応に追われると，保護者は子育てに関する意欲が萎えてしまう．保護者は，子どもの発達に関する見通しと対処法を持つ必要がある．

●事例4-1　子どもの夜尿に悩む保護者への情報提供

　保護者Aさんは，子どもの夜尿に悩んでいた．3歳になってもうオムツを卒業したと思っていたところ，数日に一回ぐらいの頻度で発生するようになった．夜だけでも，またオムツをつけさせようかと思うが，子どもが嫌がる．保育者が「布団を汚さないパットやシーツがありますよ．お布団本体まで汚れないだけで，負担感が減りますよね」と情報提供した．「朝は子どもの登園準備と自分の出勤準備でいっぱいで子どもが自分に対して嫌がらせをしていると感じてしまう」というAさんに，「行事前で緊張しているのかもしれませんね．あまりプレッシャーにならないように気をつけておきますね」と保育者は応じた．

　子どもの上記のような出来事は，子どもの通常の発育上どうしても起こることである．保護者自身も子ども時代そうであったかもしれない．その時に誰かに対処してもらって今日の成長があるわけだが，当の本人はそのようなことを忘れてしまっている．子どもの発達上の対応は世代で順繰りにしていくものだという意識があると，自分たちだけが大変だという思いに囚われなくてもいい．子どもの発達上の様々な世話を「イヤイヤ期，来たかぁ」などと思いつつ，「どう攻略したものか」と前向きに取り組もうとすると，負担感も軽減できる．また様々な対応について，保護者が自ら選択できることも持続的に頑張る力になる（自己決定）．人は自分が決めたことには責任をもつことができる．なにより自分の得手とする能力を子どものために発揮できると，保護者自身，自分に誇

りが持てる．

　保育者はその場面に立ち合い，「あら，このタイミングで……本当に困ってしまうねぇ」と共感し，「さて，どうしていきましょうか」と一緒に試行錯誤する仲間であってほしい．時に保護者が気づいていないような，強みに焦点を当てることで，保護者の意欲を増加させることができるだろう（エンパワメント）．その意欲で状況を前向きに受け止め，子どものすることに保護者は関心を持ち続けることができる．そして，子どもの成長の兆しを見る度に，子育てする意義を感じられるようになる．

2　子育て家庭に保育者ができること

　子育て家庭に保育者ができることというと，子育てを肩代わりするほどの重責を感じてしまうかもしれない．しかし，子育て家庭は，自分の子どもの子育てを誰かに肩代わりしてほしいとは思っていない．保護者たちが**子育ての主体**であり，その子育てをサポートしてほしいと望んでいる．もし子育てを放棄したいというような発言を聞いたとしたら，そのような弱音を吐きたいぐらい疲れているか，弱音が吐けるほど保育者を信頼しているということである．

　保育者が保護者にできることは，子どもを**見守る**ということである．「自分が子どもを見ることができない時間帯に，誰かが見てくれている」だけでもかなりの安心があるが，その見てくれている人が子どもの発達を理解している人ならなお安心である．保育者から子どもの変化に気づき，心配なことはもちろん，できるようになったことを伝えられることは，保護者に「子どもはここまで成長したか」という手応えをもたらすことになる．また，多くの子どもの平均的な育ちを知っているということも大きい．保護者が，わが子に対して「他の子どもと違う」と感じる時，発達の遅れや障がいの心配に直結する．保育者は「そうですか．気をつけてみておきますね」と受け止め，子どもの状況を把握することに努める．その際，発達の遅れや障がいが疑われる場合は，その状況に応じた関係機関を紹介することになる．

　保育施設には様々な子育て情報が集まりやすい．具体的には，療育に関する情報もその1つだが，保護者同士の便利情報や地域の団体からの行事活動の案内，行政関係機関からの子育て支援の関連情報などである．保育者は，子どもと接している中で，子どもの性質や効果的な言葉がけがわかってくる．保護者にとって，これらの情報を，必要な状況でその人が受け止めやすい形で提供されることはなによりも大きな支えになる．それは，地域で孤立しがちな家族にとっても，保護者同士や地域の活動につなぎ，安心して親子のつながりが実感できるような機会を提供することにもなる．子どもの発達を理解している保育者がそばにいること，それだけで保護者は多くの安心を得ているということを保育者は意識する必要がある．

第3節　保育施設の保育者が行う支援

1　保護者の養育力の向上に向けた支援

1）　保護者の強みを引き出す保育者

　保護者は「親として何もできていない」と言うことがあっても，たくさんのことをしている。社会的に期待される能力だけでなく，子どもを今日までずっと世話してきたという忍耐力や持久力を持っているし，そのような世話を可能にした愛情をもっている。保護者が自信をなくしてしまう時，よく「他の家と比べ○○してあげる時間（もしくはお金）がない」「先生のようにうまく接することができない」というようなことをいう。してやれていないという負い目を別の何かで償おうとして，イベントや習い事，子どもに対する叱咤激励に一生懸命になってしまうことがある。

　子どもが保護者に求めるものは，本当はそのようなものだろうか。テーマパークへ連れて行ってほしいと求めることも，テーマパークに行きたいというだけでなく，保護者と笑い合いたい，難しい顔をしているいつもの保護者とは違う顔が見たいという願いが含まれている。保育者は子どもの思いに気づくことができる専門家である。保護者に，子どもとともに活動する機会を持ってもらうことが子どもの願いに適う。保護者の強みとは，子どもへの思いや，何でもしてあげたいと思っている気持ち，幸せな人生を送ってほしいという強い願い等であることが多い。保育者は，生活の日課の中に隠れている保護者の強みに気づき，それを活かしてもらえるように促す必要がある。

●事例4-2　子どもの風邪に神経をとがらせる保護者への対応

　お便りで「寒い季節でも厚着に注意」と伝えたところ，送迎時に保護者Bさんから「うちの子どもは体が弱いので一枚多めに着せたい」と申し出があった。保育者は，「子どもは基礎代謝が高いので汗をかいてしまうのですよ。その汗が冷えて風邪の原因になってしまうことがあるので」薄着にご協力いただきたいと繰り返しお願いしたところ，「でも，うちの子は，入院にでもなったらどうするんですか？」と声を荒げた。「入院？」とびっくりしていると，Bさんの子ども（3歳）は1歳前後の時よく風邪症状から肺炎になり複数回の入院経験があることがわかった。下の子どもが生まれてくる時期に，入院にまつわる苦労は避けたいという思いがあったようだ。「分かりました。風邪につながらないように，適宜来たり脱いだりできるように気をつけておきますね」と伝え，安心してもらうように努めた。

　保育者は保護者に，日常と異なる関わりができる空間を提供し，子どもの興味や成長に保護者自ら気づくことができるような機会をもたらしていくことが効果的だと言われている。なぜならば，人に指摘されると，自分の十分でないところに焦点を当てられコンプレックスという痛みを感じる。そのような刺激を与える保育者を加害者と見なしてしまうかもしれない。一方で，保護者が自ら気づくと，気づくことができる自分の力に自信を持てるようになる。保育者がその傍らで「そうですね。全くその通りですね」と認めることにより，保育者の位置も「ともに子どもを見守る」スタンスになりやすい。発達の知識・見通し，子どもにまつわる生活情報も，提供するというより目に入りやすいところに置いておいて，発見してもらうという方が効果的である。保育施設には，効果的

な支援のための空間，同年齢の子どもの育ちを含む様々な情報があり，それらをうまく組み合わすことによって，保護者自身の気づきと発見の機会を作ることができる．保育者は，それらの情報を気づきへつなげる仲介者といえるだろう．

●事例4-3　子どもの食事行動に悩む保護者への対応

　「子どもがなかなか食事を食べ終わらず困る」という保護者Cさん．イライラして口に食事を突っ込みたくなるとのこと．「もしよかったら，給食の時間に見に来られますか？」と保育参加を勧める．給食時間に少なめによそったご飯を子どもたちが早々完食し，中にはお代わりを求める子どももいるのを見て，「すぐ食べ終わる量をよそってあげたらよかったのですね」と気づく．「そうですね．少しだと食べ終わりまでの見通しがつき，集中が途切れないうちに食べ終わることができます」と保育者が説明する．「お代わりしたら一人前になれたような気持ちにもなれますしね」と言ってCさんと笑った．

　この事例は，保護者が子どもの食事に対する態度に悩んでいる場面である．園での実践を保護者に見せることで，保護者が子どもへの対応のヒントを見つけることができる．また，保育者が実践のねらいを保護者に説明することで，子どもが食事に対してどのように感じているのか子ども目線での理解を保護者にもたらすことができる．

2）　園活動と保護者支援

（1）運動会・生活発表会

　運動会・生活発表会は，子どもの成長を感じる非日常的なイベントである．特別な場面設定に子どもも頑張ることができ，一段と成長することができる可能性があるが，プロデュースする保育者には大変なプレッシャーがかかる．保護者が知っている普段のその子より，ちょっとだけ成長を感じてもらえる機会と捉え直し，親子の体験を重視して準備する必要がある．

（2）保護者会

　保護者会は，送迎時に顔を合わせている保育者を改めて認識をする機会でもあるとともに，クラスの保護者との出会いの場でもある．気になっていても声をかけることができなかった保護者と，保育者立ち会いのもと，安心して話ができる場である．子どもや子育てにまつわる共通の話題を用意して，自由に発言できる環境を整える必要がある．

（3）保育参加・親子参加行事

　小さな子どもに関わる経験が少ないまま親になった保護者にとって，保育参加・親子参加行事は，わが子と同年齢の子どもの姿や子どもなりの力や考えがあることを知る良い機会である．保育参加は，子どもの日常の姿を見ることができる．さらに，保育者の関わりを見ることで，自分の子育ての反省や声かけのコツを学び取ることができる．保育者は，自分の保育を保護者に見てもらい，保護者の参考になるようにする必要がある．

（4）不適切養育への気づき

　日常の保育を通して，送迎時の保護者の多忙さや疲労状況・声かけ，子どもの持ち物の状況などから，子どもの家庭状況をうかがい知ることがある．感情的な声かけや忘れ物があると，保護者に注意したくなる気持ちになるだろうが，まさにそのような場面にこそ生活上のしんどさが現れてい

ると捉える必要がある．保護者自身も負荷に気づいていないことが多いので，まずは疲労への気遣いや送迎のお礼というような声かけから実施することが望ましい．しかし，保育者の気遣いの言葉も届かないことはよくある．大変な状況にある人はなかなかその重圧に気づかないし，自分が大変な状態にあることを認めたがらない．負担を否定することよって難局を乗り切れると信じているし，子どもにとって強く頼りになる親でいたいと願っているからである．中には保育者を避けるようにする保護者もいる．自分自身でも適切な子育てをできていないと思っている保護者は，保育者の姿がまばゆく感じられ劣等感を強くすることもある．「嫌われたかな」と心配するのではなく，要保護の可能性を考える必要がある．ただ「不適切な養育が疑われる家庭の可能性がある」と決めつけず，保護者には子どもの発達相談に応じる姿勢で接する．職員間では親子ともども特に気に掛けておく対象として情報共有し，必要に応じて関係機関等と**連携協働**も考えることが求められる．

●事例4-4　着替えから知る家庭事情

> 「そろそろ長袖の制服に衣替えしましょう」とお便りや連絡帳でお願いしているのに，なかなか長袖にしてくれない保護者Dさん．いつも言葉少なに申し送りをして早々に園を離れてしまう．担任保育者は，「Dさんに明日こそしっかり伝えよう」と身構えている．Dさんは，実は暴力を振るう夫から逃げてきたところで，通園は続けているが長袖を元の家に置いてきたままだった．園は福祉事務所に連絡し，福祉事務所から支援団体を紹介してもらった．

　本事例では，季節の変わり目により半そでから長袖の服装にしてほしいことを園から伝えたが，保護者がそれに応じることが難しい状況にある．保育者は，「長袖にしてほしい」とのことのみを強調するのではなく，なぜそのような状況が生じているのかというその背景について考える必要がある．そして，DVのことが把握できたため，保育所のみでは対応に限界があるので行政機関につないでいる．保育者の**アセスメント力**が求められる事例である．

2　地域が有する子育て力の向上

　地域が有する子育て力の向上をもたらすのに，本当に力になり，かつ，効果的なのは，日常的な関わりである．保育者は，地域の清掃ボランティア・見守りボランティア，地域の技術者（園芸・工務など）等の地域の生活者と挨拶するなどして情報交換ができる関係を築く必要がある．それにより，地域の人々が，地域で生活している子どもの存在を理解することになり，子どもの生活環境に安心・安全をもたらすことについて考えることができるようになる．結果として，地域の子育て力向上になる．

　また，地域の人々との関係が深まると，「餅は餅屋」という言葉があるように，それぞれの得意とすることも把握できるようになる．よって，親子参加行事や園開放のときなどの講師依頼ができる．このような，保育者と地域住民との相互作用が，**地域の子育て力の向上**につながる．

　「地域の子ども」として見守られていることが，子どもの情緒安定や安全に寄与する．地域の人々も，子どもや保育者と顔見知りになっていたら，何か自分たちにできることがないかと年中行事の紹介や地域の人々への顔つなぎをしてくれるかもしれない．保育者も子どもにまつわる全てに保育

者だけが頑張らないといけないという気負いから解放されるかもしれない.

●事例4-5　民生・児童委員からの情報提供による家庭環境の把握に基づく対応

　園の前の横断歩道で見守ってくれる民生・児童委員のEさんが,「今朝Fちゃんのお母さんがひどく血相を変えて, 引きずるように子どもを登園させていたけれど, 何かあったんだろうか」と園にやってきた. 園長は「ありがとうございます. よく見ておきます」と答えて, 担任保育者に伝えた. 担任保育者は, 降園時に「今朝Fちゃんご機嫌ナナメでしたが」と保護者に伝えると,「実家の祖母が入院することになって, 仕事を休まなきゃならない事態なのに, 子どもは『自分を連れて行かないなんてずるい』と言い出して. それどころではないのに……」と困り顔.「大変でしたね. 子どもにとっては, おばあさんのところは遊びに行くところになっているのでしょうね」とねぎらう.

　この事例は, 地域の民生・児童委員からの情報提供で家庭状況を知ることができた事例である. 子どもが安心・安全に暮らすためには, 園だけでなく地域住民も子どもに気を配っていく必要がある. 地域の情報提供を機に家庭状況の変化に気づくことができ, 保護者の負担をねぎらうことができた. 介護等がある場合, 園がどのように支援することができるか, 予め園内で検討するきっかけにもなった.

(津田尚子)

第5章

保育者に必要な基本的姿勢
（受容的関わり・自己決定の尊重・秘密保持等）

学びのポイント

　この章の目的は，子ども，保護者との関わり場面を想定し，保育者がどのように面接を進めていくことが効果的かを理解することである．保護者との面接場面は専門職としての設定された出会いになる．この最初の出会いでラポールが構築できるかどうかがその後の課題解決への鍵となる．専門職としての自己覚知を含め，バーンアウトにならないよう学びを深めてほしい．

事前学習課題：5章の本文を読み，学びのポイントにあるキーワードについて，その言葉の意味を書き出しましょう．

事後学習課題：5章で学んだ内容から，あなたが保育者として何を大切にしたいのか決意表明しましょう．

　キーワード：保育ソーシャルワーカー，受容，共感，自己一致，傾聴，観察力，自然体

第1節　保育ソーシャルワーカー

1　保育ソーシャルワーカーとは

　子育て支援とは全ての保護者にとって安心しながら子育てができる環境（人的・物的）を整え，心のゆとりをもたらすための支援である．保育所に通ってくる子どもは，様々な保育場面を通して，明るく，元気いっぱい自分を表現できる反面，人と人との関わりからくる不安，とまどい等により，ストレスを抱えてしまうなど，保育所は，子どもの喜怒哀楽に満ちた小さな子どものコミュニティでもある．その子どもたちの中で自尊感情が消化不良となる場合，子どもだけでなく，保護者に対し，より適切な相談支援を行うことが必要となる．その観点から保育者は，子ども家庭福祉を含む社会全体を見据えた福祉を担う専門家，**「保育ソーシャルワーカー」**でもあると考えられる．

　2003（平成15）年に改正された児童福祉法では，その第18条の4，「保育士は児童の保育及び児童の保護者に対する保育に関する指導を行うことを業とする者をいう」と明記され，保育者としてのさらなる向上と保護者支援が必要となった．また地域子育て支援の原則として，同法第48条の3「保育所は，当該保育所が主として利用される地域の住民に対してその行う保育に関して情報の提供を行い，並びにその行う保育に支障がない限りにおいて，乳児，幼児などの保育に関する相談に応じ，及び助言を行うよう努めなければならない」と明記され，地域子育て支援に積極的に取り組

むようにしなければならないこととなり，様々な相談に保育者が関わることを示すものとなった．このことから，保育所は，家庭における子育て機能の脆弱化が叫ばれる中，保護者への子育てに関するより良きアドバイザーとしての機能をもつことで，地域の保育所が相談援助の拠点に位置づけされた．

2　保育所における保護者支援

保育所における保護者への支援は，保育士の業務に位置づけられているものであり，その専門性を生かした子育て支援の役割は，特に重要なものである．保育所は，保育所保育指針第一章（総則）[1]に示されているように，その特性を生かし，保育所に入所する子どもの保護者に対する支援および地域の子育て家庭への支援について，職員間の連携を図りながら，積極的に取り組むことが求められる．

現在求められている保育所の主要な役割としては，地域における子育て力を強化していくことである．地域における社会資源との連携において，地域とともに子育てを支援していくような仕組みが必要となる．地域にある様々なNPO法人，民間の子育てグループ等について，保育所がその拠点として機能することが親子の絆をより深いものとすることができる．また，子育てを孤立させないよう児童相談所等の相談機関だけでなく，市区町村のこども家庭センター等が中心となって地域に応じた事業を展開していくことが求められる．保育所の機能は，乳幼児のニーズに対応するために保護者による養育を補うための諸サービスであるといえる．そのために従来の保育機能を超えて地域のニーズに即した柔軟な保育プログラムが必要であり，子どもの健全育成を前提に保育所が地域における社会的保育センターとしての機能を拡充させていくことが期待されている．したがって，多様な地域のニーズに対応しながら，変化する需要にも柔軟に対応できる専門性を兼ね備えた職員の配置にも考慮していかなければならない．保育所を拠点として，地域全体の現状を分析し，ニーズを把握し，ソーシャルワークの諸方法を専門的に駆使できることが望まれている．特に，子育て支援事業には，保育者が子どもを養育するという仕事を超え，保育ソーシャルワーカーとしての力量が問われ，専門的な知識と価値観を備えた人材が必要となる．

3　保育者としての資質

保育者は，「子どもの最善の利益」を守る親の代弁者であるとともに，「保育」についての専門家であり，日々の保育実践の中で，様々な分野に精通する専門技術を用いて保護者と接していくことになる．特に，乳児，幼児に対する保育，障がいのある子どもに対しての専門的な処遇力だけでなく，家庭全体を包含し環境を調整しながら，保護者にとって適切な支援へのアプローチを行うことが重要となる．保育所における子どもについての相談は，子どもの何気ない日常の様子を観察して

1）「（1）保育の目標　ア，保育所は，子どもが生涯にわたる人間形成にとって極めて重要な時期に，その生活時間の大半を過ごす場である．このため，保育所の保育は，子どもが現在を最も良く生き，望ましい未来をつくり出す力の基礎を培うために，次の目標を目指して行わなければならない．イ，保育所は，入所する子どもの保護者に対し，その意向を受け止め，子どもと保護者の安定した関係に配慮し，保育所の特性や保育士などの専門性を生かして，その援助に当たらなければならない」

考察する必要があるため，臨床的な視点からの知識・技術も必要となる．その知識・技術を持ちながら親とのパートナーシップを確立していくことが子どもの最善の利益を守ることにつながる．保育活動は，保育所に通ってくる子どもや家庭だけを対象にするのではなく，保育者の方から子育てに悩み，あるいは課題のある家庭に働きかけていく機能，リーチアウトアプローチが求められる．そこで保育所を拠点として地域住民の子育て支援を充実させていくためにも専門的なソーシャルワークの知識・技術が必要となる．朝・夕方の送り迎えに来られる保護者との短時間での関わりは，日頃の家庭での子育てをふりかえる場であるとともに子どもが保育所でどのように過ごしたのかを伝える場にもなる．保育者の何気ない日々の言葉のかけ方次第では，虐待の芽などを見過ごさず，保護者に今後の子どもとの関わりを修正できるように関わることへの可能性もある．

第2節　相談援助の展開過程

　現代の相談援助（ソーシャルケースワーク）展開過程は，社会関連の問題を抱える人と，その人を取り巻く環境との調整を行うことにより，人の最善の利益を守りながら人格の発達を促していく支援技術の過程といえる．

1　ソーシャルケースワークの流れ

1）インテーク（初回面接）

　インテーク面接とはソーシャルケースワークの過程で最初にクライエント（以下保護者と称す．）が面接を受ける段階であり受理面接とも呼ばれている．その目的は，保護者との信頼関係（**受容・共感**）を構築し，保護者の主訴を明確にしながら，問題解決のための援助関係を結ぶことが適切であるのかどうか判断することの段階である．もし，援助関係が難しいと判断されれば，解決への適切な他の機関，社会資源等を紹介することになる．保護者の悩みは，心の中で錯綜しながらいっぱいになっている状態に陥っていることが多く，その悩みを明確化し，整理しながら悩みの優先順位の中で，その悩みに向き合っていくことが必要となる．そのためにも1回から2～3回のインテークを行うことも必要となる場合がある．また保護者自身の持つワーカビリティに着目しながら**エンパワメント**を意識して進めていくことが大切である．インテーク段階の主要となることは，クライエントの今の状況について様々な生活等に関わる情報を収集することにあり，それを受けて，解決への機関の役割や提供可能なサービスについて保護者の立場で納得するように心がけて説明することである．保護者との初めての出会いとなるインテーク面接は保護者自身が不安になったり，緊張したりとなることが多いため，保育者としてバイスティックの7原則[2]を含めたより実践的な技量が求められる．

　来所してもらったことについて，ねぎらうことが大切である．「今日はありがとうございます」「遠

2）バイスティックの7原則

　　1個別化の原則　2意図的な感情表現の原則　3統制された情緒関与の原則　4受容の原則　5非審判的態度の原則　6自己決定の原則　7秘密保持の原則

いところをありがとうございます」「電車は混んでいませんでしたか」「こちらにどうぞ」などである．面接の最初のやりとりは保護者へのねぎらいとリラックスを促す言葉がよいだろう．特に，守秘義務[3]についてはその責任の所在を伝え，保護者がこの場の限られた時間で安心して話ができるよう配慮することが重要である．

2）アセスメント（事前評価）

アセスメント（Assessment）は，評価・査定という意味であり，保護者の現状を的確に把握し，解決に結びつけていくためにも情報を収集することが重要である．保護者に合った最適な問題解決を行うには，保護者の現在の生活状況・生活環境等々を正しく評価し，収集された情報を分析することである．つまり，アセスメント段階は「情報収集と解決への見極めを行う判断」であるとともに，保育者としての保護者に対する細やかな「観察力」が重要となる．保護者に合わせた最適な援助を決定するために最も重要となる項目であるため，アセスメントが出来ているかどうかで，援助の質が決定づけられると言っても過言ではない．家族状況を視覚化したジェノグラム，社会資源の結びつきなどのエコマップ，社会的支援マップ等の活用も効果的解決に向けての視覚的な方法となる．ジェノグラム[4]は家族関係図（家族の相互関係を3世代にわたって図式化）と呼ばれる図式である．エコマップ[5]は生態地図（利用者を取り巻く環境，社会資源との関係についての図式化）と呼ばれる図式である．図式化をすることにより，家族の状況が視覚的に把握しやすく，今後の課題解決に向けてどのような支援が必要であるのかを見つけやすくなる．次の文章を読んでマッピングをしてみよう（**図5-1**）．

Aさん（45歳）は夫（52歳），長男（18歳），次男（15歳），長女（12歳），義理の母（79歳）の6人家族で暮らしている．義理の父親はすでに他界．夫は，会社が忙しく帰宅時間はいつも夜中であり，また早朝に出勤の毎日を送っている．長男は大学生になり自宅外で一人暮らしをしている．次男は中学1年生の時に自閉スペクトラム症と診断されている．長女は，中学校に入学して不登校気味になり，スクールカウンセラーと関わりを持っている．Aさんは義理の母親が少し認知症ではないかと高齢者総合相談センターに相談に行っている．Aさん自身も日ごろからストレスが強く，また睡眠がとれておらず，頭痛が時折ひどくなりその都度，クリニックに通院している（**図5-1**）．

3）プランニング（具体的援助計画策定）

プランニングはソーシャルワークにおける具体的な援助計画を作成することである．保護者の生活状況等々における情報を収集し，それについてアセスメントの段階を経て，プランニングの段階に入る．プランニングは，保護者の参加を得ながらアセスメントに基づいて具体的な援助計画を立案することと，援助計画の内容についは保護者の了承を得ることを含む．援助計画をより効果的に進めていくためには，保護者の様々に錯綜された問題の焦点を見極めることと，解決の優先順位を

3）守秘義務：ソーシャルワーカーの倫理綱領の前文の中にクライエントの秘密保持がある．ソーシャルワーカーは，クライエントや関係者から事情を聴取する場合も，業務遂行上必要な範囲にとどめ，プライバシー保護のため，クライエントに関する情報を第三者に提供してはならないとある．

4）8章のp.71もあわせて参照のこと．

5）8章のp.72もあわせて参照のこと．

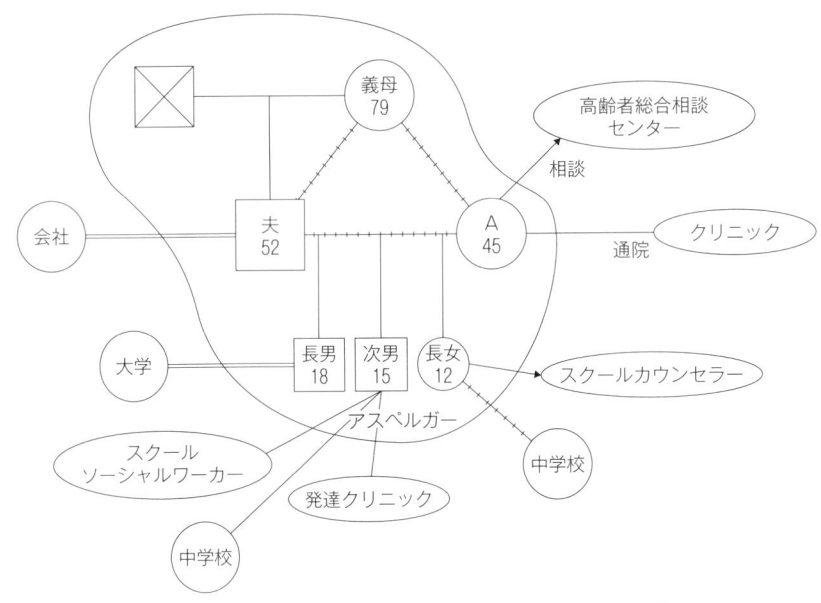

図5-1　Aさん家族のジェノグラム，エコマップ

（出典）筆者作成.

決め，短期に設定をする解決・中長期にわたる解決なのかを保護者の状況を理解しながら，援助目標の設定をすること等が必要である.

4）　インターベンション（直接・間接介入）

　インターベンションは，保育者が保護者に直接介入する方法と間接介入する方法で援助を行う方法がある．この段階はソーシャルワーク過程における中心となる段階であるとともに，保護者の納得の中で支援計画を具体的に実行することを意味することになる．直接介入と間接介入のバランスを取りながら，その都度，保護者のニーズを充足させるために必要な介入の方法を決めて実行していくことが大切である.

5）　モニタリング（援助の中間評価）

　モニタリングは，プランニングで実行された援助が効果を上げているかどうかについて判断し，アセスメントシートに記入された事項について再認識を行うとともに支援計画の内容について定期的に評価を行うことである．また新たなアセスメントやプランニングを修正しながらつなげていく作業でもある．そのためには，プランニングで実施された目的，方法，達成，また社会資源の再調整等について確認することが必要となる.

6）　エバリュエーション（効果の評価）

　エバリュエーションとは「事後評価・効果の評価」とも言う．援助の終了時，これまで保護者に対して行ってきた援助過程について，どの程度目標が達成されたのかという視点と，取り組みの内容についての視点を今後の改善点も含めて検討することである.

7）　ターミネーション（終結）

　ターミネーションは，ソーシャルワークの援助を終結する最終段階のことをいう．保護者の問題が解決された場合，援助期間が終了したときにターミネーションとなる．保護者にとっては，問題

解決に保育者と一緒に歩んできた援助過程への参加により，達成できたことが次への解決への意欲を生み出すことにつながる．また，そのまま援助の過程を継続しても計画された目標達成がむずかしく，援助効果が期待できない場合にも終結を迎えることになる．終結は保護者と保育者との専門職業的援助関係を終了することを意味するが，保護者の情緒的な側面に考慮し，肯定的感情をもって，終結されることも重要となる．

8）　フォローアップ・アフターフォロー（終結後の援助）

終結によって，保護者にもたらされるのは，これまでの解決に向きあってきた意欲の達成感とともに，その後の生活等に関わる不安感である．したがって，保護者に対する今後の支援体制等についての準備があることを伝えておくことが必要となる．今後の生活等における安心感をもてるよう配慮することが重要な段階である．

2　傾聴

1）　傾聴とは

自分自身を取り巻く様々な環境の相互作用によって，与えられる関係性こそが人間の発達にとって重要な糧となる．人間は常に変化をしている．相手とどのような関わりをもつのかによって自分が様々なことに気づき，気づかされ，相手の心情を察することができるようになる．こちら側からの変化で相手が変わるということにつながるとともに自分の心地よい環境が作られていく．関わりのポイントとしては「傾聴がどの程度できるか」である．それによって，受容も共感もできるようになる．

傾聴とは，相手の表情，しぐさといった感情や情緒的な表現を1つの形として捉えながら，その上に言葉が浮かんでこちらに入ってくる「**贈り物**」である．それをじっくり，また，しっかりと心で聴くことがポイントになる．「聞く」は一般的に様々な音をただ入れることであり，音や声などを耳で感じ取ることである．「聴く」は限定的に話している内容等について捉える（心を落ち着けて理解し，心の中にとどめておくこと）という意味である．傾聴の前提となる姿勢とは何か．相手が「命」を持つ一人ひとりの人間であることに敬意を持って接する気持ちが大切である．保育者自身の内的状態も「傾聴」を行う上では重要になってくる．つまり保育者自身に心の余裕がなければ，相手の言葉が心の中に入ってこないので，保護者が「保育者さん，ちゃんと聞いてくれているのかな」「真剣に聞いてくれているのかな」という状態に陥ってしまうことがある．保育者の心の余裕の部分は，保護者が話す言葉を入れる空間となる．

その空間をつくれるように，専門職としての自覚と切り替えのスイッチが必要となる．そのためには保育者自身が抱えている個人的な悩み（家族の問題，経済的問題など）を自己覚知した上で，心の中から取り出すようなイメージを持ち，それをもう1つの心の箱や空間にしまっておくように意識づけを行うことが必要である．また，仕事場に入る手前で，何らかの鎧などを着る意識をもち，ゆっくりと長く呼吸をして切り替えることが効果的である．仕事が終わって仕事場を出るときには，その鎧を脱いでそこに置いておくようなイメージを持つことが，自分自身の心のバランスを保つ専門職者としてのストレスマネージメントにもなる．つまり，保育者として，相手の悩みと向き合う

ときの前提として，自分自身の心の中にある個人的な気持ちや感情の整理を行うことが，保護者に対する敬意を払うことにつながり「傾聴＝敬聴」としてよい方向性に導いてくれる．

2）傾聴を行うためのポイント

傾聴を行う前提となるのが受容である．受容を野球でたとえると「ピッチャーから投げられるボールをキャッチャーがどのように受け止めるか」といったキャッチャーの存在である．その時に積極的に受け止めることが基本となる．受け止めるときに様々なサインを出しながら，ピッチャーの意図を汲み取ることができる存在になれるよう日々の生活の中で保育者自身が心の余裕を持てるようになることが大切である．またこちらが要求をしていないボールをピッチャー（保護者）が投げてきた場合，そのボールをどのように受け止めるのかが傾聴をうまくつなげていくコミュニケーションとなる．例えば，「あなたはこの仕事に向いていない」というボールを投げられたときに，あなたは，どのようにそのボールを受け止めることができるか？

受け止めるということは，保育者が積極的にボールをとろうという気持ちにならないと取ることはできない．つまり保護者から投げられたボールの意味を考えることが大切である．「なんで～」と反発感情でボールを受け止める保育者もいれば，「そ～なんだ仕事に向いていないと思っているんだよね」「具体的になぜそのように言ったんだろう，聞いてその理由を確かめよう」等と受け止め，「なぜ仕事に向いていないと考えておられるのでしょうか？」というように聞き返すこともある．しかし，まずは，受容という視点からは，「そうですか，そのように感じておられるのですね」「仕事に向いてないと感じているんですね，私その言葉にすごく辛くなったよ」というような投げられたボールをまずは，自分の中に受け止めて，その言葉によって自分の気持ちが辛くなった，というようなサインをまずは送ってみることも大切である．自分が思っていないところにボールを投げてきたピッチャーの気持ちは，「投げようと思わなかったが，何等かのことがあって**そうせざるをえなかった**」ことがあると考えられる．その上で，具体的にその理由等々の働きかけが重要である．しかしその理由をこじ開けてはいけない．理由は相手から自主的に言ってもらうことが基本である．「実は……ということがあっていらいらしていたよ」ということの背景が感じられるようになる．

以下に傾聴のポイントをまとめる．

① 保育者自身の心の中の整理を行う（「なんか……」という無意識の言葉がでていないかを確認）．

② 心の中に余裕の空間を積極的に作れているかを確認する（ちょっと鏡をみて笑顔）．

③ 保護者が安心して話せる環境に保育者自身もあるかを確認する．

④ 保護者の眼を見て話すことが基本である．眼を見るのが苦手な場合は，相手の鼻の付近を見るようにして話すとよい（逆にじっと見つめられると相手が話しにくい場合もあるので注意を要するが，基本はしっかり聴いているという想いをさりげなく眼で伝えること）．

⑤ 保護者の話す言葉を電光掲示板のようにゆっくりと保育者の心の中に入れていく意識で聴く姿勢を保つ（ゆっくりと呼吸をしながら，言葉の1つ1つを飲み込んで消化すること）．

⑥ 保護者が話す内容を，内容の種類ごとに心の中にあるたんすの引き出しにまとめて整理を

するような意識で覚えておく．

⑦ 保護者が放つ言葉の周りにある感情を傾聴する（その際に，相手の微妙な表情，身振り，しぐさ，声の抑揚等を手がかりとする．つらいという言葉も，笑って言う場合もあれば，顔の表情が険しくなって発する場合もあることに注意する）．

⑧ 保護者が，沈黙の状態になった場合，焦らずにその沈黙が何を意味し，どのような状態であるかを含む，非言語的な側面を総合して推測する必要がある．

⑨ 時にはその沈黙を破るのではなく発言を促すような言葉を入れる．また話を返す前に保育者自身の感情を理解し，その感情とは別に保護者の感情に寄り添う（早い段階での沈黙は，その雰囲気がリラックスできるものであるかを考えて対応する必要がある．解決をあせって性急になっていないのか，またその逆に自分を振り返り，別な視点を模索している積極的な沈黙なのかを見極めて接することが必要である）．

⑩ 会話自体が保育者自身の専門性に基づいて構成されているかを確認する．

第3節　保育現場等で必要となる面接技術

1　面接の意義とは

　福祉臨床で扱う面接とは，広義の社会福祉を範疇として，主として生活上に様々な課題を抱えている保護者が，保育者の言葉のつながりによって，あふれんばかりの心を開放することである．そして，できるだけ早く保護者自身で課題の焦点に「気づき」，その解決に向けて社会資源を介在させながら，保護者のニーズに合致しているかどうか検討し，傾聴，受容・共感しながら保育者と一緒に歩むプロセスとなる．つまり，問題を解決するのはあくまでも保護者自身であり，保護者の自己選択・自己決定を尊重し，自己責任を促しながら自己実現に向かって進んでいくことである．また面接を行う際には必ず守秘義務があることを伝えることが重要となる．特に守秘義務の説明は保護者が安心して胸の内を打ち明けられる安心・安全の時間となり，ラポールの構築の礎となる．その中で保育者は自然体で話しを続けていくことを心掛ける必要がある．

　また面接の際に必要となるのは「**観察力**」，つまり，保護者の表情・眼の動き・言葉・動作・服装・アクセサリーなどに現れる無意識的・意識的な主張表現を保育者がどのように理解し，「ありのままの保護者」をどのように受け止めるかも面接を進める上で大切な方向づけとなる．その上で，保護者の気持ち，感情に寄り添いながら，傍観者としてではなく相手の立場に添って，**自然体**で面接を進めることが重要となる．イメージとしては，保護者の言葉と感情（気持ち）の2種類の贈り物が保育者の中に入ってくるような感じで受け止める．笑いながら悲しい言葉を表出するときもあれば，泣きながら楽しい言葉を表出することもある．また，保護者自身に「どのような意味があってこのような質問をするのか」「何のために保護者にたずねるのか」を考え面接に臨まなければならない．面接を進めるためには，保護者の「今，ここでの像」を見過ごさない保育者の姿勢と保護者が話す一語一句の言葉と感情を受け止め，「問題の所在はどこにあるのか」「今何を求めているのか」「適切な援助は何か」を専門的に判断していくことが重要となる．

　保育者としての面接経験の度合いによって，面接の前に不安を感じたり緊張したりしてしまうことがある．特に，面接経験の少ない保育者にとっては，不安が表情や保護者への言動にまで無意識に影響を及ぼし，偏った見方をしてしまうことがある．これを軽減するためにも面接に来る保護者の情報を持っておくとよい．保育者自身の感情や心の葛藤を整理し，専門職者としての倫理・価値観を認識し，保護者を待つことが必要である．保育者も人間であるから，仕事に入る前に家庭のこと，友人関係のトラブル，身体の不調など，気持ちの整理とともに心の切り替えをしなければならない．保護者を迎える前に自分自身の心の揺れを明確にする必要がある（自己覚知・自己一致）．

2　具体的な面接技術

1）　促しの技法

　促しは，非常に重要な面接のスキルである．話をスムーズに促すために言葉と言葉の間にはさむ潤滑油のようなイメージである．「うんうん」「はい」「そうなんだ」「そお」「へえ」など，あいづちをはさんでいくことによって，保護者の呼吸が整い，話がしやすくなる．これは普段の会話の中で意識せずに行っているものであるが，面接の場面では特に，保育者は自然体の中にも専門職として意識づけを行う必要がある．促しによって，保護者の表情，態度にどのような変化が現れるのかを常に考える必要がある．

2）　繰り返し

　この技法は，保護者への共感につながる大切なスキルである．保護者の話の語尾を繰り返すことで，そのままの言葉（言葉の多様性）が受け入れられたことを保護者に意識づけることになる．違う言葉で同じ意味を返すことも保護者の「気づき」の助力となるので意識づけをしながら会話を進めていくことが必要である．

◎「具体的，効果的な方法の例」
Cl. おはようございます．Co. おはようございます．これは，単純な繰り返しの方法．
Cl. おはようございます．Co. おはようございます．今日はいつもより表情がいいですね．

　単純な繰り返しにプラス α の要素を加えることにより，会話を滑らかにすることができる．ポイントとしては，相手の表情を言葉にして返すことである．

3）　効果的な質問

　「開かれた質問」「閉じられた質問」を効果的に会話の中に入れながら保護者が答えやすい関わりを持ちながら深めていくことである．「開かれた質問」とは，「今日お昼ご飯にどんなものが食べたいですか」というように食べるものの内容や種類が情報として得られることになる．保護者が自由に答えることができ，自己理解を深めていくことができる．「閉じられた質問」は，「お腹すいていますか？」という質問に対して，「はい」「いいえ」のように保護者の表情等において，言葉が詰まりそうな様子である時，短い発声を促すことができる会話となる．場合によっては，質問そのものが，保護者に対して抑圧的になってしまい，保護者のペースで話せなくなってしまうことがあるので細やかな配慮が必要となる．この両方の質問を通して保護者の想いを感じながら効果的な質問を

行うことが必要である．また開かれた質問ばかりでも疲れることがあるので，閉じられた質問も入れながら進めていくことも必要である．

4）　感情の反射

保護者がむきだしの感情を伝えてきた時に，保育者がその感情をオブラートまたは柔らかい風船ガムに包んで保護者に返すイメージである．つまり，保護者の情動的な心の揺れ幅からの言葉に留意しながら，感情を反映させることである．例えば「将来のことを考えると不安で，何とかしなければならないと感じるのですが，何をしたらよいのかわからないのです」と言われたとき，「ご心配なのですね，どうしたらよいのか混乱しているのですね」「どうしたらよいのか困っておられるのですね」などと返すことである．

5）　要約・明確化の技法

保護者が，自分のあふれんばかりの感情を，堰を切ったように保育者に話し続けることがある．悩みを持っている人が話をしているときの感情は，とにかく自分自身で抱えていることが苦痛で，自分ではどうしようもないとの思いを持ち，誰かに聴いてもらうことで肩の荷を軽くしたいという気持ちが強い．保護者が話す言葉を整理できないときは，要約の技法を使いながら，たんすの引き出しを作るつもりで接するとよい．また，保護者が抱える曖昧な点をはっきりさせるためには，「もう少し詳しくそのことについてお話をしていただいても大丈夫ですか」というように話しを促す必要がある．これにより保護者は，眼の前にいる保育者が自分の話をしっかり聴いてくれているということを確信することができる．

6）　沈黙の技法

面接の中で保護者が沈黙してしまうことがある．この沈黙は重要な解決への「気づき」であるとともに，保育者としては慎重な関わりが求められる．どのような質問をされたことで保護者が急に黙ってしまったのか，その意味を保育者は常に考える必要がある．「答えたくない」「何を答えていいのかわからない」「質問の意味がわからない」「今の質問よりさっきの答えが気になる」「しっかりと答えようと考えている」などである．このような状態が長く続くなら，保育者は保護者が沈黙することの意味を考え，少し時間をおいて違う視点でアプローチを行う必要がある．時にはその沈黙を破るのではなく発言を促すような言葉を入れることも必要である．「難しいことですよね，答えるのが辛いですね」「無理に答えを出さなくてもいいですよ，ゆっくり一緒に考えましょう」「今何が気になっていますか，できればお話ししていただけませんか」「話題を少し変えてお話を続けてもいいでしょうか」など，方向性を修正することが必要となる．

3　事例

1）　保護者の思いを理解した対応が必要な事例

A保育者は自分の担当の子どもの保護者（保育者と同じ年齢）と会話をしている時，A保育士のある言葉が保護者のマイナス感情に引っ掛かり，「独身のあなたに何がわかるのよ」という厳しい言葉を保育者になげられた時どのように対応するとよいのか？

保育者が保護者への相談等にのる際に，どのような枠組みの設定の中で会話が行われているのか

が重要となる．この事例は A 保育者が保育者としての枠組みの中で保護者と会話をしていたかどうかが 1 つの焦点となる．もし保育者が同じ年齢の友達として保護者とお話を愉しくしていたならばこのような予測もしていない言葉を保護者から出された時，閉口してしまい何も言えないままで今後の保護者との距離は考えるに及ばないだろう．もし，保育者として答えるならばまず，保護者の内容は置いといて，まずは保護者が何らかの保育者の言動に気持ちが高揚されて（怒って）いることに対応しなければならない．その上で専門職，保育者として関わっていく必要がある．

　この場合は「私の言い方がお母さんを傷つけたかもしれません．（ここまでが母親の気持ちに対応する保育者としての関わり）私はお母さんが言われているように独身で子どもはまだ産んでいません（保育者自身の生活状況）が，でも子どもの発達や子どもの心理的な側面について（ここまでが保育者の専門性）はお母さんに助言できるかもしれません」というような言葉を返すことになるだろうか．

　つまり，保育者は保護者と同じ年齢で共通する趣味等々があったとしても「友達」ではなく，あくまでも自分の担当する子どもの母親として接する必要がある．その枠組みを無意識のうちに外してしまうと自分の感情が前面に出てきてしまい，目の前にいる保護者とは同一線上での会話になってしまう可能性が高くなるので常に自己一致をさせて関わる必要がある．

2）　聴くことで保護者理解が深まる事例

　ある保護者が子育てのことについて相談に来ました．その内容は「最近いらいらすることが多く，子どもの高い声が時にイライラを増長させて子どもに当たってしまうことが多くなって，後で後悔してしまう．仕事が平日に休みがあるので日頃保育所に預けていることもあり今度の平日の休みは子どもと過ごしたほうがよいのか迷っている」という相談内容であった．あなたが保育者ならばどのような相談援助を行うか．

　あなたが，同じ年齢の友達ならば，自分の経験で答えを先に伝えるかもしれない．保育者としては，まずそのイライラの要因を具体的に聴いていくことが必要となるが，その答えを果たして保護者が求めているのか，それとも，保護者の今のこんなにつらい気持ちを先に分かってほしいために保護者が訴えているのか専門職としてまず「気持ち」に寄り添った相談援助をしなければならない．保護者の話を丁寧に聴いていくと，義母との関係，夫とのすれ違い，子育てによる不安，自分自身の体調等の問題，経済的なこと等々が整理されておらず，保護者の心の中でただ「不安」「なんか……」という言葉でひとくくりされてきた経緯が保護者から語られるかもしれない．もしも保育者が自分の経験や自分の価値観の基準で保護者と関わっていたらどうなっていたであろうか．保護者が自分の抱えている悩みに向き合うこともなく「今度の休みは子どもと過ごしたほうがよいのか」という一文にだけ焦点を当てた答え方をするかもしれない．大切なのは，その言葉の背景にある感情にしっかりと保育者が向き合い理解することにある．保育者として「聴く」ということの大切さを常に考えておく必要がある．専門職として「何を」「どのように……」「どうして○○について聴くのか」という視点が大切となる．

（吉 弘 淳 一）

第6章

家庭の実情に応じた保育施設・保育者による支援

学びのポイント

本章では，家庭の実情に応じた保育施設・保育者による支援についての理解を深めるために，第1に，子どもを取り巻く家庭の実情に関する**状況把握**および**アセスメント**の必要性を学ぶ．第2に，保育施設・保育者が子どもの**最善の利益**を尊重した支援をすることができるような保護者との信頼関係の構築の方法を学ぶ．保育者を目指す者，また，保育者には，ここでの学びを実践の場で活用できるようにしてほしい．

事前学習課題：6章の本文を読み，学びのポイントにあるキーワードについて，その言葉の意味を書き出しましょう．

事後学習課題：6章で学んだ内容から，あなたが保育者として何を大切にしたいのか決意表明しましょう．

キーワード：状況把握，アセスメント，子どもの最善の利益，信頼関係の構築

第1節　家庭の実情に応じた支援が必要な理由

保育所申請書類には，家庭環境に関することの記載が求められる．そこには，保護者の就労状況，体調等について記載することが求められる．それは，子どもが保育所に入所することが必要かどうかを理解するためのものである．子どもが生活する家庭環境は一人ひとり異なる．保育施設・保育者による支援が必要な様々な家庭がある．具体的には経済的課題・DV（ドメスティック・バイオレンス）・保護者に障がいや疾病等のある家庭，ひとり親家庭，ステップファミリー，外国籍等の家庭，里親家庭など，子どもがいれば子どもの人数だけ子育て家庭が存在し，それぞれの子育て方針がある．家庭の実情に応じた保育施設・保育者による支援は，子ども同士の関係構築をもたらすことになるとともに，保育者と保護者との**信頼関係の構築**をもたらすことになる．

保育者は，子どもについて理解しようと考えるとき，子どもが生活する家庭の実情も把握していく必要がある．例えば，父母と生活している，父母・祖父母と生活している，父または母のみと生活している，父または母とその再婚相手やその子どもと生活している，祖父母と生活している，親戚と生活している，里親と生活している，福祉施設で生活している等について把握する必要がある．また，外国籍等，保護者の障がいや疾病等についても**状況把握**，そして，**アセスメント**をする必要がある．保育者は，子どもとその保護者の個人情報に関することを知ることになるので，情報の取り扱いについては慎重に行う必要があるが，日々，子どもが生活する家庭に働きかけ，子どもの暮

らしの安定をもたらし，**子どもの最善の利益**を尊重することになる．

第2節　様々な家庭の実情

1　経済的課題，DV，保護者に障がいや疾病等のある家庭

1）経済的課題のある家庭

昨今における雇用の不安定さ，それに伴う経済的不安定さが子育て家庭に生じてきている．保護者が経済的に不安定な状況にあると，子どもの暮らしにも影響する．子どもが生まれてから成長していく中で，そのライフステージにおいて子育てに関する費用が生じる．特に，子どもの年齢が高くなるにつれて教育費の負担が高くなる．また，ひとり親家庭は，父子家庭よりも母子家庭の方が，収入が低いためにダブルワークをすることもある．それにより，家庭での子育てが難しくなり，保護者が子どもの学習面でのサポートをすることが難しくなってしまう．

2）DV（ドメスティック・バイオレンス）のある家庭

配偶者に対するDVは，その状況を子どもがみることで心理的にダメージを受けることになる．配偶者へのDVが子どもへの暴力につながることもある．家庭が安心して過ごすことのできない状況は，子どもを不安定にさせてしまう．

3）保護者に障がいや疾病等のある家庭

保護者に障がいや疾病等がある場合は，自身の体調が整わず子どもを休ませてしまう，家事ができない等により，子どもの養育が難しくなる．保護者の判断能力が十分でないと考えられる場合，保護者は保育所からの手紙等を理解することが難しくなり，持ち物の準備ができないなどの課題も生じる．

2　ひとり親家庭

ひとり親家庭とは母子家庭または父子家庭のことであり，ひとり親家庭の子どもとは，配偶者のない母または父のいずれかと生活する状況にある者のことである．厚生労働省子ども家庭局家庭福祉課母子家庭等自立支援室は，「令和3年度全国ひとり親世帯等調査の概要」でひとり親家庭の推計を次のように示している．母子以外の同居者がいる世帯を含む全体の母子世帯数は119.5万世帯，父子世帯数は14.9万世帯と示している．そして，ひとり親世帯になった理由については，母子世帯および父子世帯とも第1位が離婚（母子世帯：79.5%，父子世帯：69.7%），第2位が母子世帯は未婚で10.8%，父子世帯は死別で21.3%，第3位は母子世帯が死別で5.3%，父子世帯がその他で5.1%と示している．また，ひとり親家庭の父母は，両者とも85%以上が就労している．そのうち，正規の職員・従業員として働いているのは母親が48.8%，父親が69.9%である．平均年間収入（2020（令和2）年）は，母親が272万円，父親が518万円，平均年間就労収入は，母親が236万円，父親が496万円である．同居親族を含む世帯全員の収入平均年間収入は，母子世帯が373万円，父子世帯が606万円である．なお，「平成27年国勢調査」では，母子のみで構成される母子世帯（母子家庭）数は約77万世帯，父子のみで構成される父子世帯（父子家庭）数は約8万世帯であった．

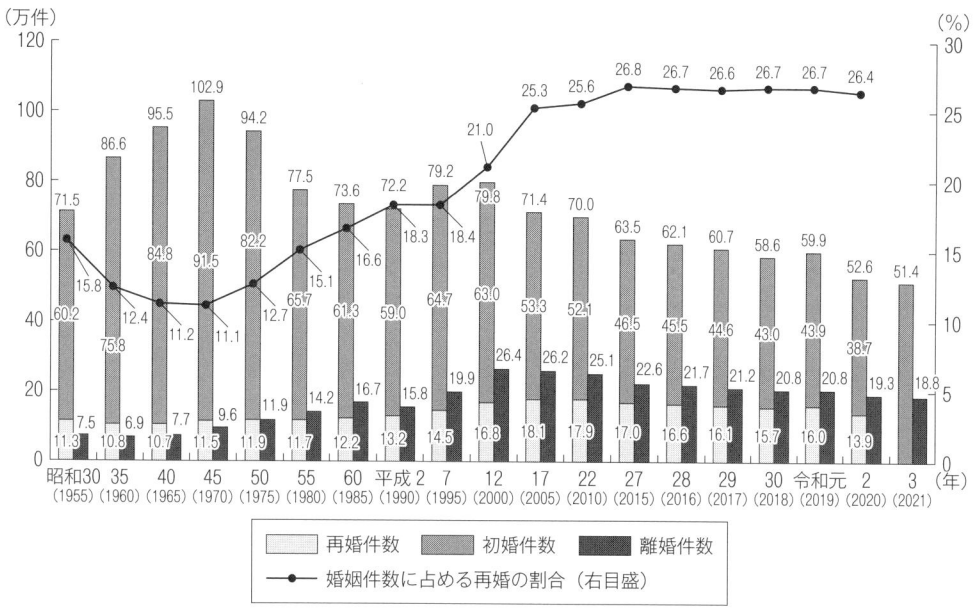

図 6-1　婚姻・離婚・再婚件数の年次推移

（備考） 1．厚生労働省「人口動態統計」より作成.
　　　　 2．令和 3 （2021）年の数値は, 日本における外国人等を含む速報値. 令和 3 （2021）年の婚姻件数は, 再婚件数と初婚件
　　　　　　数の合計.
（出典）内閣府男女共同参画局 （2022：特-1 図）.

　これらのことから, 母子家庭の母親の多くは, 仕事と子育ての両立をするためには, 精神的にも身体的にも負担を強いられているということができる.

3　ステップファミリー

　内閣府男女共同参画局 （2022） によると, 1970 （昭和45） 年の婚姻件数は約100万件, そして, 離婚件数は約10万件であった. 1972 （昭和47） 年の約10万件をピークに減少した. そして, 1995 （平成 7 ） 年から2000 （平成12） 年に再び一時的に増加したが, その後は減少している. 2015 （平成27） 年から2019 （平成31／令和元） 年までは, 約60万件であった. 2020 （令和 2 ） 年は約53万件, 2021 （令和 3 ） 年は51万件と減少傾向にある.

　また, 全婚姻件数における再婚件数の割合は1970年代以降増えており, 2020 （令和 2 ） 年における再婚件数は約13.9万件 （婚姻の約 4 件に 1 件） であった. そのうち, 2020 （令和 2 ） 年は, 夫再婚・妻再婚が約 5 万2000件 （37.3%）, 夫再婚・妻初婚が約 5 万件 （36.3%）, 夫初婚・妻再婚が約 3 万7000件 （26.4%） であった.

　再婚する場合, 夫婦のどちらか一方または両方に前配偶者との子どもがある場合もあり, その子どもを連れての再婚となることもある. このような家族を**ステップファミリー**という. ステップファミリーが家族として生活していく中でお互いに信頼関係を築いていくことになる. 母親としてふるまおうとする継母, 父親としてふるまおうとする継父がそこには存在し, 関係を築いていくことになる. しかし, 子どもを受け入れる準備ができていないと否定的・拒否的な対応になってしまう.

保育者は，家族がまとまるための関係構築の一助となることが必要である．

4　外国籍等の家庭

　出入国在留管理庁（2024）によると，2023（令和 5）年末現在の**在留外国人数は312万9774人**，また，特別永住者（第二次世界大戦以前から日本に住んでる人）数は28万1218人で，合計で341万992人であった．2022（令和 4）年末と比べ，22万5779人増加した．在留外国人の出身国は，1 位が中国，2 位がベトナム，3 位が韓国，4 位がフィリピン，5 位がブラジルであった．在留資格別でみると，第 1 位が「永住者（89万1569人）」，第 2 位が「技能実習（40万4556人）」，第 3 位が「技術・人文知識・国際業務（36万2346人）」，第 4 位が「留学（34万883人）」，第 5 位が「特別永住者（28万1218人）」であった．在留外国人数は 1 位が「東京都（66万3362人）」，2 位が「愛知県（31万845人）」，3 位が「大阪府（30万1490人）」，4 位が「神奈川県（26万7523人）」，5 位が「埼玉県（23万4698人）」であった．

　このことは，外国籍等の子どもが保育施設を利用することを意味する．親が就労や留学等での来日時に子どもも一緒に来日した家庭，日本で生まれた子ども，また，国際結婚による外国にルーツのある家庭の子どもが保育施設を利用することになる．

　それぞれの国には，それぞれの言語，生活習慣，文化，子育ての方針がある．保育施設で外国籍等の家庭の子どもを受け入れるとき，保育者は，彼らの生活習慣や文化を理解することが求められる．まず，保育者は，言葉の問題に対応する必要がある．日常的な会話は大丈夫でも書面の文字を読むことが難しい状況にあり，保護者に保育者の意図が伝わっていない場合がある．また，最近ではムスリム（イスラーム教徒）家庭が増加しており，保育者は，言葉が通じないだけでなく生活習慣が理解できず，対応に苦慮することがある．保育者は，言葉について把握すると同時に，彼らの生活習慣についても理解することが求められる．外国籍等の保護者は，保育施設を相談できる場所として捉えている状況があり，通訳を配置しているところもある．保育者もそれぞれの国の文化や生活習慣を理解し，**信頼関係**の構築ができるように努めていく必要がある．保育者は，多文化家庭の子どもと保護者に日本の文化を理解するように働きかける役割を担うため，それぞれの文化を把握する必要がある．

5　里親家庭

　里親制度は，児童相談所が要保護の子どもの養育を委託する制度であり，児童福祉法第27条第 1 項第 3 号に規定されている．2002（平成14）年度には，親族里親，専門里親が創設された．2008（平成20）年の児童福祉法改正では，**養育里親・養子縁組**を希望する里親が制度上区分された．2009（平成21）年度から，養育里親と**専門里親**には，研修が義務づけられた．2017（平成29）年度からは，里親の新規開拓から里親に委託された子どもの自立に向けての里親支援を児童相談所の業務として位置づけられた．また，**養子縁組里親**を法定化して研修を義務化した．2024（令和 6）年 4 月からは，**里親支援センター**が児童福祉法に明記された．

　こども家庭庁支援局家庭福祉課の2023（令和 5）年10月の「里親制度（資料集）」によると，養育里親は，2022（令和 4）年 3 月末現在で，1 万2934世帯の登録で3888世帯に委託となっており，委

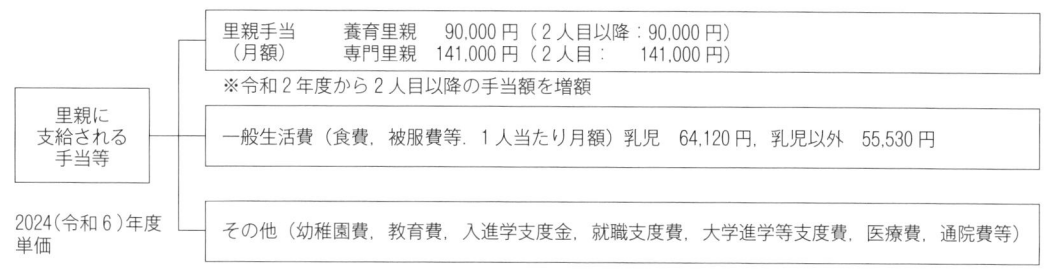

図6-2　里親に支給される手当等

(出典) こども家庭庁支援局家庭福祉課 (2025：12).

託児童数は4709人であった.「児童虐待等の行為により心身に有害な影響を受けた」「非行等の問題を有する」または「身体障害, 知的障害又は精神障害がある」子どもに対応する専門里親は, 728世帯の登録で, 168世帯に委託しており, 委託児童数は204人であった. 養子縁組里親は, 6291世帯の登録で, 314世帯に委託となっており, 委託児童数が348人であった.「親族里親に扶養義務のある」「両親その他現に監護する者が死亡, 行方不明, 拘禁, 入院等の状態となったことで養育が期待できない」子どもを養育する親族里親は, 631世帯の登録で569世帯に委託となっており, 委託児童数は819人であった. 里親に支給される手当は, **図6-2**の通りである.

　また, 小規模住居型児童養育事業 (ファミリーホーム) では, 養育者の家庭に子どもを迎え入れて養育を行う家庭養護の一環である. 要保護の子どもに対し, この事業を行う住居で, 子ども同士の相互作用を活かすとともに, 子どもの自主性を尊重する. そして, 基本的生活習慣の確立・豊かな人間性と社会性を養うことで子どもの自立を支援する. 本事業は,「児童福祉法」第6条の3第8項に明記されている. 職員は, 養育者2名 (配偶者) と補助者1名, または, 養育者1名と補助者2名の3名の組み合わせである. なお, 養育者は, 本事業を行う住居に生活の本拠を置く者 (住民票を置いている者) に限られており, それ以外は補助者である.

第3節　保育者としての姿勢

1　様々な家庭の実情把握時

　第2節で取り上げたように, 様々な家庭で生活する子どもがいる. 保育者は, その子どもが生活する家庭の実情について**状況把握**し, **アセスメント**するとき, **子どもの最善の利益**を考慮して保護者に働きかけていくことが求められる. 2017 (平成29) 年3月31日告示の「**保育所保育指針**」では, その基本的なこととして,「保護者に対する子育て支援を行う際には, 各地域や家庭の実態等を踏まえるとともに, 保護者の気持ちを受け止め, 相互の信頼関係を基本に, 保護者の自己決定を尊重すること」「保育及び子育てに関する知識や技術など, 保育士等の専門性や, 子どもが常に存在する環境など, 保育所の特性を生かし, 保護者が子どもの成長に気付き子育ての喜びを感じられるように努めること」と示している. そのために留意すべきこととして,「保護者に対する子育て支援における地域の関係機関等との連携及び協働を図り, 保育所全体の体制構築に努めること」「子ど

もの利益に反しない限りにおいて，保護者や子どものプライバシーを保護し，知り得た事柄の秘密を保持すること」と示している．

　現在は，共働き家庭が増えているため，保育者は，保護者が仕事と子育ての両立ができるように対応することが求められている．また，離婚・再婚家庭の増加，外国籍等の家庭の増加など，様々な子育て家庭がある．保育者は，子どもが家族と思っている家族について把握し，対応していく必要がある．その際，保育者は，保護者の生活環境，具体的には文化，宗教，価値観などについて理解していく必要がある．

2　保護者への支援時

　2017（平成29）年3月31日告示の「**保育所保育指針**」では，保育者が保育所利用をしている保護者への支援を具体的に行うときについては次のように示している．

　第1に，「日常の保育に関連した様々な機会を活用し子どもの日々の様子の伝達や収集，保育所保育の意図の説明などを通じて，保護者との相互理解を図るよう努めること」が求められる．第2に，「保育の活動に対する保護者の積極的な参加は，保護者の子育てを自ら実践する力の向上に寄与することから，これを促すこと」が求められる．保護者との信頼関係の構築，つまり，関係づくりをしていくことの必要性を述べている．

　そして，個別の支援が必要な場合は，保護者の思いに応じた配慮が必要である．第1に，「保護者の就労と子育ての両立等を支援するため，保護者の多様化した保育の需要に応じ，病児保育事業など多様な事業を実施する場合には，保護者の状況に配慮するとともに，子どもの福祉が尊重されるよう努め，子どもの生活の連続性を考慮すること」である．第2に，「子どもに障害や発達上の課題が見られる場合には，市町村や関係機関と連携及び協力を図りつつ，保護者に対する個別の支援を行うよう努めること」である．第3に，「外国籍家庭など，特別な配慮を必要とする家庭の場合には，状況等に応じて個別の支援を行うよう努めること」である．保育者は保護者の思いを理解し，その思いに応じた支援を行っていく必要があるということである．

　また，虐待等が疑われる，不適切な養育等が疑われる家庭に対しては，個別の支援とともに他機関との連携が一層求められる．具体的には，まず，「保護者に育児不安等が見られる場合には，保護者の希望に応じて個別の支援を行うよう努めること」である．次に，「保護者に不適切な養育等が疑われる場合には，市町村や関係機関と連携し，**要保護児童対策地域協議会**で検討するなど適切な対応を図ること．また，虐待が疑われる場合には，速やかに市町村又は児童相談所に通告し，適切な対応を図ること」である．保育者は**子どもの最善の利益**を尊重するために，保護者に対しても積極的に関わっていき，必要であれば他機関との連携を行っていくことが必要であるということである．

　以上のように，保育者は，保護者が子育てに関して様々な思いを抱えていることを把握して関わっていく必要がある．そうすることで，保育者は，保護者の思いに気づくことができ，**情報共有**することができるようになる．また，必要に応じて，**社会資源**との**連携調整**を行いながら保護者支援ができるようになる．

3　地域との連携・協働時

2017（平成29）年3月31日告示の「**保育所保育指針**」では，「保育所は，児童福祉法第48条の4の規定に基づき，その行う保育に支障がない限りにおいて，地域の実情や当該保育所の体制等を踏まえ，地域の保護者等に対して，保育所保育の専門性を生かした子育て支援を積極的に行うよう努めること」が求められている．また，「地域の子どもに対する一時預かり事業などの活動を行う際には，一人一人の子どもの心身の状態などを考慮するとともに，日常の保育との関連に配慮するなど，柔軟に活動を展開できるようにすること」が求められている．このことから，保育者が全ての子育て家庭に対して必要に応じて支援することが求められているといえる．

そのために，保育者は，第1に，「市町村の支援を得て，地域の関係機関等との積極的な連携及び協働を図るとともに，子育て支援に関する地域の人材と積極的に連携を図るよう努めること」が求められる．第2に，「地域の要保護児童への対応など，地域の子どもを巡る諸課題に対し，**要保護児童対策地域協議会**など関係機関等と連携及び協力して取り組むよう努めること」が求められる．子どもが就学前のときは，教育機関との連携が求められる．

保護者は，子どもが就学した時の心配や不安を抱えていることがある．その時，保育者は，小学校と情報共有できることが可能であることを保護者に知らせることで，どのように小学校に伝えていくかについてともに考えていくことになる．それは，保護者と保育者との信頼関係の深まりだけでなく小学校との**信頼関係**の構築をもたらすことになる．地域との連携・協働が必要なときは，保育者は保護者とともに子どものことを考えていく必要があることを伝えることが求められる．保育者は，小学校に家庭環境を伝えるとともに保護者に小学校の様子を伝える調整役になるといえる．

（中　　典子）

第 **7** 章

こどもまんなか社会に活かす地域の社会資源

学びのポイント

　個人や家庭が独力だけで子育てを行うことが困難な局面が多くなっている．そのため，必要なときに社会資源を利用できることが求められる．保育施設は子育て家庭にとって身近な存在であり，保育者は社会資源についての知識をもって「つなぐ」こと，保育が地域と「つながる」ことが大切である．本章を読み，地域の子育てに関する社会資源を調べてリストアップしましょう．また，保育が地域とつながるためにできることを考えて書いてみましょう．

事前学習課題：7章の本文を読み，学びのポイントにあるキーワードについて，その言葉の意味を書き出しましょう．

事後学習課題：7章で学んだ内容から，あなたが保育者として何を大切にしたいのか決意表明しましょう．

　キーワード：社会資源，フォーマル，インフォーマル，地域社会

第1節　地域の社会資源とは

1　社会資源とは

　一般的に「資源」と言えば，商品の生産のもとになる天然の物質やエネルギーのことがイメージされる．しかし，広義には私たちが生活を維持・向上させるためのものという意味も含んでいる．それに「社会」が加わった「**社会資源**」という言葉は，それが自然環境ではなく，私たちの社会のなかにあることを意味している．つまり，社会資源とは「社会生活のニーズの充足や問題解決のために活用される資金・物資，施設・設備，制度・サービス，知識・技能，人材などの総称」である（河合，2021：329）．

　また，個人の能力や特性を「内的資源」と位置づけるならば，社会資源はその個人をとりまく「外的資源」である．人間は社会的な存在であり，単独で生きていくことはできない．しかも現代社会は急激に複雑化・多様化しつつあり，個々の内的資源だけでうまく対処したり，生活の維持・向上を図ったりすることが困難な局面は増加している．

　なお，世界保健機関（WHO）憲章において人間の健康の定義は「完全な肉体的，精神的及び社会的福祉の状態」[1]（外務省，2023）と示されている．かけがえのない健康的な生活をおくるためにも，誰もが必要なときに社会資源にアクセスできることが大切である．

2　子育て家庭における社会資源の必要性

子育てという営みは，幼い子どもの全面的で健やかな育ちを支えるものである．やりがいや楽しさがあると同時に，身体的にも精神的にも，そして経済的にも決して「楽」なものではない．かつての日本では，伝統的な家父長制や性別役割分業，母性神話に基づく母親像のもとに，育児は各家庭におけるプライベートな，女性が担うべきものとして認識される風潮があった．

近年こうしたことは薄らぎつつあるが，社会の子ども・子育てに対する不寛容さが指摘されることが多いことも現状である．また児童福祉法や教育基本法では，子育てや教育の第一義的な責任は保護者にあるとしている．

そして，これに加える形で生じている現代社会の急激な変容は，多方面からの影響を受ける子育てという営みに対して深刻で多種多様な問題をもたらしている．そして先述のように，深刻で多種多様な問題に1人で対処することは困難である．

こうした問題や新たなニーズに対応するため，とりわけ少子化の進展を受けて以降の近年では新たな施策や行政の体制づくりが講じられ，子育て家庭を支援するための社会資源の拡充が図られてきている．また，こうした国や自治体（行政）による公的な社会資源のほかにも，ボランティアや当事者たちによって各地域で自発的に取り組まれるものもある．

第2節　子育て家庭に関する社会資源

1　公的な社会資源

1）市町村・都道府県（行政）による機関

市町村は，子育て家庭に関する相談や対応の基本的な窓口とされる．そして，その体制は近年の法令改正によって一体的になるように整備されようとしている．

都道府県は市町村と連携し，より広域的な見地から市町村間の連絡・調整や市町村への情報提供，また高い専門性の求められる対応を児童相談所において行う．

（1）市町村

市町村は児童福祉法において第一の窓口とされ，児童および妊産婦の福祉に関して，①実情の把握に努める，②情報の提供を行う，③相談に応じ，調査・指導などを行う，④支援計画の作成と包括的な支援を行うものとされている．また，必要に応じて児童相談所と連携する．

そして，2024（令和6）年4月に施行された改正児童福祉法において，これらの支援を包括的に行うための「こども家庭センター」の設置と，子育ての相談に応じるための「地域子育て相談機関」の整備に努めることとなった．

「こども家庭センター」は，「全ての妊産婦，子育て世帯，こどもに対し，母子保健・児童福祉の両機能が一体的に相談支援を行う機関」である．従来の「子育て世代包括支援センター」（母子保健法）と「市区町村子ども家庭総合支援拠点」（児童福祉法）の機能を一体的に，切れ目なく対応を

1）「世界保健機関憲章」〈https://www.mofa.go.jp/mofaj/files/000026609.pdf〉（2024年9月2日アクセス）.

行うことを目的としている．2024（令和6）年5月の時点では，全国の50.3%の市区町村で設置済みとされている（こども家庭庁，2024b）．

「地域子育て相談機関」は，「全ての妊産婦，子育て世帯，こどもへ一体的に相談支援を行う機関」である．実施主体は市町村（市町村が認めた委託先）だが，実施場所については役所や役場よりも利用者にとって身近で気軽に相談できるよう，既存の保育施設や児童館などが想定されている．

（2）福祉事務所・家庭児童相談室

福祉事務所（福祉に関する事務所）は社会福祉法に定められ，都道府県と市，特別区に設置される．生活保護法・児童福祉法・母子及び父子並びに寡婦福祉法に関わる窓口となる．また一部の町村でも設置され，この場合は加えて老人福祉法，身体障害者福祉法，知的障害者福祉法に関しても担当する．市町村においては，役所・役場の福祉担当部署としての設置が一般的である．

そして福祉事務所には，家庭における適正な児童養育や家庭児童福祉の向上を図ることを目的として「家庭児童相談室」が設置されることがある．そこには家庭相談員や母子・父子自立支援員が配置され，専門的な相談や対応が行われる．なお，前述のこども家庭センターの整備に伴い，それに包含する体制となっている場合もある．

（3）児童相談所

児童相談所は児童福祉法に定められた，都道府県や指定都市・中核市・特別区に設置される専門的な行政機関である．各領域の専門家が配置され，より専門性の高い知識や技術が必要とされる対応を行う．扱う相談の種類としては，①児童虐待を含む養護相談，②障害相談，③非行相談，④育成相談，⑤その他の相談に大別される．なお，児童相談所虐待対応ダイヤル「189」（「いちはやく」）は最寄りの児童相談所につながる．

児童相談所の特徴的な機能として，子どもの一時保護，児童福祉施設や医療機関の利用決定（措置），里親や養子縁組に関する支援がある．また，対応する内容によっては警察や家庭裁判所などの司法機関との連携も行う．

（4）保健所・市町村保健センター

保健所は地域保健法に定められ，都道府県や指定都市・中核市・特別区に設置される．地域住民の健康の保持・増進を中心となって担い，調査・検査や統計の作成などの専門性の高い業務も行う．

市町村保健センターは市町村が設置できる施設で，保健所の役割のうち主として地域住民への保健サービスの提供を行う．育児に関することとしては，母子健康手帳の交付，乳幼児健診，予防接種などがあげられる．

（5）女性相談支援センター

女性相談支援センター（旧：婦人相談所）は「困難な問題を抱える女性への支援に関する法律」に定められた，都道府県に設置される機関である．女性相談支援員が配置され，家庭内暴力や性被害などの女性が抱える問題の相談に応じ，状況によっては一時保護を含めた援助を行う．

また，「配偶者からの暴力の防止及び被害者の保護等に関する法律」に定められた「配偶者暴力相談支援センター」としての機能も果たす．

表7-1　保育所・認定こども園以外の児童福祉施設

主に母子のための施設	助産施設，母子生活支援施設
養育を受けられない子どものための施設	乳児院，児童養護施設
障害のある子どものための施設	障害児入所施設，児童発達支援センター
課題を抱える子どものための施設	児童心理治療施設，児童自立支援施設
子どもの健全育成・遊びのための施設	児童厚生施設
子どもに関する相談に応じる施設	児童家庭支援センター
里親支援事業を推進する施設	里親支援センター

（出典）筆者作成．

2）行政・民間による機関や場

（1）保育・教育の場

　未就学児の保育・幼児教育の場として，**保育所（園）・幼稚園・認定こども園**が一般的にイメージされる．行政によるものが公立（市町村立），学校法人・社会福祉法人などの民間によるものが私立である．保育所は児童福祉法に定められた「児童福祉施設」であり，幼稚園は学校教育法に定められた「学校」である．認定こども園は，どちらの機能も併せもつものであり，新設のほか既存の幼稚園や保育所が移行することによって増加している．

　このような一般的にイメージされる「園」のほかに，特に保育ニーズの高い3歳未満児を対象とした小規模の「地域型保育事業」がある．地域型保育事業には，小規模保育事業・家庭的保育事業・事業所内保育事業・居宅訪問型保育事業がある．

　これらの利用にあたっては，一部の幼稚園を除き，保護者の就労等の状況に基づいて市町村から認定を受ける必要がある．なお，2025（令和7）年度から「こども誰でも通園制度」が実施され，保護者の就労や理由を問わず，通園していない子どもが毎月あたり所定の日数・時間を上限に通園できるようになる．

（2）保育所・認定こども園以外の児童福祉施設

　児童福祉法では，保育所・認定こども園のほかに次の施設が定められている（**表7-1**）．

① 主に母子のための施設：「助産施設」「母子生活支援施設」

　助産施設は，経済的な理由によって保健上必要な入院助産を受けられない妊産婦が，収入に応じた料金で利用できる入所施設である．産科の病院や助産所が指定されている．

　母子生活支援施設は，配偶者がいないかそれに準じる状況の女性とその子どもを対象とし，保護と生活の自立支援，退所者への相談・援助を行う入所施設である．近年では家庭内暴力を理由に入所する場合が多い．

② 養育を受けられない子どものための施設：「乳児院」「児童養護施設」

　乳児院と児童養護施設は，やむを得ない理由によって家庭での養育が受けられない子どものための入所施設である．乳児院は主として1歳未満の乳児（必要によって幼児を含む）を対象とし，退所後の相談や援助も行う．児童養護施設の対象は1歳以上18歳未満（必要によって20歳まで）とされていたが，2024（令和6）年からは年齢制限が撤廃され実情に応じた支援がなされるようになった．

また，退所者に対する相談や援助も行う．

③ 障がいのある子どものための施設：「障害児入所施設」「児童発達支援センター」

　障害児入所施設は，障がいのある子どもの保護，日常生活や独立・自活に必要な指導を行うことを目的とする入所施設である．「福祉型」と「医療型」があり，医療型では目的に治療が加わる．

　児童発達支援センターは通所施設であり，子どもの療育のほかに家族の相談や他機関への助言も行うなど，地域の障害児の健全な発達のための中核的な機能も担う．

④ 課題を抱える子どものための施設：「児童心理治療施設」「児童自立支援施設」

　児童心理治療施設は，家庭や学校などの社会生活への適応が困難となった子どものための短期間の入所または通所施設である．適応のための心理的な治療や生活指導，退所児への相談・支援を行う．

　児童自立支援施設は，不良行為を行うなどの理由で指導が必要とされる子どものための短期間の入所または通所施設である．個々に応じて生活指導などを行い，退所児への相談・支援も行う．

⑤ 子どもの健全育成・遊びのための施設：「児童厚生施設」

　児童厚生施設は，ふさわしい遊びを通して子どもの心身が健康に育つことを目的とするもので，「児童館」や「児童遊園」がある．遊びを指導する役割の「児童の遊びを指導する者」（児童厚生員）の配置または巡回も定められている．

　児童館は集会室・遊戯室・図書室・クラブ室などの設備を規模に応じて備え，遊びの指導だけでなく地域社会と連携して健全育成活動への支援も行う．

　児童遊園はいわゆる「公園」の形態で，面積や設備（固定遊具や砂場，ベンチ，トイレや飲料水設備，照明など）が定められている．

⑥ 子どもに関する相談に応じる施設：「児童家庭支援センター」

　児童家庭支援センターは，子どもに関する地域の家庭からの専門的な知識・技術を必要とする相談や，市町村の求めに応じて助言や指導を行う．乳児院や児童養護施設などに併設されている場合が多い．

⑦ 里親支援事業を推進する施設：「里親支援センター」

　里親支援センターは，都道府県の委託によって里親支援事業を行う．里親や小規模住居型児童養育事業（ファミリーホーム）の従事者，またそれらを志望する人，養育される子ども（里子）への相談・援助も行う．

　（3）地域子育て支援拠点

　地域子育て支援拠点は，子育て中の親子が気軽に集って相互交流や子育ての不安・悩みを相談できる場を提供する事業である．常設の拠点を設ける「一般型」，児童福祉施設などに場を設ける「連携型」がある．この事業の実施主体は市町村やその委託先の民間であり，公共施設や保育施設，児童館などの他，民家や建物の空きスペースなどでも実施されている．

　（4）社会福祉協議会（社協）

　社会福祉法に定められた，地域福祉の幅広い推進のために都道府県や市区町村に設置される社会福祉法人である．都道府県の社協では，主として団体や市区町村の社協への事業を行う．市区町村

の社協では，ボランティアに関する情報提供や調整，地域における取り組みや児童館の運営など，地域に根ざした事業を行う．

3）　市町村による支援制度[2]

（1）利用者支援事業

子どもや保護者，妊産婦が支援を円滑に受けられるよう相談・援助（利用者支援）と，関係機関との連絡調整（地域連携）などを行う事業である．

事業の形態として，① 地域子育て支援拠点などで両方を行う「基本型」，② 主に保育を円滑に利用できるように市町村の窓口で支援する「特定型」（保育コンシェルジュ），③ こども家庭センターにおいて児童福祉と母子保健の双方の面から対応する「こども家庭センター型」の３つがある．

（2）乳児家庭全戸訪問事業（こんにちは赤ちゃん事業）

育児の孤立化を防ぐために市町村が実施するもので，生後４か月までの子どもがいる全ての家庭を訪問する．相談に応じ，子育て支援の情報提供や親子の心身の状況や養育環境などの把握を行い，必要に応じた支援につなげるための事業である．

（3）養育支援訪問事業

前項の乳児家庭全戸訪問事業などによって養育支援が特に必要と認められる家庭に対して，適切な養育のための相談，育児や家事の援助などを行う事業である．

（4）子育て短期支援事業

保護者の疾病などによって一時的に養育を受けられなくなる子どもを児童養護施設などに保護し，生活を支援する事業である．短期入所生活援助（ショートステイ）事業と夜間養護等（トワイライトステイ）事業がある．

（5）一時預かり事業

一時的に家庭での保育が困難になった子どもを，主に昼間に一時的に保育施設で預かる事業である．2024（令和６）年４月に施行された改正児童福祉法において，保護者の負担軽減のために一時預かりが望ましいと認められる場合の利用（レスパイト利用）も可能となった．

（6）子育て援助活動支援事業（ファミリー・サポート・センター事業）

子育てを地域において相互に援助するための事業である．登録した会員間で，子どもの送迎や預かりなどの手伝いを希望する依頼会員と，援助を行うための講習を受けた提供会員との間の連絡・調整などをアドバイザーが行う．

4）　経済的な支援

（1）児童手当

子育て家庭の生活の安定や子どもの健やかな育ちのために，年齢や子どもの人数に応じて養育者に支給される手当である．2024（令和６）年10月に施行された改正児童手当法によって所得制限がなくなり，対象となる子どもの年齢が15歳から18歳に拡大された．

2）10章のpp. 86-88もあわせて参照のこと．

（2）児童扶養手当

　原則18歳までの子どもの子育てを行うひとり親家庭，重度の障害のある父または母の家庭を対象とする手当である．子どもの人数に応じて支給されるが，所得制限がある．

（3）特別児童扶養手当・障害児福祉手当

　特別児童扶養手当は，20歳までの障がいのある子どもを養育する家庭を対象とする手当である．障害の程度に応じて支給されるが，所得制限がある．

　障害児福祉手当は，日常生活で介護を必要とする重度の障害のある子どもを在宅で養育する家庭を対象とする手当である．20歳までの子どもを対象とするが，所得制限がある．

（4）母子父子寡婦福祉資金貸付金制度

　20歳までの子どもの子育てを行うひとり親家庭が，就学や技能習得，医療・介護，生活などの目的のために資金を借りられる制度である．

2　その他の社会資源

　前項までの行政による公的（**フォーマル**）な制度による社会資源のほかに，主として当事者や志ある地域の住民によって取り組まれるものがある．公的なものと区別して，**インフォーマル**な社会資源と言うことができる．

　インフォーマルな社会資源に対して，行政からのサポートが行われていることもある．また，個別の取り組みが次第に広がって，NPO（特定非営利活動法人）などの組織に発展したり，全国的なものになったりすることもある．

1）　子ども食堂・フードバンク[3]

　子ども食堂の名づけ親とされる近藤博子氏によれば「子どもが一人でも安心して来られる無料または低額の食堂」（湯浅，2017：70）である．食事だけでなく，そこで多世代の交流が生まれたり，課題を抱える子どものケアにつながったりするなどして果たす役割の幅が広がったり，地域の実情に応じながら全国的に拡大した取り組みである．

　また，食に関するインフォーマルな社会資源としてフードバンクがある．品質に問題がないにも関わらずに生じる食品ロスを削減すると同時に，必要とする人や団体の支援となる取り組みである．日本では2000年代から東京で始められ，現在では全国各地で取り組まれるに至っている．

2）　プレーパーク

　プレーパークは「冒険遊び場」とも呼ばれ，いわゆる公園とは異なり，禁止事項をなるべく減らして自然のなかで子どもが伸び伸びと遊べることを企図した施設である．プレーリーダーが遊びの補助や子どもの相談を行う．デンマークが発祥で，日本では1975（昭和50）年に東京・世田谷区の住民たちが子どもたちの遊び場を手作りしたことに始まり，これを起点として日本の各地でも始められるようになった（羽根木プレーパークの会，1978：16）．

　3）10章のp.91もあわせて参照のこと．

<table>
<tr><td>図7-1　散歩の途中で</td><td>図7-2　一緒に食事</td></tr>
</table>

（写真提供）特定非営利活動法人 子育て支援を考える会 TOKOTOKO.　（写真提供）図7-1に同じ.
　　　　　　小規模保育園　さざなみの家／ひだまりの家（愛知県知多市）.

3）　ホームスタート

　ホームスタートは，イギリスで1973（昭和48）年に始められたボランティアの家庭訪問による子育て支援の取り組みである．全国団体として「特定非営利活動法人ホームスタート・ジャパン」がある．研修を受けたボランティア（ホームビジター）の傾聴と協働による寄り添うサポートで，子育ての不安や悩みへの支援を行う．日本では2000年代から，全国どこでも利用できることを目ざして取り組みが進められている．

4）　子育てサークル・サロン・広場など[4]

　地域の保護者同士が集まって気軽に情報交換や交流をしたり，親子や子ども同士で楽しめる遊びや季節の行事をしたりできる場である．児童館などの地域子育て支援拠点で設けられていることが多い．

第3節　子育て家庭と社会資源をつなぐ保育

1　保育者に求められる専門性

　現在，保育施設には地域の子育て支援を担う役割が求められている．各園では通園児以外の地域の子育て家庭にも向けて，園庭開放や保育者による相談事業，講座や遊びの提供，また子育てサークルへの場の提供などに取り組んでいる．本章では子育てに関係する社会資源について学んできたが，やはり親子にとって最もなじみ深いのは地元の保育施設（園）であろう．そして，そこに従事する保育者は保育・幼児教育の専門家であるから，子育て家庭にとって頼もしい社会資源である．

　その一方で，各家庭における多様な問題を保育者がその一手に全て引き受けることは困難である．保護者からの相談には傾聴して受容することが大切であり，子どもの育ちや子育ての側面からアドバイスできることもあるだろう．しかし，保護者（おとな）が個々に抱える社会的な事情や心理的

4）10章のp. 91もあわせて参照のこと.

な不安に対しては，別の社会資源が必要である．

　そうしたときに，子育て家庭が利用できる地域の社会資源についての知識をもっていて，適切につなげることが保育者の役割として期待される．地域の子育て家庭にとって身近な存在であるからこそ，保育者が全てを抱え込んでしまわない（掛札，2017：68-71）ためにも必要な知識である．

2　その地域にある保育施設として

　社会資源は私たちの社会の中にあるが，この社会とはある地域に人が集まったときにできるものである．私たちにとって最も身近な社会は，地域の人と人とのつながりによる**地域社会**である．前節では，地域の人々によって創出されてきたインフォーマルな社会資源についても学んだが，保育施設が地域社会の資源を掘り起こし，その力を借りて自分たちの保育に生かすこともできる．

　ある小規模の保育園では，地域の高齢者との連携を積極的に図っている．日常的な散歩の途中で出会う高齢者との触れ合い（**図7-1**），近所の高齢者サロンでの園外保育にとどまらず，高齢者が定期的に園を訪問して子どもと遊んだり踊ったり，給食を一緒に食べたり（**図7-2**）もする．高齢者にとっても楽しいひとときとなっている．核家族が多い現代っ子にとっては多様な人間関係を育む機会となり，伝承的な遊びやお話を教わることもできる．またそれだけにとどまらず，子どもや園，保育を温かく見守る，力強い存在にもなってくれる．

　現代社会は地域社会が希薄化したと言われるが，保育にはこうした状況を乗り越えて，地域社会を再生する力がある．地域の人々とのつながりによって，保育者自身も学び，自らの専門性の向上につなげることもできる．

（渡邊明宏・松本亜香里）

第8章

地域の資源の活用と自治体・関係機関等との
連携・協力

学びのポイント

　子ども・子育て支援法は，保育の量と質の両面から子育てを支援し，施設型給付と地域型保育給付を創設し待機児童対策を行った．また2023（令和5）年にはこども家庭庁が発足，こども大綱では，妊娠期から子育て期の伴奏型の支援を掲げている．したがって地域の資源と自治体・関連機関との連携・協力は非常に重要である．

　そこで，本章では，地域の資源の活用と自治体・関係機関等との連携・協力のあり方についての学びを深めてほしい．

事前学習課題：8章の本文を読み，学びのポイントにあるキーワードについて，その言葉の意味を書き出しましょう．

事後学習課題：8章で学んだ内容から，あなたが保育者として何を大切にしたいのか決意表明しましょう．

　キーワード：子ども・子育て支援制度，社会資源，アセスメント，連携・協力

第1節　子ども家庭支援に関する制度

1　子ども・子育て支援制度

　子ども・子育て支援制度は，社会保障・税一体改革の中で，社会保障の三本柱（医療，年金，介護）に子育てを入れることによって，持続可能な社会保障をめざす制度である．消費税を増税し，増税分を子育て費用の財源にあてている．高齢者が中心であった社会保障の中に子育てが入ったことは，現役世代への支援として大きな意味を持ち，社会全体で子育てを支援することを謳ったものであった．社会保障・税一体改革を受け，2012（平成24）年には子ども・子育て関連3法（子ども・子育て支援法，認定こども園法の一部改正，子ども・子育て支援法及び認定こども園法の一部改正法の施行に伴う関係法律の整備等に関する法）が成立した．子ども・子育て支援法は，保育の量と質の両方を確保するという位置づけではじまった．

　子ども・子育て支援制度は市町村が実施主体である．制度の特徴は，①財政支援を幼稚園，保育所，認定こども園に対して**施設型給付**として一元化したことと小規模保育に対する**地域型保育給付**の創設，②幼保連携型認定こども園の推進，③保育の必要時間の認定である．子ども・子育て支援法では，子どもが必要な保育時間を市町村が認定し**表8−1**のように1号から3号認定に分けられ

表 8-1　保育認定の種類

認定	認定時間	給付の内容	対象施設
1 号認定	3～5 歳児	教育標準時間：4 時間	幼稚園，認定こども園
2 号認定	3～5 歳児	保育短時間：最長 8 時間 保育標準時間：最長11時間	保育所，認定こども園
3 号認定	0～2 歳児	保育短時間：最長 8 時間 保育標準時間：最長11時間	保育所，認定こども園，小規模保育等

（出典）内閣府子ども・子育て本部（2014）をもとに作成.

表 8-2　地域型保育事業

地域型保育事業 0～2 歳児が対象	内　　　容		
家庭的保育 （保育ママ）	保育者の自宅で，保育をする.		
小規模保育	〔A 型〕 定員：6～19名以 職員数：保育所の配置基準＋1 名 職員：全員保育士資格を保有	〔B 型〕 定員：6～19名以下 職員数：保育所の配置基準＋1 名 職員：保育士の有資格者 1／2	〔C 型〕 定員：6～10名以下 職員数：子ども：職員 3：1 職員：家庭的保育者（自治体の研修修了者）
居宅訪問型保育	子どもの自宅に家庭的保育者が出向き，保育をする. 職員：保育士，もしくは自治体の研修修了者.		
事業所内保育	事業所内に保育施設を設置し，事業主が主体となって運営する保育施設のこと. 事業所内の職員の子どもおよび地域の保育を必要とするこどもが対象.（福祉施設や病院等にもある）		

（出典）内閣府子ども・子育て本部（2022）をもとに筆者作成.

ている.

　幼保連携型認定こども園の推進により，2015（平成27）年には，幼保連携型認定こども園の数は，1931園であったが，2024（令和6）年には，7126園までに増加した.

1）　子ども・子育て支援制度の財政支援 ①施設型給付

　子ども・子育て支援制度の実施主体は市町村であり，幼稚園，保育所，認定こども園で異なっていた財政システムを「施設型給付」として一元化した. ただし，私立幼稚園については，既存の私学助成を選択してもよいとしたことで，完全に一元化はできなかった.

2）　子ども・子育て支援制度の財政支援 ②地域型保育給付

　地域型保育給付は，0～2 歳児までの保育で，従来では国からの支援がなかった規模の保育に対しての支給である. ここで，待機児童対策の一環として給付制度が創設されたのは大きな意味をもつ. 3 歳以降は，他の施設（保育所，幼稚園，認定こども園）に通園することとなる. 地域型保育は，家庭的保育，小規模保育，居宅訪問型保育，事業所内保育の4種類である（表 8-2 参照）.

　居宅訪問型保育は，障がい，疾病等の程度を考慮し，集団保育が著しく困難であると認められる場合など，保育の必要の程度および家庭等の状況を考慮し必要な場合に該当する. 事業所内保育は，介護施設や病院など，その他の女性の多い職場に設置されている場合が多い保育室である. 事業所内で保育が行われているため，保護者の就労支援にもつながっている.

3）　地域子ども・子育て支援事業

　地域子ども・子育て支援事業は，2024（令和6）年 4 月 1 日現在で地域子育て支援拠点事業，乳

児家庭全戸訪問事業等16事業ある（**表8-3**参照）.

2　次世代育成支援

1）　エンゼルプランと新エンゼルプラン

1990（平成2）年に合計特殊出生率が1.57となった「1.57ショック」により，国は子どもの数が減少していることを深刻な問題と認識した．仕事と子育ての両立や子どもを産み育てやすい環境づくりを目指し，1994（平成6）年に「エンゼルプラン」，1995（平成7）年に「緊急保育対策等5か年事業」（1995～1999年）を策定し，保育所の増加と0～2歳の低年齢児の受け入れや延長保育の拡大の推進等，具体的な数値目標を設定した．また病気回復期の乳幼児の一時預かり，低学年児童の放課後対策，地域の子育て支援センターの増設，多様なサービスを提供する保育所の整備等も含まれた．

2）　少子化社会対策基本法

少子化社会対策基本法は，2003（平成15）年に公布され次世代の社会を担う子どもを安心して育てることができる環境を整備（国の責務，地方公共団体の責務，事業主の努力義務）することで，少子化に的確に対処するため，施策を総合的に推進している．基本的な施策は，雇用環境の整備（10条），保育サービス等の充実（11条），地域社会における子育て支援体制の整備（12条），経済的負担の軽減（16条）等である．

3）　次世代育成支援対策推進法

次世代育成支援対策推進法は，2003（平成15）年，社会を担う次世代の子どもが健やかに生まれ，育成される社会の形成に資するために時限立法として策定された．国や地方公共団体は，次世代育成支援対策を総合的かつ効果的に推進し，事業主には，雇用環境の整備として，子育てと職業生活の両立が図られるように定めた．2004（平成16）年に子ども・子育てビジョン，2015（平成27）年に結婚，妊娠，出産，子育てを切れ目なく支援する少子化社会対策大綱，2017（平成29）年に子育て安心プラン，2020（令和2）年に新子育て安心プランが策定された．なお，同法は，2024（令和6）年に改正され，2035（令和17）年まで延長された．

4）　こども家庭庁の創設とこどもまんなか社会

2023（令和5）年4月にこども家庭庁が内閣府の新しい外局として誕生した．こども家庭庁は，子ども関連施策を統一的に扱うことを目指したが，最終的には，学校教育部門である幼稚園は，文部科学省の管轄のままとなった．2023（令和5）年12月22日に閣議決定された「**こども大綱**」は，「こどもまんなか社会」を目指し，こどもや若者をライフステージごとに切れ目ない支援を推進した．「**こども基本法**」では，こどもの定義を「心身の発達の過程にある者」としている．また，これに基づき「こども・若者の社会参画・意見反映（第11条）」を行い，当事者のニーズに合った支援をすることを推進している．

表8-3　地域子ども・子育て支援事業

	事　業　名	根拠法	内　　容
1	利用者支援事業	子ども・子育て支援法	子どもおよびその保護者が，子ども・子育て支援給付を受け，地域子ども・子育て支援事業その他の子ども・子育て支援を円滑に利用できるよう，子ども又は子どもの保護者からの相談に応じ，必要な情報の提供および助言を行うとともに，関係機関との連絡調整その他の便宜の提供を総合的に行う.
2	延長保育事業		保育認定を受けている子どもについて，通常の利用日および利用時間外の日および時間において，認定こども園，保育所等で保育を行う.
3	実費徴収に係る補足給付を行う事業		保護者世帯の所得の状況その他の事情を勘案して市町村が定める基準に該当するものに対し，特定教育・保育施設等に対し保護者が支払うべき，日用品，文具その他，教育・保育に必要な物品購入の費用や行事に参加するための費用の助成を行う.
4	多様な事業者の参入促進・能力活用事業		特定教育・保育施設等への民間事業者の参入の促進に関する調査研究その他多様な事業者の能力を活用した特定教育・保育施設等の設置又は運営の促進を行う.
5	放課後児童健全育成事業（放課後児童クラブ）	児童福祉法	保護者が就労等により，昼間家庭にいない小学生の児童に対し，授業の終了後に小学校の空き教室，児童館等を利用し，適切な遊びや生活の場を与え，その健全な育成を図る.
6	子育て短期支援事業		保護者の疾病その他の理由により家庭において養育を受けることが一時的に困難となった児童について，児童養護施設等において一定期間，養育・保護を行う．短期入所生活援助（ショートステイ）と夜間養護等（トワイライトステイ）の2つの事業がある.
7	乳児家庭全戸訪問事業		市町村の区域内において生後4か月を迎える全ての乳児のいる家庭を訪問することにより，子育てに関する情報の提供並びに乳児およびその保護者の心身の状況および養育環境の把握を行うほか，養育についての相談に応じ，助言その他の援助を行う.
8	養育支援訪問事業		乳児家庭全戸訪問事業の結果やその他により把握した保護者の養育を支援することが特に必要と認められる児童等に対し，その養育が適切に行われるよう，当該要支援児童等の居宅において，養育に関する相談，指導，助言その他必要な支援を行う. 要保護児童対策地域協議会（子どもを守る地域ネットワーク）については，その機能強化を図るために，調整機関職員やネットワーク構成員（関係機関）の専門性強化と，ネットワーク機関間の連携強化を図る取り組みを行う.
9	地域子育て支援拠点事業		乳児又は幼児およびその保護者が相互の交流を行う場所を開設し，子育てについての相談，情報の提供，助言その他の援助を行う.
10	一時預かり事業		家庭において保育を受けることが一時的に困難となった乳児又は幼児について，主として昼間において，保育所，認定こども園，その他の場所において，一時的に預かり，必要な保護を行う.
11	病児保育事業		保護者の就労している場合等で，子どもが病気の際に子どもを家庭で保育することが困難となった乳児から小学校就学までの子どもを一時的に保育所，認定こども園，病院，診療所等で保育する．また，子どもの自宅に訪問し，子どもが安心できる環境を整備する.
12	子育て援助活動支援事業（ファミリー・サポート・センター事業）		乳幼児や小学校等の児童のいる子育て家庭を会員とし，援助を希望する者と当該援助を行うことを希望する者（個人に限る．「援助希望者」という.）との連絡および調整並びに援助希望者への講習の実施その他の必要な支援を行う.
13	妊婦健診査	母子保健法	妊婦の健康の保持および増進を図るために，妊娠期間中の適時に必要に応じた医学的検査（健康状態の把握，検査計測，保健指導）を行う.
14	子育て世帯訪問支援事業	児童福祉法	要支援児童の保護者等に対して，その居宅に訪問し，家庭が抱える不安等を傾聴し，家事・子育て等の支援を行い，家庭や養育環境を整え，虐待のリスクを予防する，子育て関連の情報提供，家事・養育関連援助等の支援を行う.
15	児童育成支援拠点事業		養育環境等に関する課題のある子どもに居場所となるための場所を開設，児童とその家庭が抱える多様な課題に対して生活習慣の形成，学習サポート，進路の相談支援，食事の提供等を行う．また，子どもと家庭をアセスメントし，情報提供，相談，関係機関への連絡調整や包括的支援を行う.
16	親子関係形成支援事業		親子間の適切な関係性の構築を目的に，子どもと保護者に対して講義やグループワーク，ロールプレイを通して子どもの心身の発達の状況等に応じた情報提供，相談，助言等の支援を行う．同じ悩みや不安を抱える保護者同士が相互に悩みや不安を相談・共有し，情報の交換できる場所の提供，必要な支援をし親子間の適切な関係性を図る.

（注）14～16については，2024（令和6）年度に新たに位置づけられた事業.
（出典）児童福祉法および，子ども・子育て支援法，母子保健法をもとに筆者作成.

第2節　連携・協力の基本的事項

　子育て支援に地域資源の活用が求められている背景には，核家族化や地域の関係性の希薄化によって，保育所を利用していない0～2歳児を中心とした未就園児を養育している家庭が孤立している現状がある．このような現状の中で，保育者が保育所在園家庭と地域の子育て家庭を支援する役割を担うことになり，保育所保育指針「第4章　子育て支援」では，「保育所を利用している保護者に対する子育て支援」「地域の保護者等に対する子育て支援」と明記されている．

　連携・協力の基本は，子どもと家庭が生活している場所を中心に考えることである．生活している場所とは，子どもと家庭が直接的に関わっている保育所，病院，間接的に関わっている市役所や地域も含まれる．したがって，子どもと家庭を考える際に，両者を知ることが大切である．

1　連携の基本

　連携をする際にはまず，地域や関係機関をアセスメントすることが重要である．アセスメントとは，「援助計画を立てる際に必要とされる情報を収集することである．アセスメントとは，①利用者のニーズ・アセスメントと②利用者が活用できる社会資源アセスメント」（福祉教育カレッジ編，2022：6）である．

1）　地域の社会資源や特徴を把握する

　子どもと家庭を取り巻く地域には，様々な**社会資源**が存在する．社会資源には，フォーマルとインフォーマルがある．**フォーマル**は，行政の認可や指定を受けた民間機関，団体が提供する制度化されている支援（保育所や児童発達支援センター，福祉事務所，要保護児童対策地域協議会，保健所，病院等）のことである．それに対して，**インフォーマル**は，家族や地域の人，地域住民やボランティア，自治会など制度ではない，私的で非公式な支援（子ども食堂，NPO，自治会など），その他の社会資源（習い事，郵便局，床屋，文具店，コンビニ等）のことである．

　保育者は，フォーマル，インフォーマルの両方を使い，保護者のニーズに対して必要な資源を紹介したり，つないだりする．そして，保育者自身が日々，社会資源との関わりを持ち，関係性を築いていくと専門機関とつながりやすくなる．

（1）子どもと家庭を取り巻く環境を理解する

　保育者が保護者から相談を受けた場合は，最初に目の前の子どもや保護者を取り巻く状況や環境を理解することが大切である．聴きとる際に，抱えている課題に対する背景や要因を得るには時間がかかる場合が多い．保護者が保育者にありのままを話すことができるよう保育者自身が環境を構成することが重要である．その際，**バイスティックの7原則**[1]を基盤とし，言語的コミュニケーションと非言語的コミュニケーションの両方を使い分けながら，保護者との信頼関係（ラポール）を形成することが大切である．そのうえで，**ジェノグラム**[2]を作成し，子どもと家庭の状況を把握する．

1）　5章 p. 42参照.
2）　5章 p. 43もあわせて参照のこと.

（2）地域エコマップの作成とアセスメント

　次に子どもと家庭を中心とした地域の**エコマップ**[3]を作成する．作成の際は，社会資源のフォーマルとインフォーマルを含めたものを記載し，子どもと家庭を中心として，取り巻く社会環境がどのようになっているかを見ていくことが大切である．

　エコマップの作成は，子どもと家庭の地域社会での状況を客観視でき，保育者としてどのように支援を進めてくかが見えてくる．エコマップ上の専門機関や専門職，関わる人々について，子どもと家庭の本音を引き出し，子どもと家庭がどこの誰と関わりやすいのか，安心するのか等も含めた多様なサポーターの存在に保育者が気がつくことが大切である．保育者は，子どもや家庭にとって大切な居場所がどのような意味を持つのかを把握する．そして子どもや家庭がどの社会資源の支援を受け入れるのか，子どもや家族自身が決定できるように支援することを忘れてはならない．

2　社会資源とのネットワークの活用

　社会資源をアセスメントすると，今まで見えてこなかった専門機関同士のつながりや，地域の不足している社会資源が見えてくることがある．そこで，保育者は，日々社会資源とのつながりを持ち続け，社会資源のネットワーク作りを行い，子どもと家庭を支援する体制を作ることが大切である．

1）子どもと家庭を中心にアセスメントする

　保育者は，子どもや家庭の生活圏をアセスメントし，彼らを支えている機関や人々を知ることが重要である．そのため，保育者は，子どもと保護者の生活圏を歩いて，近隣の人々との関わり等を含めた地域をアセスメントすることが大切である．例えば，横断歩道に立って旗振りをしているボランティアや，いつも挨拶をしてくれるお店の方や近所の人々をはじめとした，日頃子どもと家庭の姿を見ているインフォーマルな社会資源も含まれる．

2）多様な社会資源をネットワークでつなぐ

　地域には，子どもや家庭を支える様々な社会資源がある．例えば，子ども食堂やNPO等の子どもの居場所活動，生活支援団体，子どもの貧困ネットワークなどである．保育者は，子どもや家庭の暮らす地域にどのような社会資源があるかを把握しておき，関係を築くことが大切である．

　また子どもを取り巻く環境には，周りの大人の存在がある．そのため，保護者の抱える環境や背景（ひとり親，貧困，精神疾患，障がい等）を理解することが大切である．その上で，その背景や環境を支える社会資源について知ることが大切である（例えば，ひとり親を支える社会資源として，職業訓練・職業紹介，卒業時・入学時の洋服のレンタル等がある）．そして，地域の支援について，充実している部分と不足している部分があるのかを分析し，社会資源同士の関係性や課題をアセスメントする．このアセスメントにより，社会資源のネットワークの課題が出てくるため，保育者は，社会資源同士が連携・協働しやすいようにつなぎ，地域の新しいネットワークを創出することができる．

　3）5章 p. 43もあわせて参照のこと．

表8-4　子どもと家庭に関係する機関や専門職

	機関，団体	事業等	ねらい
母子保健について	こども家庭センター，市町村保健センター，病院，保健所	乳児家庭全戸訪問事業，妊婦健康診査	妊娠期からの継続した支援，子どもと家庭の環境や養育状況などの情報交換を他の機関につなげ一緒に支援する．
発達について	こども家庭センター，児童発達支援センター，病院，児童発達支援事業所，療育センター	乳幼児健康診査，保育所等訪問支援	保育所や乳幼児健康診査での情報共有，療育につなげ，専門職から子どもの対応等の助言を受け，療育につなげる．
児童虐待について	こども家庭センター，児童相談所，児童家庭支援センター，福祉事務所（家庭児童相談室），市町村担当課（保育，子育て，健康等），警察，女性相談センター，民生委員	要保護児童地域対策協議会	児童虐待の早期発見と予防，関係機関との情報共有および，支援を行う．

（出典）筆者作成．

3　専門職同士の協働，組織の連携・協力

　保育所は，子どもと家庭の一番身近な場所であると同時に，地域の子どもと家庭の課題が集まる所でもあるため地域の課題を見つけることができる場所でもある．したがって保育者は課題を早期に見つけ，他の専門職や専門機関に連絡してつなげていく役割を担っている（**表8-4**参照）．

第3節　自治体・関係機関との連携・協力の実践

　保育施設には，多様なニーズのある子どもと家庭がある．保育者ができる限り子どもと家庭に支援を行っていくが，保育施設における保育者だけでは支援が難しいケースもある．例えば，発達に課題のある場合や貧困，虐待に関することなどは，保育所だけでなく，関係機関との連携・協力をすることで多様な視点で子どもと家庭の課題を早期に発見し，解決の方向を見い出せることが多い．

1　連携の実践の具体例

　例えば子どもへの虐待があり，保育所の支援では解決が難しいケースは，児童家庭支援センターや児童相談所，DV相談機関等につなげて他機関との連携が必要となる．また子どもの発達に課題があるケースは，療育と連携すると専門的知識に基づいた助言等の支援を受けることができる．

　家庭に経済的な課題があり，解決の状況が見えにくいケースは，福祉事務所や**こども家庭セン**ター[4]での連携が必要である．こども家庭センターは，「保健師等が中心となって行う各種相談等（母子保健機能）を行うとともに，こども家庭支援員等が中心となって行うこども等に関する相談等（児童福祉機能）を一体的に行う」（こども家庭庁，2023a：6）ことが業務とされている．こども家庭センターは，子育て世代包括支援センター（妊産婦や乳幼児の保護者の相談を受ける）と子ども家庭総合支援拠点（虐待や貧困などの問題を抱えた家庭に対応する）の連携が不十分であり支援が行き届かなかったという課題を解消するために，両者を一体化したものである．こども家庭センターは，地

4）こども家庭庁によれば，こども家庭センターの設置済の市区町村数は，876自治体であり，全体の50.3％である（こども家庭庁，2024b）．

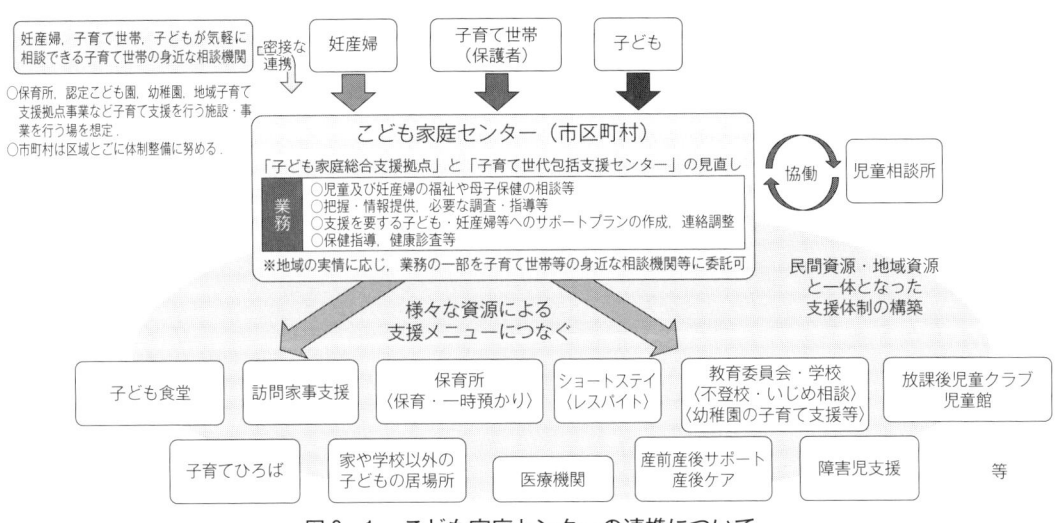

図8-1　こども家庭センターの連携について

(出典) こども家庭庁 (2023a：4).

域の関係機関とつながりながら，サポートプランの作成や支援が必要な人に対して利用勧奨・措置をしながら子育て家庭をマネジメントすることが役割となっている（図8-1参照）.

　様々な課題を抱えた子どもと家庭を支援する場合には様々な機関と連携するため，目標のずれが起こることもある. 目標がずれるとそれぞれの機関ごとに支援方法に対する，意見の対立が起こる. 例えば，経済的困窮の場合，優先順位として保護者の就労支援か家庭の困窮状況の改善を目指すかのどちらを選択するかにより，支援方法は異なってくる. さらに，ネグレクトやDV等の課題も含まれると，目標設定は異なるケースもある. 関係機関とともにアセスメントをすると機関としての方向性が見えてくる. したがって保育者は関係機関とチームとして目標を設定し，専門機関と情報共有していくと支援が効果的に行える.

2　協力の実践の具体例

　発達に課題がある場合，子どもの保護者に保育所での日々の様子を伝えてもなかなか理解してもらえないことも多い. そこで保育者が，乳幼児健診（3歳児）の前に事前に担当課に事情を説明し，保健師や医師，心理士などの専門職に保護者と子どもの様子を見てもらえるように伝えることもある. また，療育を利用している場合には保育所等訪問支援で専門職に子どもの様子をみてもらい，保育者はその子どもへの支援方法の助言を受けることもある.

　保育所は子育て家庭の身近な場所であるので，保育所と保護者との関係を基盤とし，他の専門機関と協力しながら，子どもと家庭への支援を進めることが重要である. この協力の目的は，子どもを療育につなげ，子どもが安心して過ごせるように，また保育者が子どもの特性を踏まえて保育所での環境を構成できるように，さらに保護者の子育てへの不安を軽減することである. したがって，保育者は関係機関と日頃から情報共有をしたり，わからないことを聞いたり，専門機関・専門職と関係性を築くことも非常に重要である.

（手 塚 崇 子）

第Ⅱ部
多様な支援の展開と関係機関との連携

第9章

保育施設・事業所等が実践する子ども家庭支援の展開

学びのポイント

　本章では，保育施設・事業所で実践する子ども家庭支援の実際について事例を通して学ぶ．特に，子どもと保護者の支援のニードを敏感にキャッチするために備えておきたい保育者の専門性について，具体的で身近なものとしてイメージを深めることを目的とする．事例に基づいて子ども家庭支援の進め方について具体的に学ぶことにより，保育者としての支援のあり方についての学びを深めるとともに，保育者としてのスキル向上に必要なことについて理解してもらいたい．

事前学習課題：9章の本文を読み，学びのポイントにあるキーワードについて，その言葉の意味を書き出しましょう．

事後学習課題：9章で学んだ内容から，あなたが保育者として何を大切にしたいのか決意表明しましょう．

　キーワード：信頼関係，アタッチメント，安心感，遊び

第1節　子ども家庭支援を実践するための基本的な考え方

1　保育の専門性を活かした支援とは

　子どもとその保護者の子育てを支える支援者・支援機関は，家族・家庭・友人・地域・保健センターをはじめとする公的機関・医療機関・福祉施設など複数のつながりで成り立っている．その中でも保育施設・事業所等（以下，保育施設）は，保護者の就労を支え，子どもの健やかな育ちと最善の利益を護り，在園児の保護者のみならず地域の子育てを支援する役割を期待されている．2018（平成30）年改定の「保育所保育指針」で第4章のタイトルが「子育て支援」に改められた経緯からも，保育施設・保育者に求められる専門性への期待が，社会状況の変化とともにますます拡大していることがわかる．

　このように期待される保育施設・保育者の専門性の強みは何であろうか．その1つに，日々子どもたちの側で遊びと生活をともにし，集団の中で育ちあう子どもの姿を発見し，それを保護者と分かち合い，ともに喜びともに悩む子育てのパートナーであることがあげられるのではないだろうか．

　子育てのパートナーとして，子どもの姿を保護者と共有するために，お互いの**信頼関係**の築きは欠かせない．保育者と保護者が信頼関係を築くために必要なことは，特別な技術を要することではない．保育の基本は**遊び**である．遊びを通して保育者が子どもたちと関係を深めることで，子ども

たちは保育者・友達・園生活を好きになる．子どもが楽しむ姿があると保護者は園を信頼し安心して子どもを預けて仕事に向かうことができる．そうやって日々顔を合わせ，挨拶を交わし，子どもの家庭での様子を聞き，園での様子を伝えるなど，何気ない交流の積み重ねの中で信頼関係の土壌が形成される．この土壌があるからこそ，子どもや保護者のいつもと違う様子や違和感を保育者はキャッチして声をかけることができる．そして保護者からすると，保育者がいつも自分たちを温かく見守り，声をかけてくれる関係があるからこそ，子どもも保護者も困りのサインを出すことができるのである．

　つまり，子ども・保護者と関係を築き，子どもと保護者に向ける保育者の眼差し（**観察力**）や違和感をキャッチする感性は，子どもの発達を捉える知識と経験，遊びと文化を伝える保育技術など保育者が学び・アップデートし続ける保育観・子ども観に基づいていることが基本となる．保育の専門性を活かすことが，子どもをまんなかにして保護者の子育てのパートナーとなるべく信頼関係を築き，支援の輪を広げる最初の鍵になるのである．

2　多様化する子育て家庭の支援ニーズに柔軟に対応するために

　近年の子育て家庭が抱える**支援ニーズの多様化**については，第Ⅰ部・第Ⅱ部の各章で詳しく学ぶことができる．各章を熟読し学びを深めていただきたい．この項では支援のニーズを敏感にキャッチして，子どもと保護者に寄り添った支援を柔軟に提供するために保育者が心にとどめておきたい視点の1つについて触れたい．それは，保育者の中にある「こうあるべき（正しさ）」という思い込みについてである．例えば，朝食を食べずに登園する子どもがいる．保育者が子どものために朝食を食べた方が良いと考えるのは間違いではない．その思いから，保護者に朝食の大切さを伝え，簡単な朝食レシピを紹介して朝食を食べて登園してもらうことを求める声をかけることは十分にあり得る．その声かけで気づきを得る保護者もいるだろう．しかし中には，家庭が経済的に困窮しており保護者に時間とお金の余裕がない場合もあれば，子どもに睡眠の問題があり生活リズムが安定せず朝食どころではない場合もあるかもしれない．この時，保育者に求められるのは，専門職として持っている知識と正しさを保護者に押し付けることではない．目の前の子どもと保護者の声を聴き，抱えている困難さに思いを寄せること，得た情報を職員間で共有し考えること，必要に応じて外部の専門機関と連携を図り，子どもの最善の利益と保護者の子育て生活を支援するために何ができるか手立てを考え続けることであろう．

　おそらく保護者の大半は，子どものためにこうした方が良いという子育て観を持って子育てをしている．しかし，子育てに正解はなく，理想としていた子育てができない事実にぶつかり自信を無くし傷ついていることもある．そんな時に突きつけられる保育者からの「正しさ」は保護者にとって痛みとなる．時に保育者は自分の「正しさ」を一旦脇に置く勇気と柔軟さが求められる．そして起こっている現象を引き起こす何かを捉えようとすることで，その保護者の思いと努力，それでもうまくいかない困り感が見えることがある．そこに子どもと保護者が必要としている支援のニーズを見出し，支援の手がかりを得ることができるのである．

3　子どもと保護者のニードに応じた支援を展開するために知っておきたいこと

　保育現場において，子どもが転んだ時，節分行事で鬼が登場した時，母や父を思い出して寂しくなった時などに子どもが保育者にしがみつく姿は容易に想像できるのではないだろうか．子どもが安心感を得ようとしがみつく行動は，**アタッチメント（愛着関係）**の一種と考えられる．アタッチメントについて遠藤（2022：1）は，著書で「怖くて不安なとき，子どもは身近なだれか特定の人にくっつこうとします．そして，多くの場合，くっつくことで『もう大丈夫』という安心感に浸れます．アタッチメントとは，まさにこのことを指していう言葉です」と記している．

　怖くて不安な時に守ってもらえるという**安心感**は，子どもの発達を支え，心の力を育む．そしてそれはその人の生涯にわたって重要な影響をもたらすものであることが，諸研究で明らかにされている．ここに子育て家庭を支援する上で重要な視点がある．子どもが怖くて不安な時にくっつきたくなる特定の人は保護者（主たる養育者）である．しかし保護者が何らかの問題を抱えていて，子どもの「不安な気持ちを慰めてほしいニード」に応えられないことが日常的に続くと，子どもの中に不安な気持ちを自分で対処するための行動パターンが形成されていく．その行動は周囲にとって不適切な場合がある．不適切な行動が目立つとその後ろに子どもの不安が隠れてしまい，慰めてほしいニードが周囲に見えなくなる．そうすると子どもはいつまでたっても安心感を得られないことになる．この一連の流れは保護者も同様である．保護者が子どものニードに応えられないほどの困難に陥り，要因が多様化・複雑化することで，周囲からの支援が届かないことが起こりやすい．そうすると，子育てと生活に大きな不安を抱えているのに支援の手が差し伸べられず，保護者は周囲に対する不信と不満を募らせ，さらに支援から遠ざかってしまうという悪循環のリスクが高まる．この悪循環を予防するために保育者は，子どもと保護者の言動の後ろに隠れている支援ニードをキャッチし支援することが必要である．

　しかし，多様化・複雑化した支援ニードをキャッチすることは簡単ではない．支援は関係性の中で展開するので，支援者である保育者の状況や資質も重要な要素となる．子どもや保護者から不安や怒りなど不穏な感情をぶつけられた時，ぶつけられた保育者もまた不安や怒り，無力感を抱かされることが起こる．その時に保育者が同僚や先輩保育者を頼れること，子どもや保護者の言動の後ろに支援ニードがあると捉えて園全体で取り組む体制があること，必要に応じて園だけで抱え込まず外部の他機関と連携し複数の立場から支援を展開するつながりがあることが，保育現場と保育者に安心感をもたらす．安心感のある保育現場と保育者に支えられて子どもと保護者に支援が届くことこそ，その子どもと保護者の安心感につながる．

第2節　支援の実際
——事例を通して

●**事例9-1　保育施設が担う地域子育て支援**

　Ａさんは夫の転勤でＢ市に引っ越してきたばかりである．初めて住む町で右も左もわからず知人もいない．今月で3か月になるＣちゃんを抱っこして散歩している時に，たまたま保育所の開放日の看

板を目にして保育所に立ち寄った．地域支援担当の保育者は，Ａさんが暗い表情であることが気になり声をかけた．Ａさんは引っ越してきたばかりであることを話し，マットの上で機嫌よく過ごすＣちゃんに向かって「家だと泣いてばかりなのに，外面が良いのね」とつぶやいた．保育者が「見知らぬ土地で初めての子育てをすることになって，私なら不安でいっぱいになると思います」と声をかけるとＡさんは，夫は転勤したてで帰宅が遅くほぼ１人でＣちゃんを育てていること，Ｃちゃんがなかなか泣き止まないと，母親失格と言われているようで泣けてくると涙を流しながら打ち明けた．保育者はＡさんが開放日に来てくれたことをねぎらい，次の開放日の予定の案内とともに地域の民生・児童委員が開催している子育てサロン，保健センターで集っている子育てサークルの案内を渡した．保育者は**乳児家庭全戸訪問事業**（こんにちは赤ちゃん事業）があることを思い出し，ＡさんにＢ市から引っ越しする前の地域で家庭訪問を受けたことがあるか確認した．出産と引っ越しのドタバタで家庭訪問を受けないままＢ市に引っ越したとのことだったので，Ａさんの同意を得て保育所からＢ市役所の子育て支援課の窓口に連絡を入れ，家庭訪問の実施につながった．

解説

　産後うつの罹患率はおよそ10％である．Ａさんは夫の転勤による引っ越しで産後の環境が大きく変わり，夫のサポートも少なく，頼れる家族・知人もおらず**孤立**している．保育者はＡさんの言葉や表情から気分の落ち込みや自責感を感じ取り，産後うつの可能性を考えた．産後うつの場合，自分から支援を求める行動にうつせないことも多いので，市町村が実施する乳児家庭全戸訪問事業の利用が望ましいと考え連携を図った．保育施設が地域の子育て支援を担うためには，自分たちの地域にどのような資源がありどのように利用することができるのか日ごろから情報を集めておくことが大切である．

●事例９-２　子どもの体調不良と仕事の両立

　1歳児クラスのＤちゃんは，いつも給食を嬉しそうにパクパク食べる．しかし，今日は食が進まず元気がなかった．保育者が熱を測ると38度を超えていた．保育者は母に電話をかけて状況を伝え，お迎えをお願いした．母は電話の向こうで深いため息をつき「今月４回目ですよ．前回なんて家に帰ったら熱が下がって元気でしたけどね」といら立ちを隠せない口調だった．以前はクラスの子どもたちに明るく声をかけてくれたＤちゃんの母なのだが，最近の疲れた様子も合わせて気になったので，保育者はお迎えにきた母にＤちゃんの様子を伝えてから「ずいぶん無理をしてお迎えに来てくださったのだろうと思います．お母様が最近とても疲れてらっしゃるように見えて心配です」と言葉をかけた．母は派遣社員のため，休みが続くと仕事が継続できなくなるかもしれない不安があると語った．本当はＤちゃんのために休んだ方が良いとわかっているけれども解熱剤を使って登園させていたこと，ひとり親家庭で近くに頼れる親もいないので本当に困っていることを打ち明けてくれた．そして「子どもが熱を出しているのに薬を飲ませて仕事に行くなんて……ひどい母親ですよね」と目に涙を浮かべた．保育者は母の日々の苦労をねぎらい，仕事を休めない時に利用できる**病児保育事業**があることを伝え，パンフレットを手渡した．母は「初めて知りました．助かります．問い合わせてみます．でもまずはＤをゆっくり休ませますね」と話す母の表情は少し和らいでいた．

解説

　保育者は日ごろからＤちゃんの母とコミュニケーションをとっていたので，Ｄちゃんの母が以前よりも疲れている様子であることに気づき，声をかけることができた．病児保育事業とは，子どもが病気の際に自宅での保育が困難な場合に，病院や保育所等において病気の児童を一時的に保育

する事業である．Dちゃんの母のように，子育てと仕事と生活に追われていると利用できる制度を調べる余裕がない場合がある．大変さに寄り添い共感することと同時に，保護者が今置かれている大変な状況から少しでも負担を減らすために利用できる具体的な手立てを提供することも欠かせない．「なんとかやれるかもしれない」という見通しを得て保護者も考える力を取り戻すことができる．ニードに具体的な支援を提供できることもまた信頼関係を築くための大事な要素の1つである．

●事例 9-3　子どもの発達が気になる時

　2歳児クラスのEちゃんは，発語が少なく，朝のお集まりの時には部屋の中を走っている．車のおもちゃが好きで，他児が遊んでいるのを見つけると飛んでいき力ずくでおもちゃを取り上げてその子を叩くなどトラブルが増えていた．お迎えの時にEちゃんの母に声をかけて短時間だが面談の時間を設定した．Eちゃんの母にクラスでの様子を伝えると「パパも小さい頃，言葉が遅くてとてもヤンチャだったと聞いている．パパもおばあちゃんも，男の子だしこんなものだろうと言っています」と気にしていない様子だった．保育者は母の話を**傾聴**し，さらに家での様子や外出時の様子について質問した．家では車のおもちゃかタブレットを観て過ごしているので走り回ることはないが食事の時はすぐに席を立つこと，外出時は父が抱っこしているので飛び出しや迷子は経験したことがないという話であった．保育者は「お家と保育所ではEちゃんの姿が違うようですね．1人で遊べるお家の環境とお友達が周りにいるにぎやかな環境の違いとかありそうな気がします．お母さんはどう思われますか」と母に質問すると「あ，そう言えば先週のお休みにクラスのお友達家族と公園で遊びました．Eはずっと走って友達を追いかけていましたね．体力があるなって見ていました．そうそう，友達の名前を言うようになって，友達の名前を呼びながら追いかけていましたよ．逃げられていましたけど」と思い出したことを教えてくれた．保育者は，Eちゃんは刺激が多い環境だとテンションがあがって動きが激しくなる可能性があること，お友達と関わりたいけれどうまく関われず困り始めているように感じていることを伝えた．そしてEちゃんの育ちを両親と一緒に支えていきたいので来月の**3歳児健診**を受けて，先ほど伝えたクラスの様子を**連絡帳**にも書いておくので健診で伝えてほしいことをお願いした．母は了承した．健診は母の第2子出産と重なったので，父がEちゃんと受診した．父は健診会場で走り回るEちゃんを追いかけ，一瞬目を離したすきに備品やスイッチを触るEちゃんを止めて回った．保育者が連絡帳にメモしたEちゃんの姿と健診会場のEちゃんの姿が結びついた．そして健診会場にいる同年齢の子どもたちが座っておしゃべりをし，絵本を見て待っている姿を目の当たりにした．健診では言葉の遅れと落ち着きのなさで心理フォローが入る療育教室を勧められた．父はEちゃんのためになることなら利用したいと希望し，療育教室に通うことになった．

解説

　事例のように保育の集団場面と家庭場面で子どもが見せる姿が異なることがある．保育場面のトラブルや大変さだけを伝えてしまうと，保護者は子どもを否定された気持ちになり保育者に対して不信感を抱く可能性がある．保育者も子どものために今の状況を何とかしたい焦りが生じるであろうが，傾聴し，関心を持って子どもの様子を具体的に聞いていくことで，保護者と共通認識を持てる情報が得られることがある．その情報を軸にして子どもの育ちをともに支えるパートナーとして子どもの発達状況に即した手立てと情報を伝え理解を得られるようにしたい．その際，担任保育者だけで抱えず，**園内ケース会議**で検討することや**巡回相談**などを利用して専門家の意見を聞く機会を持ち，多様な意見を聞くことが大事である．そして発達が気になる子どもとその保護者対応にだ

け目を向けることがないよう，発達が気になる子どもを含めて全ての子どもたちが楽しく遊べる保育を目指すことが基本であり，保育環境や課題設定の見直しや遊びの工夫を考えることも，保育の専門性を活かした支援になるのである．

●事例 9 - 4　就学に向けて

> 　5歳児クラスに進級したEちゃんは，両親と祖父母の協力のもと，療育教室を継続して利用している．言葉も増え，朝のお集まりの時も座って参加し発言している．簡単なルールの鬼ごっこであれば友達と一緒に楽しめるようになるなど成長がみられる．ただ，勝ち負けのある遊びで負けそうになると怒って遊びから抜け出し，友達に暴言をはくこともある．手先の不器用さも顕著で描画や制作をしたがらず，保育者が側についてサポートする必要があった．ある日，就学に関して家族の間で意見が分かれて，悩んでいるという相談を母が連絡帳に書いてこられた．保育者はお母様と話をするために個別面談を実施した．母の話によると，家族全員Eちゃんの成長を感じていて，父と祖父母は通常学級で大丈夫だろうという意見であった．母は成長を感じているけれど心配もあること，療育教室の先生から支援学級も見学してEちゃんにとってどちらが良いか検討してはどうかと提案されていて，それが妥当だと感じていること，放課後は学童保育が良いか放課後等デイサービスにしたほうが良いかわからず悩んでいると話した．保育者は傾聴し，一緒に考えていきましょうと母に伝えて面談を終えた．
> 　保育者は主任にEちゃんの最近の姿と母の悩みを相談した．主任は「そういえば昨日，Eちゃんがリレー遊びで負けそうになって怒り始めた時にFちゃんが応援しよう！と声をかけていたのよ．Eちゃんがどうするかなと見守っていたらFちゃんと手をつないで一緒に応援し始めたの．あなたが遊びで友達とつながる保育を丁寧にしてきたからだなって思ったわ．Eちゃんの進路先がどこになるにしても，この育ちを小学校にも引き継ぎましょうね」と保育者が不在の時のEちゃんの姿を教えてくれた．そこにEちゃんの3歳児の時の担任保育者も加わり，父も祖父母も理に適う説明を受ければEちゃんのために大切なことは何か考えてくれる家族であると意見をくれた．主任から，両親に巡回相談を受けてもらってはどうかという助言を得て，両親に巡回相談を勧めることにした．

解説

　保護者，保育者，子どもにとって就学は大きな節目となる．特に支援を必要とする子どもの保護者にとってはなおさらである．保育所で友達と一緒に過ごし成長してきた喜びと期待があり，できれば小学校も友達と一緒に通常学級で過ごしてほしいという保護者の願いは十分に理解できる．しかし同時にその選択は我が子のためになるのだろうかと不安を抱き揺れていることも多い．子育てのパートナーとしてともに育ちを支えてきた保育者だからこそ，保護者とともに揺れることだろう．ここで保育者が求められるのは答えを出すことではない．保護者とともに育ちの姿を確認し，予想される難しさも共有すること，巡回相談や就学相談なども利用して専門家の意見を聞くことを勧めながら，保護者自身の進路選択を支えることである．

　2022（令和4）年度から文部科学省が**幼保小の架け橋プログラム事業**を実施するなど，教育機関も幼児期から小学校移行への支援を重視している．地域によっては，年長児と小学生が交流する機会を設けたり，就学先の学校長が保育所を訪問したりするといった連携がなされている地域もある．保護者の願いを尊重しながら，保護者・保育者（保育施設）・教員（就学先）が子どもをまんなかにして思いを交わし合う連携が大切である．

●事例 9 - 5　　保育者も安心感の中で成長する

　　保育者 1 年目の G さんは，保育者 10 年目の H さんと 3 歳児クラスの担任をしている．G さんが主で保育をすると一部の子どもたちが部屋から出てしまうことが続いた．子どもたちに厳しくしないといけないと思い，G さんは子どもたちを叱ることが多くなった．お昼寝の時は I ちゃんが G さんにしがみつき，G さんが別の子どもに呼ばれて行くと I ちゃんは立ち上がって「G センセイがいいの！」と大声で叫ぶので I ちゃんのところに戻ることになる．子ども 1 人も寝かしつけできないのかと悲しくて毎日が辛くなっていた．そんなある日の夕方，G さんの様子を見守っていた H さんが保育室の片づけをしながら G さんに話しかけた．「私も 1 年目の時は子どもたちをちゃんとさせないといけないと思い込んで肩に力が入っていたわ．保育を全然楽しめない時期があったよ．その時先輩の保育者が，あなたは若くて体力があるのだから子どもたちといっぱい遊びなさいと言ってくれたの．はじめは遊ぶだけでいいの？って信じられなかったけど，子どもたちと遊ぶことは好きだからとにかく遊んで楽しむことにしたの．そうしているうちに，気がつけば子どもたちと関係ができて，私が伝えたいことも伝わっているなって感じられるようになったの．だから G さんも今は子どもたちといっぱい遊びなさい．細かいフォローは私がするから」と話をしてくれた．H さんが自分のことを温かく見守ってくれていたことを知り，G さんは涙が止まらなかった．H さんの言葉に安心と勇気をもらった G さんは，次の日から子どもたちと遊びをしっかり楽しむ保育を実践した．すると，子どもたち一人ひとりの様子が見え，どのタイミングでどう関わると良いか少しずつ分かるようになり保育が楽しくなってきた．

解説

　　保育者 1 年目はまだ保育に慣れず，時計を見ながら保育をこなすことで精一杯な時もあるだろう．子どもたちと楽しく過ごすはずが，子どもたちの心が自分から離れていき，先輩保育者にどう見られているのかも気になり，焦りと不安に押しつぶされそうになることがあるかもしれない．そのような時に自分を見守り支えてくれる身近な他者の存在は非常に大きい．G さんの場合は H さんが G さんの「本当は子どもたちと楽しく過ごし子どもたちに慕われる保育者になりたい」というニードをキャッチして対応してくれたことに支えられた．

　　子どもと保護者を支援する立場である保育者もまた，守られている安心感の中で成長し専門性を高めることができる．不安な時に見守り支えられる安心感を経験しその重要さを実感しているからこそ，子どもと保護者を見守り支え，安心感を提供できる支援者として力を発揮することができる．

（佐々智子）

第10章

児童福祉施設や事業所が実践する
多様な子ども家庭支援の展開

学びのポイント

　あなたは自分の住んでいる地域で子どもと家庭を支援している場所（保育所やこども園以外）を知っているだろうか．以外に思うかもしれないが，地域の中で**地域子育て支援拠点事業・こども家庭センター**等，子どもと家庭の支援を行う場所が点在している．また保育者は地域の中でその専門性を活かし，**地域共生社会**の実現を目指して子どもとその家庭を支援することが求められる．本章では，地域の中で行う多様な子ども家庭支援について学んでほしい．

事前学習課題：10章の本文を読み，学びのポイントにあるキーワードについて，その言葉の意味を書き出しましょう．

事後学習課題：10章で学んだ内容から，あなたが保育者として何を大切にしたいのか決意表明しましょう．

　キーワード：地域子育て支援拠点事業・こども家庭センター・地域共生社会

第1節　地域の子育て支援とは

1　子育て家庭を取り巻く現状

　近年，インターネットの普及により，子育てに関する膨大な情報を気軽に入手できるようになった．SNSからの情報や他人の子育ての幸せそうな様子を，現実の自分自身の子育てを比較し，自分はなんて駄目な親なんだろうと自己嫌悪に陥り，子育てにおける悩みを相談できず，孤立を抱えている人が多いのではないだろうか．かつて日本は地域の中で何世帯もともに生活しながら大家族の中で子どもを育ててきた．現在は夫婦とその子どものみともに生活している核家族の世帯が増え，子育てに関わる大人の数は減り主に育児は母親が担っている．厚生労働省「令和5年度の育児休業取得率の調査結果」によると女性が84.1％に際し，男性の育児休業取得率は増化しているものの30.1％となっており，現代社会では乳幼児の育児は女性が担っていることが多いことを示している．現代において，子育てに関わる大人が減っている社会の中で特に保育者は専門性を活かした関わりで信頼関係を築き，地域の中で子どもの育ちをともに支える役割が求められている．

　都市部には高層マンションが立ち並び，就労や住居を含め人口が集中している．核家族は生まれ育った土地を離れ，知らない土地に引っ越し，子育てをする家庭も少なくない．子育てに関わる大

人が減りつつある中，特に母親一人にその負担が大きいのは日本社会の特徴である．保育者は子育てを支援する専門職であったとしても，地縁・血縁のようなつながりや温かさを感じられるようなケアは社会の中で今後ますます求められだろう．

2　子育て家庭への保育者の役割

保育者は日々子どもと関わりながら，様々な思いを受容的に受け止め子どもの成長を支える．家庭の中で保護者も同様に，日々子どもと関わりながら様々な体験を共有し，子どもの成長を喜ばしく思うことや，時には怒りや悲しさを感じることもある．保護者のそうした思いを，受け止めとともに悩み，共感することが保護者の支えになる．保育者は，自ら保護者と関係性を築き，その親子関係を支えることが保育者の専門性の1つでもある．時には保護者の悩みやニーズを聞く中で，様々な社会資源のつながりの中で支援を展開することが地域の中で行う子育て支援であり，保育者は子どもと家庭を支え，支援をつなげる重要な役割を担っている．

●事例10-1　他県から転居してきた家庭への支援

　Aさんは夫とBちゃん（生後6か月，女児）と3人で居住している．最近この市に引っ越してきたが，元々は別の地方出身者であり，あまり土地勘がなく知り合いがいない．日中は車などの移動手段がないため近くの公園に行って散歩することが日課であった．子育てにおいては，実家の母親と電話をして過ごしたり，ママ友とSNSを通して情報をやり取りしたりすることが多かった．Aさんは子育ての些細な出来事から母親と意見が異なり，「母親なんだからしっかりしなさい！」と叱責されたことで落ち込んでしまった．SNSで見る友達家族の子育ては，食事やおやつなど全て手作りであったり親子で流行の衣服を身につけ，整頓されたスタイリッシュなインテリアに囲まれて生活しており，羨ましく思ってしまい連絡しようとしていた手が止まってしまった．それからはBちゃんと家の中で過ごすことが多くなり，気づくと誰とも話をすることなく，帰宅が遅い夫に愚痴を言ってしまうことが増え，夫からもなんとなく避けられているような気がしてますます孤独感を強めていった．そんな時いつも散歩に行く公園で，同じようにベビーカーを押している人に挨拶をされ，他愛のない会話をすると近くに児童館があることがわかった．誰でも利用できると聞いて，行ってみようという気になり翌日児童館の前まできた．すると同じように乳幼児を抱いている人やベビーカーを押して来館してくる人が次々とやってきて中に入っていくのが見えた．Aさんは入館しようか少し躊躇していると，昨日出会った女性と出会い，「一緒に入りましょう」と誘われ中に入った．そこではまず，保育者が挨拶をしてくれた．初めてであることを伝えると，施設の中を案内してくれたり，利用時間や利用方法なども説明してくれたりしてほっとすることができた．気軽に声をかけてくれる保護者とは，自身の子育てや不安も気軽に話すことができた．また離乳食のことについても保育者に聞くと一緒に考えてもらうことができた．明日もまたここに来たいと思った．

解説

　Aさんは，結婚を機に知り合いがいない地域で生活することになり，子育て中心の生活を送るうちに，孤独感を強めていった．特に子どもが乳児の場合には1人で出かけることを心細く感じたり周囲に気を遣ってしまったりすることもあり，外出を控えようとする人も多い．そのような時に知ることができた児童館の存在は，Aさんにとって子育てについてのサポートをしてくれる強い

味方であるといえる.

第2節　地域における子育て家庭への支援事業

1　地域の実情に応じた子育て支援[1]

　地域の子育て家庭を支援するには, 子育て家庭を支援する地域の**社会資源**が必要である. 社会資源とは問題を解決するための人・もの・お金・サービスのことをいう. 現代社会における子育て家庭のニーズを把握し, 子育ての負担が親だけにかからないよう安心して子育てができるような仕組みが地域の中で必要である. そのためには地域の中で気軽に立ち寄り集うことができる場所や, 気兼ねなく乳幼児が一緒に遊んだり, 親が子育ての不安や悩みを話したりできる場所が必要である. そのため, **図10-1**に示すような子ども・子育て支援制度がある. ここでは, 地域における子育て支援の中の「利用者支援事業」「地域子育て支援拠点事業」「乳児家庭全戸訪問事業」「養育支援訪問事業」「子育て短期支援事業」「ファミリー・サポート・センター事業」「一時預かり事業」「放課後児童健全育成事業」について述べる.

1）利用者支援事業

　利用者支援事業は, 子どもおよびその保護者等, または妊娠している方が, 子育てに関する悩みや困りごと等に合わせて, 教育・保育施設や地域の子育て支援事業などを利用できるように情報の提供や, 支援の紹介などを行う. 地域の中で保健・医療・福祉等の関係機関を利用しながら解決できるように, 身近な場所 (**地域子育て支援拠点**) で相談を行い, 必要に応じて助言等を行うとともに関係機関との連絡調整等を実施し, 支援することを目的とする. 実施主体は, 市区町村 (市区町村が認めた者への委託などが可能) である. **地域子育て支援拠点事業**と一体的に運営し, 利用者支援専門員は子ども・保護者の置かれている環境に応じ, 利用者のニーズに基づきながら, 多様な社会資源や子育て支援を総合的に提供する体制を確保している.

（1）基本型

　地域子育て支援拠点等 (保育園・幼稚園・こども園・児童館等) の身近な場所で子育て家庭等から日常的に相談を受け, 個々の家庭のニーズを把握する. 当事者の目線に立って寄り添いながら, 子育て支援事業や保育所等の利用に当たっての助言や支援を行う. 利用者が必要とする支援につながるよう地域の社会資源や子育て支援のネットワーク作りに基づく支援体制を構築する.

（2）特定型 (保育コンシェルジュ)

　市町村の窓口で, 子育て家庭等から保育サービスに関する相談に応じ, 地域における保育所や各種の保育サービスに関する情報提供や利用に向けての支援などを行う.

（3）こども家庭センター型

　妊娠期から不安に寄り添い, 妊産婦の現状やニーズを把握しながら, 相談や情報提供などを行う. 出産後も必要に応じて, 関係機関と連携しながら社会資源の活用を通して支援を行い子どもおよび

---

[1] 7章のp.63もあわせて参照のこと.

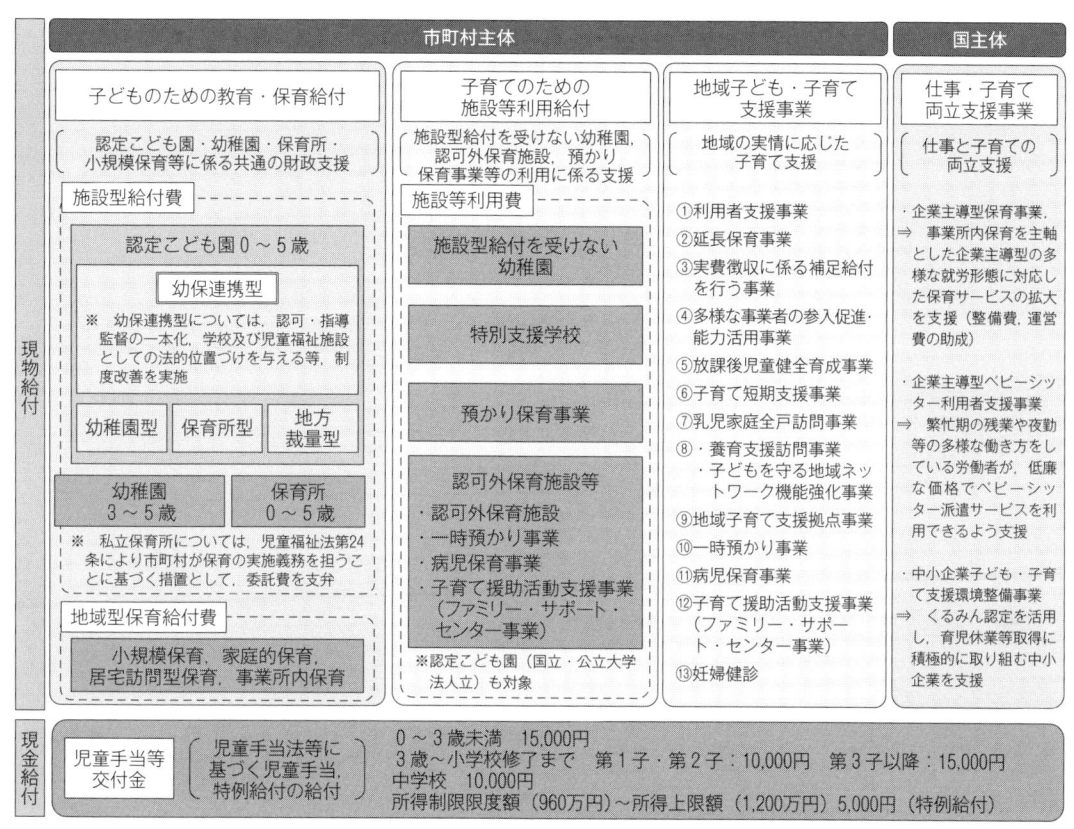

図10-1　子ども・子育て支援制度の概要（2024（令和6）年3月31日現在）

(出典) こども家庭庁「子ども・子育て支援制度の概要」.

妊産婦の健康の保持および増進に関する包括的な支援および全ての子どもとその家庭（妊産婦）に対する虐待への予防的な対応から個々の家庭の状況に応じた包括的な支援を切れ目なく実施することを目的とする.

2）地域子育て支援拠点事業

地域子育て支援拠点事業は，少子化や核家族化が増加し，地域とのつながりの希薄化が進むなかで，子どもと多様な大人が集い，地域の中で子育て家庭を支える目的で作られた．実施主体は市町村で，保育所，児童館等の身近な場所で行われている．乳幼児のいる子育て中の親子の交流や，育児相談，情報提供等を実施し，子育て中の親子が気軽に集い，相互交流や子育ての不安・悩みを相談できる場所である．実施内容は① 子育て親子の交流の場の提供と交流の促進，② 子育て等に関する相談，援助の実施，③ 地域の子育て関連情報の提供，④ 子育ておよび子育て支援に関する講習等の実施（月1回以上）の4つがあげられる．

また高校生や高齢者をはじめとする多様な世代との交流や伝統文化や行事などの実施や子育て中の当事者同士による支え合いにより地域の子育て力を向上することが期待されている．

① 一般型…保育所や公共施設等で地域の子育て支援機能の充実を図る取り組みを実施

② 連携型…児童館等の児童福祉施設等多様な子育て支援に関する施設に親子が集う場所を設け，

　　子育て支援のための取り組みを実施

3）　乳児家庭全戸訪問事業

　乳児家庭全戸訪問事業は，全ての乳児のいる家庭を訪問し，子育ての孤立化を防ぐために，その居宅において様々な不安や悩みを聞き，子育て支援に関する必要な情報提供を行う．同時に，支援が必要な家庭に対しては適切なサービスの提供に結びつけることにより，地域の中で子どもが健やかに育成できる環境整備を図ることを目的とした，広く一般を対象とした子育て支援事業である．

4）　養育支援訪問事業

　養育支援訪問事業は，乳児家庭全戸訪問事業の実施等によって把握した保護者の養育において特に支援が認められる子どもや保護者に監護させることが適当ではないと認められる子どもと保護者，出産後の養育に備えて出産前に支援することが特に必要な妊婦に，その養育が適切になされるように，要支援の子ども等の居宅で，養育に関する相談，指導，助言等の支援を行う事業である．

5）　子育て短期支援事業

　子育て短期支援事業は，保護者の疾病その他の理由により家庭において子どもを養育することが一時的に困難となった場合等に，児童養護施設等において一定期間，養育・保護を行うことにより，これらの子どもおよびその家庭の福祉の向上を図る事業である．

6）　ファミリー・サポート・センター事業

　乳幼児や小学生等の子どもを育てている方々や子育て家庭をサポートしたい方々を会員として，子ども預かりの援助を受けたい者と当該援助を行いたい者との相互援助活動に関する連絡，調整等を行う．保育施設の開始前，終了後又は学校の放課後，冠婚葬祭，買い物等の外出の際の子どもの預かりなどを行うための調整をする事業である．

7）　一時預かり事業

　家庭において一時的に保育を受けることが難しくなった乳幼児を保育所や認定こども園などで預かる事業である．日頃保育所等を利用していない乳幼児を対象とした緊急的な一時預かりや，幼稚園における延長保育での預かり，保育所等における定員の空き部分を活用しての預かり，訪問型の預かり等がある．

8）　放課後児童健全育成事業

　放課後児童健全育成事業は，保護者が労働等により昼間家庭にいない小学校に就学している子どもに対し，授業の終了後等に小学校の余裕教室や児童館等を利用して適切な遊びおよび生活の場を与えて，その健全な育成を図るものである．放課後児童の健康管理，安全確保，遊びの活動への意欲と態度の形成，遊びを通しての自主性，社会性，創造性を培うことや遊びの活動状況の把握と家庭への連絡を行う．また家庭や地域での遊びの環境づくりへの支援やその他放課後児童の健全育成上必要な活動を行う．

2　多職種連携で支える地域の子育て

●事例10-2　ひとり親家庭への支援

> ひとり親家庭で育ったBさんは10代で当時交際していた相手との間に妊娠した．当時は互いに高校生であったため，互いの両親は反対したが交際相手と話し合いの末に入籍し，Bさんは出産と子育てに専念し，夫は仕事をはじめて家庭を築いた．第一子が産まれると，次第に夫は夜に出かけることが多くなり，Bさんとも喧嘩が絶えなかった．徐々に夫は家に帰らなくなり，離婚と同時に夫は出ていった．Bさんは実家に戻ることも考えたが，元々結婚に反対で関係の良くなかった実母とは結婚を機に疎遠になっており，一緒に生活することは考えられなかった．わずかな貯金はすでに底をついてしまい，どうしたらいいのか途方に暮れていた．そんな時，定期的に訪ねてきてくれた地域の保健師と保育士に離婚のことや生活の不安を話すと涙が溢れて止まらなかった．家事や子育てを一緒に手伝ってくれる支援があることや，一時的に赤ちゃんを預かってくれる制度があることを知ってほっとした．自身の体調が優れない時には近隣の乳児院に子どもを預けることもあった．定期的に訪ねてくれる乳児院の職員や地域の保健師が自身の育児や家事を一緒にしながら話を聞いてくれるので，自分でも離乳食の作り方を頑張ってみようと思った．困ったことがあれば地域の乳児院を訪ねて子どもと滞在し，家に帰って育児に取り組んでいる．今後も保健師や地域の乳児院を利用しながら地域の関係機関で見守り，子どもが一歳になった頃には保育所の入園も進めながらBさん親子は自立に向けて生活している．

解説

　Bさんは若年での出産であることと結婚当初から夫婦関係に不満があったことや，育児に不安を抱えていたことから検診で出会う保健師が気にかけていた．そして地域のこども家庭センターと情報を共有していた．**乳児家庭全戸訪問事業**では出産前より関係があった保健師が訪問しており，話を聞いたところ支援が必要な状況であることがわかった．また近隣の**こども家庭センター**と乳児院に繋ぎ，各関係機関の支援者が集まり「**ケース検討会議**」を開き，Bさんの現状や支援が必要であることを共有した．また関係機関は役割分担しながらBさんを労いながら子育てを通して関係作りに努めたことから，Bさんの継続的な支援の利用につながった．時にはBさんから支援を拒否するようなことがあっても，Bさんに寄り添い続けた一人ひとりの支援者の姿勢と，関係機関の連携や情報共有がとても重要なケースである．地域で支援する専門職らはBさんの抱えている問題を理解しながら，専門職として必要な支援を行う必要がある．

第3節　多様な専門職との連携

子育てを支援する様々な専門職

　親子を地域で支えるためには機関の垣根を超えて専門職がつながり互いの強みや専門性を活かして協働することが必要である．ここでは各分野の専門職について説明する．

1）児童福祉施設

（1）保育士

　倫理観に裏付けられた専門的知識，技術と判断をもって子どもを保育するとともに，子どもの保護者に対する保育に関する指導を行う直接援助の専門職である．保育士は名称独占の資格であるが，

保育所は保育士の資格をもつ職員が一定数確保できなければ運営することはできない．また保育所以外にも，社会的養護の担い手として，児童養護施設や乳児院，障がい児の入所や通所施設などの社会福祉施設で保護者に代わって子どもを養育する役割を担っている．

（2）保育教諭

保育士資格と幼稚園教諭免許の両方の資格をもち，幼保連携型認定こども園で働く専門職である．幼保連携型認定こども園で働くためには保育教諭の資格が必要となるが，保育士または幼稚園教諭免許どちらか片方の資格しかないものについては，経過措置として，大学等での単位取得により保育教諭の資格が得られる幼保特例制度が設けられている（2030（令和12）年3月まで）．

（3）看護師

医師の診療の補助，患者の療養上のケアや観察を行っている．看護師は，特別養護老人ホームや児童養護施設など常勤の医師について配置基準のない福祉施設で，利用者の健康状態の把握や医療機関との連携にあたっている．

（4）栄養士／管理栄養士

管理栄養士は厚生労働大臣の免許を受けた国家資格で，患者や食事がとりづらい高齢者等の個別の栄養指導や，給食管理を行っている．医療機関では，医療チームの一員として医療職種と協力し患者の対応にあたっている．栄養士は都道府県知事の免許を受け，主に健康な人を対象にして栄養指導や給食の運営を行う．食事を提供する福祉施設において配置され，利用者の食事の管理にあたっている．

2）児童福祉領域の行政機関の専門職

（1）社会福祉主事

社会福祉主事は，各地方自治体の福祉事務所などに従事する公務員に任用される際に必要とされる行政が定めた資格基準である．生活保護受給者やひとり親家庭，子ども，高齢者，身体障害者，知的障害者などの保護・援助を必要とする人のための相談・指導・援助の業務を行う．

（2）家庭相談員

家庭相談員は，都道府県又は市町村の非常勤職員として，家庭児童相談室に配置されている．「家庭相談室設置運営要網」に基づき，家庭児童福祉に関する専門的技術を必要とする業務を行う職員として，家庭児童福祉の業務に従事する社会福祉主事および家庭児童福祉に関する相談指導業務に従事する「家庭相談員」が配置されている．

（3）児童福祉司

児童福祉司は，児童福祉法により都道府県の設置する児童相談所に配置されている．児童の保護，その他児童の福祉に関する事項について，保護者や関係者に必要な支援・相談・指導などの業務を行う．また個々のケースによって必要な調査，社会診断，家庭訪問や施設入所に関する手続きを行うことや，子どもと保護者の関係調整などの業務にあたっている．

（4）保健師

保健師は，地域住民の健康予防や健康増進をすることを役目としている．多くの保健師は保健所で行政の公務員として働いているが，ほかに地域包括支援センターの必置の職員としても配置され

ており，高齢者の相談や介護予防に努めている．

（5）スクールカウンセラー（SC：School Counselor）

スクールカウンセラーは，小学校，中学校，高等学校に配属されている心理学の専門相談員である．生徒の不登校やいじめなどの問題の相談だけでなく，保護者や教職員の相談にも対応している．

（6）スクールソーシャルワーカー（SSW：School Social Worker）

スクールソーシャルワーカーは，学校や日常生活上で，様々な課題のある子どもと家庭に対する相談支援や学校・社会・制度等の調整を行う仕事をしている．

3）　地域の担い手

（1）民生委員／児童委員／主任児童委員

民生委員は，厚生労働大臣から委嘱され，それぞれの地域において，住民の立場に立って相談に応じ，必要な援助を行い社会福祉の増進に努めるボランティアである．地域の子どもたちが元気に安心して暮らせるように，子どもたちを見守り，子育ての不安や妊娠中の心配ごとなど相談・支援等を行う児童委員を兼ねている．また一部の児童委員は子どもに関することを専門的に担当する主任児童委員の指名を受けている．

（2）地域ボランティア

身近な地域の中で住民らが自らの意志からはじまるボランティアの活動には子育て家庭を対象とした様々な活動がある．地域ボランティアは，公民館や図書館では乳幼児親子を対象とした劇や絵本の読み聞かせの他，子どもを対象とした学習ボランティアや居場所の提供，子ども食堂など住民の自発的な活動によって地域社会をより良くするため多様な広がりを見せている．

4）　地域での多様な支援の場[2]

（1）子育てサークル

子育てサークルは，親同士の交流や情報交換，支え合い等を目的とした自主的な地域でのグループを指す．地域全体で子育て環境の向上を図るために児童福祉法上の事業に位置づけられた地域子育て支援拠点事業において，子育て支援サークルへの援助が実施されている．子育てサークルに対して，交流や情報交換の場の提供，当事者である親同士の支え合いによる**ピアサポート**やネットワークの育成に関する支援が行われ親のエンパワメントを促進する働きが期待されている．

（2）子ども食堂

子ども食堂は，地域において子どもや地域住民などが集い，夕食等の食事の提供などを行う取り組み．当初は貧困状態にある家庭の子どもの支援や，保護者の労働などで孤食となる子どもなど，特に支援や配慮が必要であると考えられる子どもを地域で支えることを目的に民間による取り組みが行われるところが多かった．現在では，対象となる子どもを限定しない拠点や，地域住民とともに会食するもの，食事の提供に限らず参加者間の交流や遊びの支援，学習支援，生活支援などを行う拠点など，多岐の形態が存在する．

2）　7章の pp. 64–65 もあわせて参照のこと．

第4節 地域の子育て家庭への支援の展望

1 関係機関との連携

　子どもと家庭の抱える複合的な問題に対処するには1つの機関のみで対応することは困難で，関係機関と役割分担を行いながら支援を進める必要がある．子どもに障がいや発達の課題を抱えている場合や，保護者が経済的に困窮していたり，地域の中で知り合いがおらず孤立したりしているなど生活そのものに困難を抱えている場合には虐待などのリスクが高まる可能性もある．地域にある様々な関係機関と連携して協力することができなければ，それぞれの特性を活かした支援が展開できないことも考えられ，利用者にとっては不利益にもつながる．

　日常的にお互いが「face to face」による関係機関のネットワーク作りをしておくことが他職種への理解や専門性の信頼につながり，相互に機能を発揮することで効果的な支援を提供することができる．子どもと家庭に関わる保育者は地域の中でどのような**社会資源**があり，地域で子育て家庭の支援を展開する専門機関や専門職，またNPOや住民団体があるのか知っておくことも必要だろう．

2 地域共生社会を目指して

　地域の中で子どもと家庭を支援する人は専門機関や専門職だけではない．様々なボランティアや地域の住民や企業や学生，親子が集い，互いに交流を持ち支え合っている．そこでの触れ合いや出会いから「ほっとっする」「また来たい」と思うことでつながりを持ち続けることができる．**地域共生社会**は「制度・分野ごとの『縦割り』や『支え手』『受け手』という関係を超えて，地域住民や地域の多様な主体が『我が事』として参画し，人と人，人と資源が世代や分野を超えて『丸ごと』つながることで，住民一人ひとりの暮らしと生きがい，地域をともに創っていく社会」(中坪他編，2022)をいう．人口減少が進む中，互いに助け合い安心して暮らせる社会は私たち一人ひとりにとってますます重要になってくる．地域の住民の参画と専門職が一体となって協働体制を構築し，**地域共生社会**を創ることはQOL向上につながる．

（河 村 浩 世）

第11章

要保護児童およびその家庭に対する
子ども家庭支援の展開

学びのポイント

　　最近，子ども虐待の問題，経済的困窮の家庭の増加による子どもの体験格差の問題，家族の介護や日常生活上の世話を行っている子どもに関するヤングケアラー問題への支援の必要性が高まっている．支援を必要とする「要保護児童」を理解し，より望ましい支援を展開していくためには子どもや家庭支援の専門職の協働が不可欠である．

　　本章では要保護児童の背景と支援の必要性について理解し，保育者としての向き合い方について考えてみたい．

事前学習課題：11章の本文を読み，学びのポイントにあるキーワードについて，その言葉の意味を書き出しましょう．

事後学習課題：11章で学んだ内容から，あなたが保育者として何を大切にしたいのか決意表明しましょう．

　キーワード：要保護児童，要支援児童，特定妊婦，要保護児童対策地域協議会，こども家庭センター

第1節　多様化する「要保護児童等」に対する現状と課題

1　要保護児童対策地域協議会とその支援の対象

　ここでは，子どもやその家庭，環境全体を包括的に支援する体制や支援を必要とする子どもや家族について学ぶ．

1）　要保護児童とは

　家庭で生活ができない子どもは**要保護児童**として理解されてきた．**要保護児童**に対する施策は終戦直後の戦災孤児対策から始まった．1990年代に入り，子どもに対する虐待が増加している中，「家族がいない子ども」を対象とする施策から「家族はいるがそこでケアを受けられない子ども」へと社会的養護の対象となる子どもの背景が変化してきた．子ども虐待の早期発見対策として2004（平成16）年に「**要保護児童対策地域協議会**」が全国の市町村への設置がすすめられることとなった．要保護児童対策地域協議会の支援の対象については2016（平成28）年の児童福祉法の改正において，**「要支援児童」「要保護児童」「特定妊婦」**と定義された．併せてこれらの子どもや保護者と日頃から接する機会の多い，病院，診療所，児童福祉施設，学校等が，**要支援児童**等と思われる者を把握

した場合には，当該児童の情報を現在地の市町村に提供するよう努めなければならないこととされた．

① 要保護児童

　貧困や虐待，保護者の疾病などにより家庭での養育が困難となった子どもたちは**要保護児童**とされ，その定義については児童福祉法第6条の3第8項に「保護者のない児童又は保護者に監護させることが不適当であると認められる児童」と示されている．具体的には，保護者の家出，死亡，離婚，入院，服役などの事情にある子どもや，虐待やネグレクトを受けている子ども，家庭環境などに起因して非行の子どもなどがこれに該当する．これらの子どものうち，より緊急な支援が必要な場合，児童相談所や市町村の窓口に通告が義務づけられている．児童福祉司等が状況を確認した結果，緊急性や要保護性が高いと判断された場合は親子の分離と子どもの一時保護の検討対象となる．

② 要支援児童

　ただちに子どもの保護には至らないものの，保護者の養育を支援することが特に必要と認められる子どもを要支援児童とされる．その定義については児童福祉法第6条の3第5項に「保護者の養育を支援することが特に必要と認められる児童（要保護児童を除く）」とされている．具体的には，親が育児不安を抱えていたり，子どもを育てるための知識が不十分で不適切な養育環境に子どもが置かれていたりする場合などが該当する．児童相談所や市区町村の**要保護児童対策地域協議会**が親子分離や一時保護の対象ではないと判定した場合は市町村の**こども家庭センター**や児童相談所が中心となり各関係機関が連携して支援が行われる．

③ 特定妊婦

　母親が妊娠期から1人で悩みを抱えているケースや，産前産後の心身の不調，家庭環境の問題を抱えている場合，妊娠の届出がなく母子健康手帳が未交付，妊婦健診が未受診であるといったリスクが生じる．支援を必要とする妊婦に対する適切な対応は虐待の予防にも直結する．**特定妊婦**の定義については児童福祉法第6条の3第5項に「出産後の養育について出産前において支援を行うことが特に必要と認められる妊婦」とされている．具体的には経済的な問題を抱えていたり，知的・精神的障がいなどで育児困難が予測されたりする場合やDVや若年妊娠など複雑な事情を抱えている場合など，出産前から子どもの養育に支援が必要な妊婦だと判断されると，「**特定妊婦**」として自治体に登録される．**特定妊婦**の発見や対応については保健師が配置されている**こども家庭センター**が対応の中心となっている自治体が多い．「**特定妊婦**」は登録が開始された2009（平成21）年は894人であったが，2020（令和2）年には8327人となり増加傾向にある（図11-1）．

2）　要保護児童対策地域協議会とは

　子ども虐待の早期発見のための対策とネットワークが重要なことから2004（平成16）年の児童福祉法改正により「児童虐待防止ネットワーク」が「**要保護児童対策地域協議会**」として法定化され，市町村などの地方自治体は設置することが努力義務とされた．さらに2005（平成17）年から，児童家庭相談に応じることが市町村の業務として明確に規定され，市町村は，子どもに関する問題について，子どもや家庭からの相談に応じ，個々の子どもや家庭に最も効果的な援助を行うことが求められている．

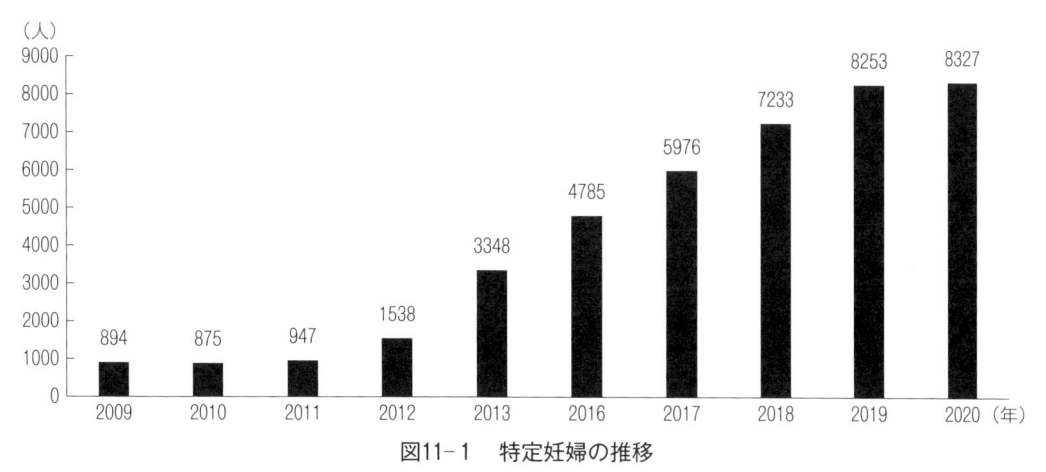

図11-1　特定妊婦の推移

（出典）厚生労働省資料をもとに筆者作成.

要保護児童対策地域協議会は要保護児童等に関する情報その他要保護児童の適切な支援や保護を図るために必要な情報の交換を行うとともに，要保護児童等に対する支援の内容に関する協議を行っている．要保護児童対策地域協議会の構成員は，市町村（こども家庭センター），民生委員（児童委員・主任児童委員），学校・教育委員会，幼稚園，保育所，認定こども園，弁護士，警察，児童相談所，乳児院，児童養護施設などである．

多くの関係機関等から構成される地域協議会が効果的に機能するためには，運営の中核となって関係機関の役割分担や連携に関する調整を行う機関を要保護児童対策調整機関とし，要保護児童対策地域協議会が設置されている市町村がその役割を担っている．要保護児童対策調整機関は関係機関との連絡調整，会議の進行・管理を担う事務の総括，支援の実施状況の進行管理といった業務を担っている．

　3）　要保護児童とその家庭に対する支援の枠組み

要保護児童対策地域協議会は，市町村における要保護児童に対する支援の枠組みが代表者会議，実務者会議，個別ケース検討会議の3層構造となっている．

① 代表者会議

要保護児童対策地域協議会の構成員の代表者による会議であり，実際の担当者で構成される実務者会議が円滑に運営されるための環境整備を目的として，年に1～2回程度開催される．要保護児童等の支援に関するシステム全体の検討や実務者会議からの地域協議会の活動状況の報告と評価を行う．

② 実務者会議

実際に活動する実務者から構成される会議であり，全てのケースについて定期的な状況のフォロー，必要に応じた援助方針の見直し，定例的な情報交換や要保護児童対策を推進するための啓発活動の検討など，3か月に1回程度開催される．要保護児童対策地域協議会の年間活動方針の策定，代表者会議への報告を行う．

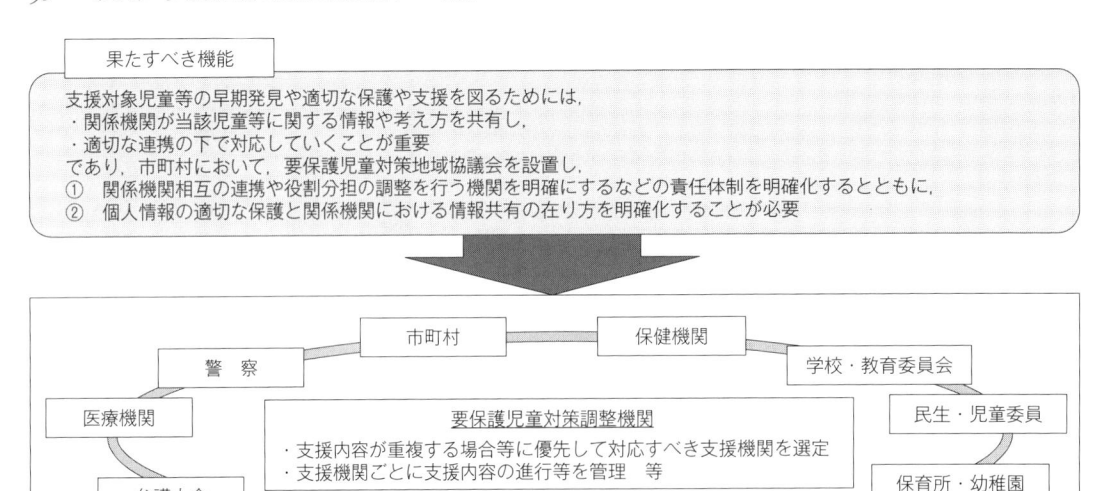

図11-2 要保護児童対策地域協議会の概要

(出典) こども家庭庁「要保護児童対策地域協議会スタートアップマニュアル」.

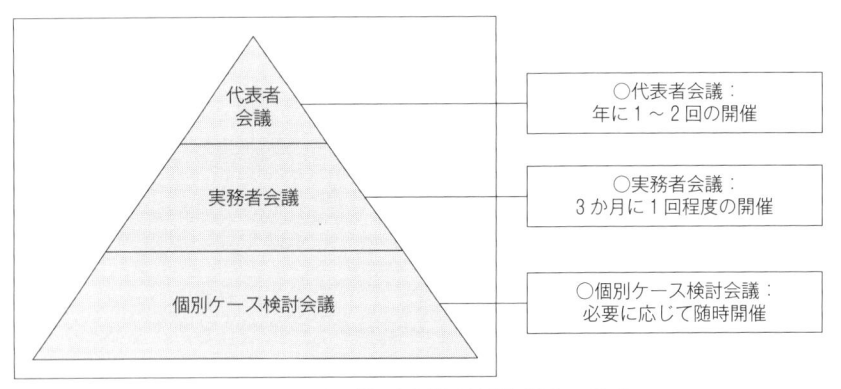

図11-3 要保護児童対策地域協議会の構成

(出典) こども家庭庁「「要保護児童対策地域協議会設置・運営指針」の一部改正について」.

③ 個別ケース会議

　個別の**要保護児童**について，当該児童に直接関わる関係機関の担当者，今後関わりを有する可能性がある関係機関の担当者により，当該児童に対する具体的な支援の内容等を検討するために適時開催される．個別ケース検討会議の構成員は**守秘義務**が課せられており，関係機関等の間で積極的な情報提供を行い，**要保護児童**に対する具体的な支援の内容等を検討することが期待される．状況によっては子どもを一時保護など家庭から分離する場合もあり，地域にある児童相談所，乳児院，児童養護施設がその受け皿になることが想定されることから会議への参加が求められている．

2　要保護児童の現状と課題

1）こども虐待の予防と対応

こども虐待については全国の児童相談所で件数が集計され始めた平成2（1990）年の1101件から

令和4（2022）年度21万9170件と約200倍となっている（**表11-1**）．保育所，認定こども園，幼稚園，学校などの団体や職員にはこども虐待の早期発見に努めることが義務化されている．こども虐待のホットラインとして**児童相談所**直通ダイヤル189は多くの市民が認識するようになった．虐待の通告を受けた市町村，**児童相談所**は48時間以内に子どもの安全確認と調査を行うことが求められ，立ち入り調査，一時保護などの児童相談所による判定が必要な場合，市町村が**児童相談所**に送致し対応することとなっている．送致された**児童相談所**は，子どもや家庭に対する調査を行い，必要に応じて保護者への援助，子どもの一時保護，里親委託，乳児院や児童養護施設への入所措置等を行う．立ち入り調査に対する保護者の同意が困難な場合は家庭裁判所の許可状に基づき，警察の協力のもと臨検・捜索を行うことが規定されている．現実には保育所，幼稚園や学校などの福祉・教育機関からのこども虐待通告は全体の7.9%（保育所0.8%，幼稚園0.3%，学校6.8%）であり，子どもの保護者との関係もあり，通告することで保護者との関係悪化になることを危惧するあまり，対応に苦慮しているケースは少なくない．保育所，幼稚園や学校などの福祉・教育機関に所属する職員自身が児童相談所と**要保護児童対策地域協議会**の役割の違いや機能についてさらなる理解が必要である．そのような状況から，**要保護児童対策調整機関**による，地域の保育所，幼稚園や学校などの福祉・教育機関に対する情報提供や連携のための研修等をより積極的に行っていく必要があろう．

2）周囲に助けを求めることが困難な子どもと家庭

貧困，虐待やネグレクト，いじめ，体罰・不適切な指導，不登校，障がい・医療的ケア，非行などを始めとする困難な状況に置かれた子どもは，対人不信，自尊感情の低下などの状況から誰かに助けを求めることが困難な場合が少なくない．また，社会的養護の下で暮らすこども，**社会的養護経験者（ケアリーバー）**，宗教二世，外国人の子どもなどの場合も，子どもの声が届きにくいことが考えられる．このような状況から周囲に助けを求めることが困難な意見を表明することへの意欲や関心が高くない子どもが自らの意見を持ち，それを表明することを支えていくことが大切である．このような子どもと家庭を支えるために多様な人材の確保・養成，専門性や質の向上を充実させていく必要がある．そのための子どもの**意見表明**を支援するための法整備が求められてきた．

2022（令和4）年に改正された児童福祉法において，児童養護施設や里親宅で養育を受けている**要保護児童**が支援内容や家族との交流等についての意見や意向を示すことをサポートする**意見表明等支援事業**が法定化された．あわせて意見表明支援の専門職養成も法制化された．欧米では子どもの意見表明を支援する活動である**アドボカシー**が定着しており，日本における支援の充実が期待される．

3）ヤングケアラー

家事や家族の世話などを日常的に行っている子ども，いわゆる**ヤングケアラー**の問題は，ケアが日常化することで勉強，部活動や学業の継続が困難になるばかりか友人関係にも支障が出てしまうなど，子ども個人の権利に重大な侵害が生じてしまうことが考えられる．

ヤングケアラーの実態調査が令和3（2021）年に公表され，世話をしている家族が「いる」と回答した子どもは中学2年生で5.7%，全日制高校2年生で4.1%がという結果が示された．ヤングケアラーについて子ども本人や家族にヤングケアラーとしての問題の自覚がない場合もあり，顕在化

表11-1　児童相談所における

	家族親戚	近隣知人	児童本人	都道府県指定都市・中核市			市町村		児童福祉施設	
				児童相談所	福祉事務所	保健センター	福祉事務所	保健センター	保育所	児童福祉施設
23年度	8,949 (14.9%)	12,813 (21.4%)	741 (1.2%)	3,621 (6.0%)	1,282 (2.1%)	340 (0.6%)	5,160 (8.6%)	366 (0.6%)	882 (1.5%)	634 (1.1%)
24年度	8,664 (13.0%)	13,739 (20.6%)	773 (1.2%)	4,165 (6.2%)	1,220 (1.8%)	424 (0.6%)	5,339 (8.0%)	375 (0.6%)	909 (1.4%)	689 (1.0%)
25年度	8,947 (12.1%)	13,866 (18.8%)	816 (1.1%)	4,835 (6.6%)	1,195 (1.6%)	375 (0.5%)	5,423 (7.3%)	292 (0.4%)	881 (1.2%)	799 (1:1%)
26年度	9,802 (11.0%)	15,636 (17.6%)	849 (1.0%)	5,806 (6.5%)	1,448 (1.6%)	482 (0.5%)	5,625 (6.3%)	353 (0.4%)	906 (1.0%)	808 (0.9%
27年度	10,936 (10.6%)	17,415 (16.9%)	930 (0.9%)	6,372 (6.2%)	1,428 (1.4%)	429 (0.4%)	5,708 (5.5%)	339 (0.3%)	1,047 (1.0%)	678 (0.7%)
28年度	11,535 (9.4%)	17,428 (14.2%)	1,108 (0.9%)	6,747 (5.5%)	1,499 (1.2%)	428 (0.3%)	6,174 (5.0%)	306 (0.2%)	947 (0.8%)	825 (0.7%)
29年度	11,835 (8.8%)	16,982 (12.7%)	1,118 (0.8%)	6,328 (4.7%)	1,332 (1.0%)	457 (0.3%)	6,294 (4.7%)	273 (0.2%)	1,047 (0.8%)	999 (0.7%)
30年度	13,492 (8.4%)	21,449 (13.4%)	1,414 (0.9%)	7,460 (4.7%)	1,345 (0.8%)	428 (0.3%)	6,986 (4.4%)	348 (0.2%)	1,397 (0.9%)	1,042 (0.7%)
元年度	15,799 (8.2%)	25,285 (13.0%)	1,663 (0.9%)	9,313 (4.8%)	1,552 (0.8%)	467 (0.2%)	8,890 (4.6%)	396 (0.2%)	1,616 (0.8%)	1,255 (0.6%)
2年度	16,765 (8.2%)	27,641 (13.5%)	2,115 (1.0%)	9,947 (4.9%)	1,466 (0.7%)	705 (0.3%)	8,265 (4.0%)	405 (0.2%)	1,607 (0.8%)	1,346 (0.7%)
3年度	17,345 (8.4%)	28,075 (13.5%)	2,529 (1.2%)	9,584 (4.6%)	1,611 (0.8%)	808 (0.4%)	9,071 (4.4%)	309 (0.1%)	1,663 (0.8%)	1,183 (0.6%)
4年度	18,436 (8.4%)	24,174 (11.0%)	2,822 (1.3%)	9,564 (4.4%)	1,741 (0.8%)	910 (0.4%)	10,081 (4.6%)	298 (0.1%)	1,845 (0.8%)	1,317 (0.6%)

(出典) こども家庭庁 (2022).

しづらいことから，子どもに関わる関係者が子どもや家族の意向を尊重しつつ，情報共有と連携による必要な支援を行っていくことが大切である．

第2節　事例から要保護児童の支援のあり方について考える

1　要保護児童の発見から子どもの保護

保育所や認定こども園は，子どもの虐待やネグレクトを発見することが少なくない．そのような場合，どのようなプロセスを通るのか事例を通して検討したい．

●事例11-1　保育所から要保護児童対策地域協議会につながり保護へ

　5歳児Aくんを保育しているC保育所には小学2年生の姉Bちゃんが迎えにくることが多い．父子家庭の父親は運送業であるため，保育園の送迎に来ることができない日も少なくない．BちゃんはC保育所の卒園児ということもあり，保育士の多くがBちゃんのことを良く知っていた．Aくんが3歳

虐待相談の経路別件数の推移

保健所・医療機関		警察等	児童委員	学校等			その他	総　数
保健所	医療機関			幼稚園	学校	教育委員会		
202 (0.3%)	2,310 (3.9%)	11,142 (18.6%)	220 (0.4%)	213 (0.4%)	5,536 (9.2%)	313 (0.5%)	5,195 (8.7%)	59,919 (100.0%)
221 (0.3%)	2,653 (4.0%)	16,003 (24.0%)	233 (0.3%)	211 (0.3%)	5,730 (8.6%)	303 (0.5%)	5,050 (7.6%)	66,701 (100.0%)
179 (0.2%)	2,525 (3.4%)	21,223 (28.8%)	225 (0.3%)	213 (0.3%)	6,006 (8.1%)	279 (0.4%)	5,723 (7.8%)	73,802 (100.0%)
155 (0.2%)	2,965 (3.3%)	29,172 (32.8%)	225 (0.3%)	259 (0.3%)	6,719 (7.6%)	278 (0.3%)	7,443 (8.4%)	88,931 (100.0%)
192 (0.2%)	3,078 (3.0%)	38,524 (37.3%)	179 (0.2%)	288 (0.3%)	7,546 (7.3%)	349 (0.3%)	7,848 (7.6%)	103,286 (100.0%)
203 (0.2%)	3,109 (2.5%)	54,812 (44.7%)	157 (0.1%)	248 (0.2%)	8,264 (6.7%)	338 (0.3%)	8,447 (6.9%)	122,575 (100.0%)
168 (0.1%)	3,199 (2.4%)	66,055 (49.4%)	131 (0.1%)	333 (0.2%)	8,605 (6.4%)	343 (0.3%)	8,279 (6.2%)	133,778 (100.0%)
216 (0.1%)	3,542 (2.2%)	79,138 (49.5%)	168 (0.1%)	406 (0.3%)	10,649 (6.7%)	394 (0.2%)	9,964 (6.2%)	159,838 (100.0%)
232 (0.1%)	3,675 (1.9%)	96,473 (49.8%)	148 (0.1%)	525 (0.3%)	13,856 (7.2%)	447 (0.2%)	12,188 (6.3%)	193,780 (100.0%)
233 (0.1%)	3,427 (1.7%)	103,625 (50.5%)	150 (0.1%)	479 (0.2%)	13,644 (6.7%)	553 (0.3%)	12,671 (6.2%)	205,044 (100.0%)
226 (0.1%)	3,608 (1.7%)	103,104 (49.7%)	135 (0.1%)	524 (0.3%)	13,972 (6.7%)	448 (0.2%)	13,465 (6.5%)	207,660 (100.0%)
202 (0.1%)	3,986 (1.8%)	112,965 (51.5%)	79 (0.0%)	552 (0.3%)	14,987 (6.8%)	496 (0.2%)	14,715 (6.7%)	219,170 (100.0%)

の時に両親が離婚したことにより父子家庭となっていた.

　小児喘息があるAくんは季節の変わり目になると喘息の発作で登園できないことがあった. 喘息の発作で連続して休んでいるAくんを見舞うため, 家庭訪問をした主任保育士は, BちゃんがAくんの喘息発作の看病を必死にしている姿に驚いた. 家事もBちゃんが中心になって行っていることもわかった. 主任保育士はBちゃんがAくんのヤングケアラーであることを理解し, 市役所のこども家庭センターに相談した.

　こども家庭センターの職員が父親と面談し, 家庭状況の確認を行うと, 運送業の仕事は早朝から出勤が多く, 家事の多くをBちゃんに頼ってしまっていたという. こども家庭センターから児童相談所へ相談し, 「要保護児童」として「要保護児童対策地域協議会」においてケース会議が定期的に開催された. ケース会議において, Bちゃんが授業に集中できていないことや忘れ物をすることもあったことがわかった. 児童相談所は児童福祉司が定期的に家庭訪問し, 父親と面接を行った. 父親は児童相談所に対して「会社に相談して, なるべく早く帰宅し, Bちゃんの負担をなくしていく」と言っていたが, なかなか改善がみられなかった. その結果, 児童相談所の判断で, Aくん, Bちゃんともに児童養護施設入所措置となった.

　このケースは，保育所の主任保育士が**ヤングケアラー**となっている小学生2年生の問題に気づき，市役所のこども家庭センターにつなぎ，アセスメントの結果から**児童相談所**へ**要保護児童**として通告されたケースである．その後，**要保護児童対策地域協議会**のケース会議を経て，児童相談所による定期的な家庭訪問と父親に対する面接が行われた結果，児童養護施設措置となったケースであるが，主任保育士がヤングケアラーについて理解していたこと，市役所のこども家庭センターの機能を理解していたことが最初のポイントとなった．

　次に，市役所のこども家庭センターは**要保護児童対策調整機関**であり，**児童相談所**に通告し，要保護児童対策地域協議会のケース会議を開き，今後の支援を円滑に行うための話し合いを行ったことも大切なポイントとなった．

2　親子関係再構築支援

　乳児院や児童養護施設に入所していた子どもを家庭に戻した後，子どもが親子関係を作り直していく「**親子関係再構築**」は子どもと保護者に関わる関係者の協力が不可欠である．ここでは事例を通して親子関係再構築支援について理解を深める．

●事例11-2　ネグレクトへの支援

　Aくんは母親の育児不安からネグレクトになってしまい，児童相談所の判断で3歳の時に児童養護施設入所措置となった．幸い父親はAくんの育児に熱心であったことから，児童養護施設を訪れ，定期的な面会交流を行うことができた．Aくんも父親との面会交流を楽しみにしており，交流も楽しい時間を過ごすことを続けることができていた．Aくんは施設入所当初は，すぐにパニックになり泣き出す場面もあったことから安定した愛着関係の構築が支援の目標であった．幸いにも施設の担当職員Bさんとの間に安定した愛着関係が徐々に形成され，幼稚園にも順調に通園をすることができ落ち着いた生活を送れるようになっていった．BさんからAくんに「ママに会ってみたい？」と尋ねるとAくんは「ママはBさんじゃん」と言い，母親のことについては触れてほしくはなさそうであった．その後も父親との交流は定期的に続けられ，交流の内容も施設での面会から外出をするようになっていった．

　Aくんが6歳を迎えるころ，父親から「Aが小学校へ入学するタイミングで家庭に引き取りたい」という希望が児童相談所に伝えられた．児童相談所が母親に面会し，Aくんの家庭引き取りについて尋ねる．母親は「Aにはとっても悪いことをしてしまった．Aを引き取りたい気持ちはあるのですが，大丈夫か不安です」とのことであった．母親はAくんの育児不安の原因について「地方都市から単身，就職のため都会に出てきたこともあり，周囲に子育ての相談をする人がいなかったことで育児不安が強くなった」と述べている．さらに「夫が育児に協力をしてくれるので，できればがんばってみたいんです」とも述べている．

　児童養護施設の心理療法担当職員からの提案で，母親と手紙の交流を行い，Aくんに抵抗感がなければ電話での交流，その次は父親同席のもとでの母親との面会を行うこととなった．手紙の交流，電話での交流もAくんには特に大きな変化は見られなかったことから，父親との面会交流の際に，母親に同席してもらうこととなった．事前に父親からAくんに「今度来るときはママも一緒に連れてこようと思うんだけど良いかな」と聞いてもらったところ，Aくんは「いいよ」と返事をしたことで面会交流となる．その後の面会交流は両親での交流を行うようになっていった．

　手紙のやりとりから面会まで3か月くらい時間をかけ，面会交流を半年かけて行ってから年末年始を自宅で過ごす試験外泊を行う．外泊後，Aくんから「おうちはすっごく楽しかった．小学校からおうちへ帰りたい」という発言があった．児童相談所は市役所に要保護児童対策地域協議会のケース会議を

開くよう要請し，Aくんが通う小学校，地域の主任児童委員，こども家庭センター職員に参加してもらいケース会議を行い，Aくんの家庭復帰に伴う親子関係再構築のための支援について定期的なケース会議を行うことを確認した．Aくんの両親には就学のための手続きをしてもらい，学用品，日用品の準備もAくんとの面会交流の際にしてもらった．3月に幼稚園を卒園後，自宅へ戻りそのまま施設措置が停止となった．主任児童委員はAくんの自宅を時折訪問し，家庭の様子の把握につとめ，児童相談所で月1回，両親と児童福祉司が面接を行うこととなった．学校での様子は，担任，主任，養護教諭がAくんの状況の把握につとめ，要保護児童対策地域協議会のケース会議の席で報告することとなった．ケース会議は原則，月1回行われ，関係者によるAくんと保護者の状況の報告と課題の整理を行う体制が作られた．

第3節　要保護児童支援のこれから

1　多職種連携・協働の充実の必要性

　令和5（2023）年に政府は，こども施策を総合的に推進することを目的に「こども大綱」を発表した．「こども大綱」には「不適切な養育につながる可能性のある家族の支援ニーズをキャッチし，こどもや家庭の声を，当事者の文脈を尊重して受け止め，子育ての困難や不安を分かち合うことで，子育てに困難を感じる家庭，こどものSOSをできる限り早期に把握し，具体的な支援を行う必要がある」とし，「こども家庭センターの設置や訪問家事支援等の家庭支援，こどもや親子の居場所支援の推進等を行うとともに，市町村の支援の中心となるこども家庭センターが，地域の保育所，学校などや支援の担い手である民間団体を含め，要保護児童対策地域協議会などの地域のネットワークと一体となって継続的に支え，虐待予防の取組を強化する」と虐待の予防や対応に地域ネットワークの重要性を強調している．

　しかし，**要保護児童対策地域協議会**については自治体間での差が少なからず存在している．**要保護児童対策調整機関**の専門職の配置が進んでいない自治体と専門職主体の自治体では対応の差が生じてしまう．また，**要保護児童対策地域協議会**の要の1つである児童相談所の児童福祉司（専門職）の配置が進んでいない自治体もあり，虐待予防や地域ネットワーク構築が進まない要因の1つとなっている．

　多職種連携・協働の充実をしていくためには要保護児童対策調整機関である市町村，児童福祉司（専門職）の配置と研修の充実が不可欠である．

2　こども家庭センターによる要保護児童支援

　これまで妊娠期から出産，産後ケアを母子保健法に基づき，妊産婦や乳幼児の保護者の相談を受ける「子育て世代包括支援センター」が担い，保育所の利用から子育て支援を「子ども家庭総合支援拠点」など福祉行政が担ってきたが，「支援の切れ目」があると指摘されてきた．2024（令和6）年から母子保健と子ども家庭福祉が一体となり，**こども家庭センター**が全国の市区町村に設置されることとなった．**こども家庭センターガイドライン**にはこども家庭センターは**要保護児童対策地域協議会**の調整機関を担うことが求められており，運営の中核となって支援目標等の共有，各関係機

関の役割分担や責任体制の明確化，緊急時の対応方法の確認等を主導するとともに，主たる支援機関をはじめ一部の関係機関に負担や責任が偏らないよう配慮することと示されている．

　今後の**要保護児童対策地域協議会**の核として期待されるのがこども家庭センターであり，母子保健と子ども家庭福祉の双方の専門性を併せ持つ専門機関として活動し，各関係機関が適切な連携の下でその機能を最大限に発揮することで，地域の総合力を高めていくことが期待される．

3　要保護児童とその家庭に対する切れ目のない支援体制をめざして

　要支援児童，**要保護児童**は，早期発見へ向けて子どもに関わる福祉，介護，医療，教育等の専門機関の連携と支援体制の充実がこれからさらに重要になる．ヤングケアラーに代表される顕在化しづらいケースもまだまだあることから，子どもの変化を見逃すことなく，子どもの最善の利益を常に考え，支援をしていくことが社会に求められている．

　地域の保育所，認定こども園，幼稚園や学校などの保育者・教育者が子ども虐待を発見したときに，児童相談所と市町村へ通告をする基準が明確になっている自治体もあるが，曖昧な自治体も少なくない．

　児童相談所への通告は広く知られるようになったが，**要保護児童対策地域協議会**については社会における認知度はまだまだ低い．保育所，認定こども園，幼稚園や学校などの教職員に対する研修会の開催やリーフレットの配布など啓発や広報活動を積極的に行っている市町村もあることから，**要保護児童対策地域協議会**についての理解が進むことを期待したい．

（平 本　　譲）

第12章

低所得世帯の児童や保護者に対する
多様な子ども家庭支援の展開

　本章では低所得世帯の子どもや子育て家庭の実際と生活上の課題について学ぶ．子育て家庭の経済的課題は「こどもの貧困」として注目されており，行政の施策のほか，民間の多様な支援活動も広がっている．保育施設でも子どものいる貧困家庭への支援として多様な社会資源との連携が求められている．このことからこどもの貧困対策の実際と，こどもの貧困対策を意識した保育や子育て支援での実際の支援を学び，保育の専門的視点に基づいた支援方法と留意点などについて理解する．

事前学習課題：12章の本文を読み，学びのポイントにあるキーワードについて，その言
　　　　　　　葉の意味を書き出しましょう．
事後学習課題：12章で学んだ内容から，あなたが保育者として何を大切にしたいのか決
　　　　　　　意表明しましょう．

　キーワード：こどもの貧困，相対的貧困，貧困家庭への影響

第1節　低所得世帯の子ども・子育て家庭の基本的理解

1　こどもの貧困についての理解に向けて

　全ての子どもは，将来にわたり無限の可能性を秘めている．これは子どもの生まれ育つ環境によって，その可能性を閉ざされないような社会を実現することを意味している．

　いっぽうで生活単位である家庭を捉えた際，経済的な格差が生じやすい状況下であるともいわれる．つまり世帯収入や支出について家庭ごとに差があるということである．

　とりわけ低所得世帯の子どもの生活・成長面での課題が生じやすくなっていることから，近年では低所得世帯の子どもの課題を「**こどもの貧困**」と表現して対応が進められている．

　このことについて，国は2013（平成25）年にこどもの貧困対策の推進に関する法律を制定した．なお，2024（令和6）年には法律名を**こどもの貧困の解消に向けた対策の推進に関する法律**（以下，こどもの貧困解消法）に改称するとともに，その対象をこども基本法（2022（令和4）年制定）に対応する形でこどもを心身の発達の過程にある者とした．この法律の第1条では，こどもの貧困についての法の目的と考え方が示されている．このなかで，貧困によりこどもが権利侵害を受けないようにするため，日本国憲法や児童の権利に関する条約（**子どもの権利条約**），こども基本法などの精

神にのっとりこどもの貧困解消に向けた対策を総合的に推進することが明記されている.

こどもの貧困の解消に向けた対策の推進に関する法律（2013年／2024年改正）

（目的）

第1条 この法律は,貧困により,こどもが適切な養育及び教育並びに医療を受けられないこと,こどもが多様な体験の機会を得られないことその他のこどもがその権利利益を害され及び社会から孤立することのないようにするため,日本国憲法第25条その他の基本的人権に関する規定,児童の権利に関する条約及びこども基本法の精神にのっとり,こどもの貧困の解消に向けた対策に関し,基本理念を定め,国等の責務を明らかにし,及びこどもの貧困の解消に向けた対策の基本となる事項を定めることにより,こどもの貧困の解消に向けた対策を総合的に推進することを目的とする.

---

2 国が進めるこどもの貧困対策

国はこどもの貧困対策の基本理念として,こどもの貧困解消法第3条で次のように述べている.2024（令和6）年の同法改正により,改正前の法律で示されていた基本理念と比べてこどもの権利の擁護に関する内容など大幅に内容が加えられた.この中で具体的なこどもの貧困対策として,教育の支援,生活支援,（保護者の）職業生活の安定と就労支援,経済的支援について,包括的かつ早期に講ずることとされている（同条3項）.あわせてこどもの貧困の背景には様々な社会的な要因があることを踏まえて,対策が推進されなければならないとされている（同条5項）.そしてこの法律の内容から,こどもの貧困を子どもの親や家庭の責任として扱うのではなく,社会的な課題として子どもを第一に考えた支援を包括的・早期に実施することの必要性が含まれている.

こどもの貧困の解消に向けた対策の推進に関する法律（2013年／2024年改正）

（基本理念）

第3条 こどもの貧困の解消に向けた対策は,社会のあらゆる分野において,こどもの年齢及び発達の程度に応じて,その意見が尊重され,その最善の利益が優先して考慮され,こどもが心身ともに健やかに育成されることを旨として,推進されなければならない.

2 こどもの貧困の解消に向けた対策は,貧困により,こどもがその権利利益を害され及び社会から孤立することが深刻な問題であることを踏まえ,こどもの現在の貧困を解消するとともにこどもの将来の貧困を防ぐことを旨として,推進されなければならない.

3 こどもの貧困の解消に向けた対策は,教育の支援,生活の安定に資するための支援,保護者に対する職業生活の安定と向上に資するための就労の支援,経済的支援等の施策を,貧困により,こどもがその権利利益を害され及び社会から孤立することのない社会を実現することを旨として,こども及びその家族の生活及び取り巻く環境の状況に応じて包括的かつ早期に講ずることにより,推進されなければならない.

4 こどもの貧困の解消に向けた対策は,貧困の状況にある者の妊娠から出産まで及びそのこどもがおとなになるまでの過程の各段階における支援が切れ目なく行われるよう,推進されなければならない.

5 こどもの貧困の解消に向けた対策は,こどもの貧困がその家族の責任に係る問題としてのみ捉えられるべきものではなく,その背景に様々な社会的な要因があることを踏まえ,こどもの貧困に関する国民の理解を深めることを通じて,社会的な取組として推進されなければならない.

6 こどもの貧困の解消に向けた対策は,国及び地方公共団体の関係機関相互の密接な連携の下に,関連分野における総合的な取組として行われなければならない.

　また，こどもの貧困解消法では，具体的なこどもの貧困に関する指標の改善に向けた重点施策を進めるため，5年をめどに「こどもの貧困対策に関する大綱」を策定することとし，この大綱において国および自治体としての施策目標を定めている．

　あわせてこどもの貧困対策は行政のみならず，地域における子ども食堂や学習支援，子どもの居場所支援をはじめとした地域住民や民間団体などとの連携による多様な支援活動が行われている．これらの民間での取り組みを行政の施策とともに充実させるため，国は「**こどもの生活・学習支援事業**」や「**こどもの未来応援国民運動**」などの支援策を展開している．

3　こどもの貧困の種類と現状

　子どもをはじめとした貧困は，一般的に「**絶対的貧困**」と「**相対的貧困**」の2つの種類で整理されている．

　絶対的貧困とは，人間として生存充足の絶対量の確保が困難であることを指している．それは衣・食・住など生活全てにおいて低水準で，生活や生命を維持するために必要な資源が欠かれた状況といえる．

　もう1つの相対的貧困とは，国の文化水準や生活水準と比較し困窮した状態を指している．それは先の絶対的貧困に含まれる生命維持に必要な資源はあるものの，家庭の経済的水準が低く，生活の質から捉えた際に生活上で支障が生じる状況下にあると考えられる．

　相対的貧困の算出には計算式が用いられ，子どもから大人まで全ての国民を個人別に，1年間の可処分所得（収入や資産，公的な現物給付など）を算出した上で金額順に並べ，その平均線（＝所得中央線）の半分（＝貧困線）以下の層を相対的貧困としている．具体的には，日本では所得中央線が約254万円（2021（令和3）年現在）であり，その半分の約127万円以下の収入状況の層となる．

　日本での相対的貧困率は3年ごとに算出され，2021（令和3）年現在の18歳未満の子どもの相対的貧困率は11.5%と公表されている（**表12-1**参照）．これは子どもの8.6人に1人が相対的貧困となり，この指標がこどもの貧困の現状として用いられている．また，こどもの貧困の割合はひとり親世帯の貧困率が高く，このことからひとり親世帯の生活状況が，その他の家庭と比べて厳しい傾向が示されている．

4　こどもの貧困による子どもの将来への懸念

　こどもの貧困は子ども単独で貧困状況にあるわけではなく，子どもの親の収入状況から生じている．そうしてこどもの貧困下にある子どもの成長段階を通して貧困状況が継続すると，十分な教育が受けられないことや，その後の進学・就職にも影響を受けるとともに，その後の結婚や子育てにも影響することから，貧困状況から抜け出せないことが問題視されている．このことが「**貧困の連鎖**」と言われ，子ども間の生活格差や教育格差が生じるものと考えられている（**図12-1**参照）．これらのこどもの貧困と貧困の連鎖を解消するためにも，国をはじめとして行政・民間の様々な取り組みが進められて

表12-1　日本の貧困率（2021（令和3）年）

子どもの貧困率	ひとり親世帯の貧困率
11.5%	44.5%

（出典）こども家庭庁（2024a：5）.

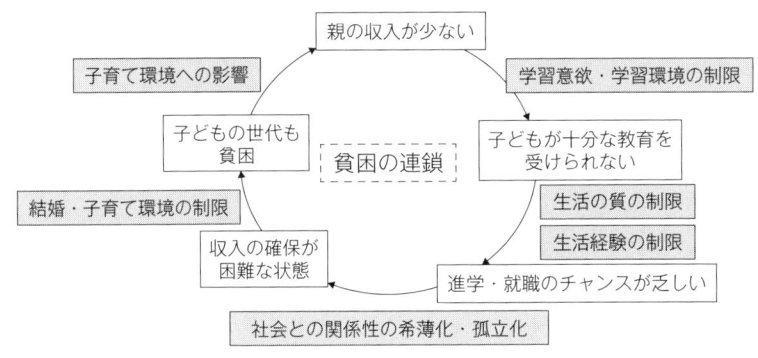

図12-1 「子どもの貧困」の連鎖と生活への懸念

（出典）こども家庭庁支援局家庭福祉課「こどもの未来応援国民運動 こどもの貧困とは」の図を
　　　参考に筆者作成.

いる.

第2節　こどもの貧困の家庭への影響と保育における対応

1　こどもの貧困の家庭への影響

　貧困状態にある子どもは，生活環境等の影響により家庭で栄養バランスの取れた食事ができないことや，本来必要な教育の機会が得られないこと，他の生活場面での支障が生じることなどもある．いっぽうで貧困状況にある保護者本人の多くは，貧困状況であることの実感がわかないことが多いと言われている．その理由として，貧困である子どもやその保護者に自覚がないことや，貧困状況であっても支援を求めることにためらいがあることのほか，支援を求めることでの周囲の目を気にするためなどと考えられている．このため，こどもの貧困は，保育者をはじめとした周囲から，見えにくい貧困とされている.

　表12-2は子どものいる世帯で経験した出来事のある割合である．公共料金である電気・ガス・水道の未払い経験，食料または衣服が買えない経験があった割合である．いずれもが支払うことが通常であるにも関わらず，経済的に困窮していた状況から支払うことができなかったと考えられる．また子どものいる世帯を比較すると，ひとり親世帯の割合が高い状況となっている．これは世帯の金銭状況の一例であり，子どもや子どものいる世帯の経済的状況により，他の生活場面において影響を受けることも十分に考えられる.

　あわせて子どものいる世帯で頼れる人がいないと答えた人の割合を見た際に，全体と比べてひとり親世帯のポイントが高い結果となっている．とりわけいざという時のお金の援助については，ひとり親世帯の25.9パーセント（おおむね4人に1人）が頼る人がいないと回答しており，保護者が孤立化している可能性も考えられる．なお，これらの傾向はひとり親世帯に限らず，こどもの貧困の状況下にある世帯も同様でもあると解されている.

〔ショート事例（場面その1）〕
　A保育所に通っているBちゃん（3歳）は，母親のCさん（27歳）と2人暮らしである（ひとり親家庭）．Bちゃんは今年の4月から保育所に通所するようになった.

6月に入ってから，Bちゃんの服が数日間同じものを着ていたことがありクラス担任の保育者Dさんは気になっていた．Cさんは仕事をしていることもあり，いつも忙しくしている様子がみられ，登園時や降園時は保育者と話をする時間も難しい状況であった．

表12-2　子どものいる世帯の生活上の経験

	子どものいる全世帯	ひとり親世帯
電気，ガス，水道料金の未払い経験 （2017（平成29）年）	電気料金　5.3% ガス料金　6.2% 水道料金　5.3%	電気料金　14.8% ガス料金　17.2% 水道料金　13.8%
食料または衣服が買えない経験 （2017（平成29）年）	食料が買えない経験　16.9% 衣服が買えない経験　20.9%	食料が買えない経験　34.9% 衣服が買えない経験　39.7%
子どものいる世帯の世帯員で頼れる人がいないと答えた人の割合 （2017（平成29）年）	（注） 重要な事柄の相談　7.2% いざという時のお金の援助　20.4%	重要な事柄の相談　8.9% いざという時のお金の援助　25.9%

（注）等価可処分所得第Ⅰ～Ⅲ十分位．
（出典）内閣府「令和3年度子供の貧困の状況と子供の貧困対策の実施状況」をもとに筆者作成．

この事例では，Bちゃんの服が数日間洗濯されないことから，担任保育者のDさんが今後の対応について検討していく場面である．この状況について，BちゃんやCさんにどのような理由が考えられるか．

理由について，例えばCさんは洗濯できていないことは分かりながら，仕事や家事の両立が忙しく，洗濯まで手が回っていないことも考えられる．またはCさんがBちゃんの服まで気が回っていないかも知れない．その他にも家事に対する意欲が持ちにくいことのほか，ネグレクトの1つで育児放棄となっているかもしれない．

保育者はこのような状況に至っている家庭の様々な可能性を考え，その上で今後の保育所としての対応について考えていく必要がある．その可能性を考える際に，Cさんの経済状況についても1つの視点として分析することが必要である．つまり，洗濯ができていない状況として，金銭的事情から洗濯機がないことや，洗濯機があったとしても水道料金や電気料金が未納となり洗濯できていない可能性もあることを保育者は考える必要がある．言い換えるとCさんが洗濯しないということではなく，洗濯できないこともあり得るということを保育者が客観的に捉えることが求められる．

あわせて経済状況が厳しい場合，頼れる人がいない可能性もある．このことから，保護者に洗濯することだけを助言するだけでなく，まずはCさんとの関わりを持つことができる方法を検討し，その後の保育所としての対応を模索することが大切である．

2　こどもの貧困についての保育施設における対応

こどもの貧困についての保育施設での対応を考えるにあたり，保育所保育指針では次のように示されている．この中でこどもの貧困についての対応は「特別な配慮を必要とする家庭」として，それぞれの状況に応じて個別の支援を行うように努めることとされている．先に述べた通り，経済状況が厳しい世帯の保護者は，様々な問題に不安を感じている場合にはその悩みを他者に伝えられずに問題を抱え込むこともある．特に経済状況については，周囲からどのように見られているかとい

う不安感から，まわりに頼ることができずに孤立化しやすいことを保育者などの支援者が念頭に置く必要がある．

> 保育所保育指針　第4章　子育て支援
> 2　保育所を利用している保護者に対する子育て支援
> （2）保護者の状況に配慮した個別の支援
> ウ　外国籍家庭など，特別な配慮を必要とする家庭の場合には，状況等に応じて個別の支援を行うよう
> 　　努めること．

　このことから，保育者や保育施設は，これらの保護者の不安感に気づくことができるようにアプローチする必要がある．つまり，保護者から相談を受けることを待つだけでなく，保育者側から保護者に対して積極的に関与する姿勢が必要である．この保育者や支援者側からの保護者や相談者側へのアプローチを**アウトリーチ**という．保育場面では保護者へのアウトリーチの機会として，保育施設への日々の送迎時や連絡帳等でのやり取り，保育懇談会をはじめとした園行事への参加時などがあげられる．保育者はこれらの機会に保護者との丁寧な関わりを通して家庭の状況や問題を把握することや，保育者と子ども・保護者の関係性を積み上げることが重要である（**信頼関係の構築**）．

　なお，東京都世田谷区が作成した保育者などの子どもの支援者がこどもの貧困について活用できるチェックリストがあるため，1つの指標として紹介する（**図12-2**参照）．

> 〔ショート事例（場面その2）〕
> 　数日間，同じ服を着て登園していたBちゃんのことが気にかかった担任保育士のDさんは，Bちゃんの現状について保育所の所長と主任保育士に報告した．そうして関係職員でBちゃんと母親のCさんへの今後の支援について検討した．その結果，まずはCさんとの会話の機会を設定できるように働きかけることとした．

　この場面でのポイントは，担任のDさん自身がBちゃんやCさんのことを1人で抱え込まず，保育所の管理職に相談して対応したところである．その上で保育所の関係職員により今後のBちゃんやCさんへの保育所としての支援を考えている．つまり，子どもや保護者についての保育者の気づきを保育所として共有し，組織として今後の支援について対応している．これらは子どもや子育て家庭の状況や課題について客観化し，その上で必要な支援を検討するとともに，組織（チーム）として対応するための重要なプロセスである．

3　こどもの貧困の多職種支援の必要性

　また，こどもの貧困の対応について留意しておくべきことは，こどもの貧困は保育施設が独自で対応できるものと，独自では対応できないものがあるということである．これは保育施設では子どもの保育時間のみを支援するのではなく，**子どもの最善の利益**の視点をもとにして，子どもと保護者・家族の生活全般を捉えた支援を進める役割をもつためである．保育施設内で対応できることは担当保育者だけに委ねることなく保育施設全体で対応するとともに，子どもや保護者の家庭や地域での生活については保育施設以外の機関や組織とも連携して支援する必要がある．具体的には低所得世帯が利用できる福祉制度・施策も多くあることから，子育て家庭の経済状況に応じて市町村の

子どもの貧困にかかわる主な傾向

　東京都による「子供の生活実態調査」の結果等をもとに，経済的理由により生活上の困難がある子どもに多く見られた傾向を掲載しているので参考としてください．

　あくまで目安のひとつです

〈未就学児〉

	主な傾向（参考）	
持ち物	a．いつも同じ服を着ている b．靴，洋服のサイズが合っていない	c．年齢に合うおもちゃが家にない
食生活・健康	a．むし歯が多い b．いつも空腹の様子である	c．医療機関になかなか行かない d．朝食を食べてこないことがある
家族とのかかわり	a．親子の会話が少ない b．家族旅行に行かない	

〈小・中学生，高校生世代〉

	主な傾向（参考）	
持ち物	a．いつも同じ服を着ている b．靴，洋服のサイズが合っていない	c．スポーツ用品を持っていない（小中） ※貧困家庭であってもスマートフォンを持っている場合がある
学習・活動	a．学校の授業があまり理解できていない b．クラブ活動に参加していない，途中で退部した（中高） c．学校以外ではほとんど勉強しない d．学校以外の教材を持っていない e．習いごとや塾に行っていない	f．高校卒業後の進学に消極的である g．毎日長時間ゲーム機で遊んでいる（貧困家庭もゲーム機を持っている場合がある） h．アルバイトをしている（高校生）
食生活・健康	a．むし歯が多い b．いつも空腹の様子である c．医療機関になかなか行かない	d．朝食を食べてこないことがある e．カップ麺・インスタント麺を日常的にたべている f．友人とうまくかかわれず悩んでいる
家族とのかかわり	a．閉館後もなかなか家に帰らない（児童館） b．親子の会話が少ない，家庭のことを話したがらない c．親からおこづかいをもらっていない	d．クリスマスプレゼントやお年玉を親からもらっていない e．家族旅行に行かない f．親の帰りが遅く，子どもだけで夜遅くまで過ごすことが多い

〈保護者や世帯の状況（各世代共通）〉

	主な傾向（参考）	
保護者の状況	a．園や学校の行事に保護者が参加しない b．子どもの学習に非協力的，無関心である（小中高）	c．子どもを校外学習や学校行事に参加させない d．DVがある（あった）
世帯の状況	a．ひとり親世帯である b．保育料，給食費，教材費，校外学習費，修学旅行費，学校納付金等が払えないことがある	c．就学援助を受給している（小中） d．奨学金を受けている（高校生） e．自宅に勉強する場所がない（小中高）

参考　東京都「子供の生活実感調査」の結果等

図12-2　子どもの貧困にかかわる主な傾向（東京都世田谷区作成）

（出典）東京都世田谷区（2017：2）．

　福祉担当窓口について紹介することや，社会福祉協議会をはじめとした地域に存在する民間が行う支援についての情報を提供するなどの方法が考えられる．これらの行政や民間の**社会資源**については，支援を必要とする子ども・保護者の状況となった際に速やかに紹介することができるためにも，日頃からこれらの機関や組織との**情報交換**を図るなど，支援に備えた**連携体制**を整えておくことが有効である．

〔ショート事例（場面その３）〕

　担当保育士のＤさんはある日の降園時，母親のＣさんに「毎日お仕事お疲れさまです．実はＢちゃんの保育服が少し汚れているのかなと思いました．もしお困りのことがありましたら一緒に考えさせていただけませんか」と言葉をかけた．するとＣさんは最初言いづらそうにしていたが，Ｄさんは「大丈夫ですよ，何でもおっしゃってください」と伝えた．そうすると，Ｃさんは「実は……」と少しずつ話をしはじめた．そのため，Ｄさんは以前から関わりのあった主任のＥさんが同席の上で話しをしてもよいかを確認した後，ＣさんとＤさん，Ｅさんの３人で面談室において面談することとした．

　面談では，Ｃさんはひとり親でＢちゃんを育てていて経済的に厳しいところで，長年使用していた洗濯機が故障し，買い替える費用が厳しかったことからしばらくの間コインランドリーで洗濯していることがわかった．そして現時点では洗濯機の故障以外は困っていることはないとのことであった．このため，主任のＥさんが以前から情報を得ていた地域活動をしているNPO法人に相談したところ，使用頻度の少ないリサイクル洗濯機を無償で譲り受けることができると分かり，その情報をＣさんに伝えた．するとＣさんは大変喜んだため，保育所がＣさんとNPO法人を繋ぐこととなった．

　この場面での最初の支援のポイントは，最初の「お仕事お疲れさまです」などのねぎらいの言葉から言葉がけをしているところである．一方的な保育者側の用件伝達ではなく，Ｃさんの心情を踏まえて話を切り出しやすい雰囲気をつくるねらいが含まれている．そして保育者が捉えた課題と，困っていることがあれば一緒に考えたいという想いをＣさんに伝えたことである．今回の事例ではＢちゃんの保育服が洗濯されていないという課題であったが，この時点ではその理由が明確ではなかった．そのことから，保育者が一方的に洗濯できていないことを指摘するのではなく，Ｃさんに洗濯ができていない要因を語ってもらえるような関わりを進めている．このこともあり，Ｃさんは現在の洗濯機が故障したという課題をＤさんに話すことができた．そしてそのＣさんの話を，保育者のＤさんとＥさんが丁寧に傾聴し，可能な支援内容を検討するプロセスで進めた．

　もう１つの支援のポイントは，課題解決のためにNPOという地域の**社会資源**を活用し，Ｃさんのニーズとマッチングしたことである．この事例が生じる前から保育所はNPOの情報をキャッチし，今回の事例があった際に対応可能かを探ったのである．つまり保育所は普段から様々な社会資源の情報を収集することや，支援が必要な際に利用できる関係性を持つことが重要である．あわせて保育所は社会資源の活用だけでなく，保育所として有する専門性をもとに，地域にある組織や個人から相談などを受けた際に可能な協力ができるようにする姿勢も求められる．

第３節　今後の低所得世帯の子どもや家庭への支援の視点

　こどもの貧困は見えづらい貧困と言われている．それは経済的な困窮状態ではない場合でも，保護者の子どもの養育に対する考え方によってはこどもの貧困状態と見えることがある．例として子どもの養育にはお金をかけないという考え方の場合や，ネグレクトなどの子どもの虐待が疑われる場合も存在する．このため，気になる子どもがいた場合，それが経済的な要因であるのか，その他の要因によるものなのかを見極めることが必要である．

　このため低所得世帯への対応で最も大切なことは，子どもや保護者が保育者などの支援者に対し

て些細なことでも話せるような信頼関係をつくるとともに，経済状況などを含めた課題が生じた際に気軽に相談できる体制を日頃から構築することである．それとともに，経済状況は他者から見られることへの保護者の心理的負担も大きいことから，保育者の何気ない言葉により，貧困に悩む保護者の自尊心を傷つけないように細心の注意を払い，配慮することが大切である．

　また，低所得世帯に対して物資（衣服・食物等）の提供や情報紹介をすることもあり得るが，その際は不公平な扱いを受けていると他の保護者から受け取られないよう留意するなど，支援に関する**情報管理**を適切に行うことが求められる．

（吉田祐一郎）

第13章

障がいのある子ども，医療的ケア児および
その家庭に対する子ども家庭支援の展開

学びのポイント

　今後の保育や教育の場において，特別な配慮を要する子どもへの合理的配慮の提供と保護者支援の充実が求められる．本章では，全ての子ども一人ひとりが主体的に活動に参加し，多様性を尊重してつながり合う保育・教育の場を目指すために，特別な配慮を必要とする子どもたちの現状と保護者支援について考える．

事前学習課題：13章の本文を読み，学びのポイントにあるキーワードについて，その言葉の意味を書き出しましょう．

事後学習課題：13章で学んだ内容から，あなたが保育者として何を大切にしたいのか決意表明しましょう．

キーワード：インクルージョン，障がい，医療的ケア児，合理的配慮

第1節　障がい児の理解と保護者支援

1　障がい児の理解と現状

　「児童福祉法」第4条では，障がい児を「身体に障害のある児童」「知的障害のある児童」「精神に障害のある児童（発達障害児を含む）」「治療方法が確立していない疾病など」としている．障がい児が公的な福祉サービスや費用の減免などを受けるためには，専門的な判定を受け，障害者手帳の取得が原則として必要となる．手帳は，「**身体障害者福祉手帳**」「**療育手帳**」「**精神障害者保健福祉手帳**」の3種類がある．

　2024（令和6）年版「障害者白書」（内閣府，2023）によると，身体障がい児（18歳未満）が7万2000人（在宅6万8000人，施設4000人），知的障がい児（18歳未満）が22万5000人（在宅21万4000人，施設1万1000人），精神障がい児（20歳未満）が59万9000人（在宅59万5000人，施設4000人）と推計されている．中でも精神障がいに含まれる発達障がい児の数は，固有の手帳制度がないので，正確な数は分かっていないが，2016（平成28）年の厚生労働省の「生活のしづらさなどに関する調査」によれば，医師から発達障がいと診断された人は，推計48万1000人であった（斎藤，2021：141）．ここでは，保育所，幼稚園，こども園に通う身体，知的，発達障がい児について述べる．

1）身体障がい児

　身体障がい児とは，「身体障害者福祉法」の別表に定める身体上の障がいがある18歳未満の子ど

もである．別表にいう障がいは，肢体不自由，視覚障がい，聴覚，均衡機能の障がい，音声・言語またはそしゃく機能障がい，内部機能障がいである．身体障がいといっても，起こる部位も様々で，症状も人によって大きく異なる．そのため，障がいの程度によって等級を設定している．「極めて著しい障害」「著しい障害」などの分類で1〜7級に分けられ，1〜2級を重度，3〜4級を中度，5〜7級を軽度としている．内部機能障がいは見た目ではわからない場合があるため，配慮されにくい実情があることも理解しておく必要がある．

2）　知的障がい児

　法律上，知的障がいの定義はなく，厚生労働省の「知的障害児（者）基礎調査」の中で，知的障がいは，「知的機能の障害が発達期（概ね18歳まで）にあらわれ，日常生活に支障が生じているため，何らかの特別な援助を必要とする状態にあるもの」と定義されている．知的障がい判定は，① 知的機能の発達に明らかな遅れがあり（IQ70以下），② 適応行動（コミュニケーション，社会参加，日常生活などへの適応スキル）の困難性を伴う状態が見られ，③ 発達期（18歳まで）に現れることを基準としている．知能指数（IQ）を目安とし，最重度，重度，中度，軽度に分類されるが，知能指数以外の社会生活能力も判定されており，生活環境による能力差が知能指数の差以上に大きい場合もある．例えば，知能指数50の子ども A，B がいたとする．A は経済的に余裕がある家庭に生まれ，豊かな家族関係の中で公的な福祉サービス支援はもちろん，趣味や様々な社会文化活動を経験してきた．B は A と正反対の生育・養育環境で，社会文化活動の経験は乏しく，福祉サービスを受けるための申請手続きを行えず，適切な支援を受けられなかった．この場合 A との社会生活や園での様子はかなり異なる．B はできないことが多く，実際の知能指数よりも低い能力のようにみえ，A は知能指数よりも高い能力のようにみえる．知能指数は，あくまでも知的障がいを理解するための方法のうちの1つであり，知能指数＝知的障がい児の能力という見方は子どもの可能性と成長を妨げる．保育者は個々の子どもの能力に合わせた個別支援と集団の中でその子の良さを見つけ出し，伸ばすことが大事である．

3）　発達障がい児

　発達障がい児は生活のしづらさをかかえながらも，長年適切な法律や制度がなく，十分な支援を受けることができなかったが，社会全体で発達障がいを早期発見・支援するために，2004（平成16）年に「発達障害者支援法」が制定された．同法第2条1において，発達障がいは，「自閉症，アスペルガー症候群その他の広汎性発達障害，学習障害，注意欠陥多動性障害その他これに類する脳機能の障害であってその症状が通常低年齢において発現するもの」と定義されている．これらのタイプのうちどれにあたるのか，障がいの種類を明確に分けて診断することは難しいとされている．障がいごとの特徴がそれぞれ少しずつ重なり合っている場合も多いからである．そして，同条2において発達障がい者とは，「発達障害がある者であって発達障害及び社会的障壁により日常生活又は社会生活に制限を受けるものをいい，「発達障害児」とは，発達障害者のうち18未満のものをいう」としている．発達障がい児の中でも自閉スペクトラム症と診断された子どもは保育所・幼稚園・認定こども園に通うケースが多いとされている．

　発達障がい児は，その行動特徴が家族や周りの人々に理解されにくく，そのため二次的に心理的

な問題が起こることがある．そのため，乳幼児からの適切な療育や関わりが望まれる．大切なことは，子どもの特徴，何ができて，どのようなことが苦手かなどを理解し必要な支援を行うことである．

　保育者による発達障がいを含む障がい児の乳幼児期の支援は，学齢期，青少年期，将来の生活や自立につながっていることを意識しながら，日々の保育を実践していくべきであろう．

　障がい児の支援で保育者が大切にしたいことは，一人ひとりの障がいや発達を正しく捉え障がいの状態に応じた個別支援と，障がい児が他の子どもとの生活を通してともに成長できるような保育を実施していくことである．障がい児にとって大切と思われる支援が，実はどの子にとっても必要であることに気づき，保育のあり方全体を見直すことにつながる（白石，2018：211）．

2　障がい児の保護者支援
●事例13-1　父親の障がい受容

> 　Eちゃん（5歳）は重度の知的障がいと身体障がいがあるため，常時介護・介助が必要である．母親の送迎で週2回は1歳下の弟が通っている保育所に，週3回は児童発達支援センターに通いながら療育を受けている．Eちゃんの養育について父親は全く関わっておらず，母親が専担している．最近，母親はEちゃんの身体介護・介助で腰を痛めてしまい，週2回病院でリハビリを受けている．母親には身体的苦痛よりも父親がEちゃんの障がいを受け入れていないことに悩んでいる．父親はEちゃんとの外出を拒否しており，冠婚葬祭の時にはショートステイに預けて親せきにEちゃんの存在を隠そうとしている．
> 　母親・Eちゃん・弟3人が夕食を食べていたある日，弟は「ママ，お兄ちゃんの世話で大変でしょう！お兄ちゃんたまにとまってくるところで暮らしたらだめなの？」と話した．
> 　母親は父親のEちゃんに対する障がい受容が弟に影響を与え，Eちゃんが「まわりの人々を不幸にさせる存在」となっていることに絶望した．これからEちゃんとどう生きていけば良いのか，不安が深まった．

　保護者によっては，わが子が障がいのある状況で生まれたか，あるいは障がいの診断がなされたとき，動揺し，これからどのように育てていくことが良いのかなどと迷うことになる．保護者の障がい受容までの時間には個人差があり，保護者の障がいへの価値観や障がい・障がい者に対する諸環境や他者（諸環境や他者とは，様々な社会的制度や文化，他者による支援やケア，人間関係，精神的交流などを含む）との相互関係に影響される．この事例の父親は稀ではないかもしれない．家族という集団は，子どもの社会化（言語・生活習慣の習得）の主たる組織であり，当該社会の「常識」を子どもに内面化させる組織である．そして，親がその主たる担い手である．

　保育者は，障がいのある子どもを育てる保護者の心に寄り添うことが大切である．また，保育者は保護者と信頼関係が作られたときに状況や伝え方を十分に考慮しながら，障がいのある子どもを育てる保護者は常々意識しないと子どもを差別する側にもあることを自覚させる働きかけも必要である．言うまでもなく，保育者にはこうした取り組みを進めるために人権意識を高めていこうとする努力が必要ある．

第2節　医療的ケア児の理解と保護者支援

1　医療的ケア児の理解と保護者支援

　医学の進歩を背景として，医療機関に長期入院した後，引き続き人工呼吸器などを使用し，たんの吸引や経管栄養などの医療的ケアが日常的に必要な子どもは約2万人と推定される（厚生労働省，2021b）．医療的ケアの必要な子どもとその家族への支援は，医療，福祉，保健，子育て支援，教育等の多職種連携が必要不可欠である．こうした状況をふまえ，2021（令和3）年6月18日に「医療的ケア児及びその家族に対する支援に関する法律」（以下，**医療的ケア児支援法**）が制定され，9月18日から施行されている．同法第2条で医療的ケアとは，「人工呼吸器による呼吸管理，喀痰吸引その他の医療行為」であり，**医療的ケア児**は，「日常生活及び社会生活を営むために恒常的に医療的ケアを受けることが不可欠である児童（18歳以上の高校生等を含む）」と定義されている．さらに，基本理念として「医療的ケア児の日常生活及び社会生活を社会全体で支援」「個々の医療的ケア児の状況に応じ，切れ目なく行われる支援」「医療的ケア児でなくなった後にも配慮した支援」「医療的ケア児と保護者の意思を最大限に尊重した対策」「居住地域にかかわらず等しく適切な支援を受けられる施策」を定めている（厚生労働省，2021b）．

1）　医療的ケア児に対する保育所等の責務

　医療的ケア児支援法の基本理念に基づき，国と各自治体は，保育施設等において医療的ケア児の受け入れの支援体制を拡充していく責務がある．各都道府県には医療的ケア児とその家族からの相談に応じるための**医療的ケア児支援センター**の設置を求めている．そして，保育所，認定こども園，家庭的保育事業等の設置者は，医療的ケア児が保護者の付き添いがなくても，施設に通えるように，保健師，看護師，たんの吸引を行うことができる保育士の配置も必要である．

　今後，保育所等は医療的ケア児が安全・安心な園生活を送るために，体制づくりや条件整備を整えつつ，医療的ケア児を受け入れた経験がある園との交流を行い，実際に実施した医療的ケアの行為，専門職の配置，保育活動への参加などについて情報共有が求められる．同時に医療的ケア児の受け入れを広げていくために医療的ケア児の保育を積極的に公開していくことも必要であろう．保育者は医療的ケア児の知識や技術を学ぶことが必須となり，専門職としての高い使命感を持たなければならない．

2）　医療的ケア児の地域生活支援

　2021（令和3）年度の障害福祉サービス等報酬改定において，医療的ケア児に対する支援の充実を図るため，児童発達支援や放課後等デイサービスにおいて，看護職員を配置して医療的ケアを必要とする障害児を支援したときの報酬の見直しが行われた（厚生労働省，2021a）．さらに医療的ケア児支援法の制定・施行を契機に，これからは保育所等の終了後から保護者の仕事が終わるまでの放課後等デイサービスといった地域の通所施設での支援を受けたいという子どもや保護者の要望も高まるだろう．日中活動の場の確保の視点から，医療的ケア児に対する地域社会での生活を豊かにするための福祉施設の条件整備も課題の1つである．保育所等や施設へ通うのが極めて難しい医療

的ケアを必要とする**重症心身障害児**への訪問保育や療育の充実も重要である.

2 医療的ケア児の保護者支援
●事例13-2 母親の就労保障

> Aさんは結婚後も子育てと仕事の両立を強く希望していた. しかし, 知的な遅れはないが, 毎日たんの吸引を必要とするBちゃん(3歳)の誕生に伴い仕事を辞めざるを得なかった. Bちゃんは医療的ケアを理由に地元の保育所で受け入れを断られ, 主にAさんが障がい福祉や医療の各種サービスを利用しながら在宅で子育てをしている. ある日, Aさんはニュースで2021(令和3)年6月, 医療的ケア児支援法が制定されたことを知った. 来年はBちゃんを保育所に預けて働きたいと考えた.

在宅で生活している医療的ケア児に行う人工呼吸器の管理, 頻回なたんの吸引などは24時間毎日必要なケアとして家族(主に母親)が担っているため, その家族は, 訪問看護などの支援がない時間帯は自宅から離れることが難しい. 医療的ケア児と生活している家族は, 毎日の付き添いによる時間拘束により, 慢性的な疲労や寝不足などの身体的な負担だけではく, 行っている医療的ケアが命に直結することもあるという心理的負担や通院などにかかる経済的負担もあり, 身体的・精神的・経済的にも厳しい状況に置かれている(上出, 2021:188). また, 事例のように医療的ケア児を受け入れ不可とされ, 母親が仕事を辞めるケースが多く見られる. こうした中で, 母親へのレスパイトケアと就労支援の充実は数ある医療的ケア児の保護者支援の中でも優先度の高い支援であろう. そして母親の就労支援は労働権や「社会に役立ちたい」「働くことは生きがいである」という幸福追求権の保障である. これらの保護者に関わる諸権利が守られてこそ, 子どもの権利が守られるのである.

医療的ケア児支援法の施行に伴い, 国による相談支援の強化や医療的ケア児支援センターの整備など様々な取り組みが始まっている. 2024(令和6)年3月に厚生労働省より**「保育所等での医療的ケア児の支援に関するガイドライン改訂版」**が出され, 医療的ケア児の保育所等利用について相談があった場合の具体的な対応について示している. また, こども家庭庁のHPに「医療的ケア児等とその家族に対する支援制度」のページを設け, 多くの人々に医療的ケア児に関する制度の情報が届けられるよう, 発信を行っている. 今後, 医療的ケア児への保育と保護者支援に関するニーズが高まると考える. 医療的ケア児支援に関する法・制度の内容を熟知した上で, 医療的ケアに対応できるケア実践力を備える必要がある.

これまで言及した障がいのある子ども, 医療的ケア児と保護者への支援は, 保育所保育指針・幼稚園教育要領・幼保連携型認定こども園教育・保育要領に基づく発達と生活を保障するものである.

> 保育所保育指針3(2)キ
> 障害のある子どもの保育については, 一人一人の子どもの発達過程や障害の状態を把握し, 適切な環境の下で, 障害のある子どもが他の子どもとの生活を通して共に成長できるよう指導計画の中に位置付けること. また, 子どもの状況に応じた保育を実施する観点から, 家庭や関係機関と連携した支援のた

めの計画を個別に作成するなど適切な対応を図ること．

<u>幼稚園教育要領　第1章　第5節1</u>

　障害のある幼児などへの指導に当たっては，集団の中で生活することを通して全体的な発達を促していくことに配慮し，特別支援学校などの助言又は援助を活用しつつ，個々の幼児の障害の状態などに応じた指導内容や指導方法の工夫を組織的かつ計画的に行うものとする．

<u>幼保連携型認定こども園教育・保育要領　第2　3（1）</u>

　障害のある園児などへの指導に当たっては，集団の中で生活することを通して全体的な発達を促していくことに配慮し，適切な環境の下で，障害のある園児が他の園児との生活を通して共に成長できるよう特別支援学校などの助言又は援助を活用しつつ，個々の園児の障害の状態などに応じた指導内容や指導方法の工夫を組織的かつ計画的に行うものとする．また，家庭，地域及び医療や福祉，保健等の業務を行う関係機関との連携を図り，長期的な視点で園児への教育及び保育的支援を行うために，個別の教育及び保育支援計画を作成し活用することに努めるとともに，個々の園児の実態を的確に把握し，個別の指導計画を作成し活用することに努めるものとする．

第3節　保育所等における合理的配慮

1　合理的配慮に関する制度・政策動向

　2006（平成18）年に国連で**障害者権利条約**（以下，条約）が採択された．日本は2007（平成19）年に条約に署名し，2014（平成26）年に批准しており，2016（平成28）年から施行されている障害者差別解消法において合理的配慮が規定されるようになり，認知が広まった．そして，2021（令和3）年に**障害者差別解消法**が改正され，2024（令和6）年4月から合理的配慮の提供は国公立施設を問わず，全ての施設において義務となった．今後，保育所等においても保護者等からの合理的配慮についての相談が増加するだろう．

　障害者権利条約第2条では**合理的配慮**を次のように定義している．「合理的配慮とは，障害者が他の者との平等を基礎として全ての人権及び基本的自由を享有し，又は行使することを確保するための必要かつ**適当な変更及び調整**であって，特定の場合において必要とされるものであり，かつ，均衡を失した又は**過度の負担を課さないもの**」である．

　障害者差別解消法第8条の2では，「事業者は，その事業を行うに当たり，障害者から現に社会的障壁の除去を必要としている旨の**意思の表明**があった場合において，その実施に伴う負担が過重でないときは，障害者の権利利益を侵害することとならないよう，当該障害者の性別，年齢及び障害の状態に応じて，社会的障壁の除去の実施について必要かつ合理的な配慮をしなければならない」（傍点は筆者）と規定しており，この規定に基づいて保育所等において合理的配慮の実施が求められている．

2　障がいのある子ども，医療的ケア児の合理的配慮をどう捉えるべきか

　もともと合理的配慮は，欧米の障害者差別禁止法の雇用分野に起源を有することから，事業主が過度な負担になることを立証できれば，雇用差別に該当しないという免責規定があった（金，2016）．しかし，幼児の持てる能力を引き出し，将来の営みに多大な影響を与える保育・幼児教育において

は過度な負担の免責規定を雇用分野と同様に設けるべきではないと考える．また，合理的配慮は，障害のある人から，社会的障壁の除去を求める意思の表明があった場合に，提供するものとされている．障がい児を含む幼児の意思を表明する能力は人的・物的環境(障害の理解，人との関わりやICT活動等）によって育まれ，成熟していく．彼らが成熟する間，彼らの願いや要求を代弁する必要があり，その代弁は善意ではなく，発達を保障する視点から公的支援として社会が整えなければならない．したがって，現在雇用や教育分野において当然とされている合理的配慮をめぐる過当な負担がない限り提供される，本人の申請により提供されるという定めについて再検討する必要があると考える．

　障がいのある子どもと医療的ケア児に対する合理的配慮は，要求されたから提供するという受動的な態勢ではなく，障がい児の個別性を考慮して安心な生活や保育活動を営む上で「必要とされるものは何か」を当該児童と生活をともにする保護者と保育者の協同によって創られる**能動的支援**として捉え，そのあり方と実践方法等を見出していく必要があるだろう．

（金　　仙玉）

第14章

アレルギー，外国にルーツ等のある子どもおよびその家庭に対する支援の展開

第1節　アレルギーがある子どもと家族
——標準的な食事・おやつの再検討

1　アレルギーとは何か

　人間の体は様々な異物から自分を守る「免疫」という仕組みがある．ウィルスや細菌，寄生虫等の異物によって健康を害さないようにする仕組みが備わっている．本来人間の体を守るべき，異物を排除することを目的とした免疫の機能に異常が生じ，全身または体の一部に様々な症状を引き起こすのがアレルギーである．アレルギーを引き起こす物質のことを「**アレルゲン**」といい，食物を経口摂取することによって起こるものや，花粉やカビ等を呼吸によって気管や肺に取り込むことで起こるもの，皮膚に触れるだけで起こるものがある．症状もくしゃみや咳，発疹，粘膜の炎症，下痢等，多岐にわたる．「アレルギー疾患対策基本法」に定めるアレルギー疾患として，気管支ぜん息，アトピー性皮膚炎，アレルギー性鼻炎，花粉症，食物アレルギー，アレルギー性結膜炎という6つの疾患があり，重篤なものだと死に至ることも決して珍しいことではない．

　アレルギー疾患を引き起こす要因として，遺伝や環境等の様々な要因が関係しているといわれており，アレルギーを発生，もしくは悪化させる原因として「悪化因子」があると言われている．例

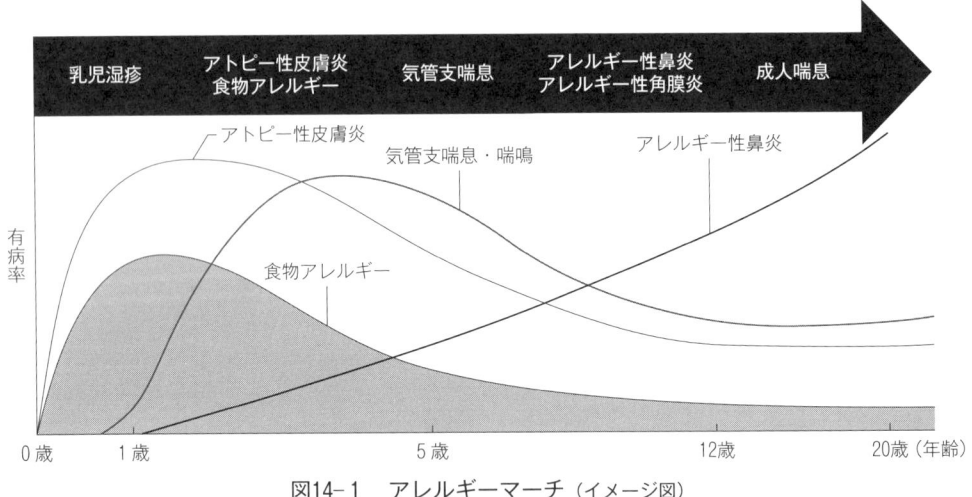

図14-1　アレルギーマーチ（イメージ図）

（出典）西間他監，2011.

えば花粉症もアレルギーの一種であるが，特定の花粉の吸引量の増加，睡眠状態や食生活等が「悪化因子」として考えられている．また，最近の研究ではストレスや喫煙，腸内細菌の変化等も「悪化因子」ではないかという説もある．

　また，小児期における異なる時期に異なるアレルギー症状が連続して出現する状況は，「アレルギー・マーチ（atopic march)」と言われる．アレルギーは原因と症状の種類や激しさの個別性が高く，対処法は共通する点もあれば，多様性もある．そのため，アレルギーマーチの発症や進行をできるだけ防ぐための様々な取り組みの重要性が求められている．保育者は，アレルギーに関する適切な知識を得ることと医療機関との連携を深めることが重要であると言える．

2　アレルギーから生じる心理的社会的影響

　アレルギーはアレルギー症状そのものが命を落としかねないものであるので，身体的な健康を損ねないように留意する必要があることはもちろん，メンタルヘルスや社会活動への影響も見逃してはならない．一般人口と比較して，アレルギー患者は抑うつを示す人の割合が有意に高く，アレルギー患者の抑うつの高さと自己評価による症状の重症度にも関連が見られている（Kovács, Stauder & Szedmák, 2003：549-557)．例えば「牛乳アレルギー」がある子どものことを例にとってみよう．牛乳アレルギーがあると牛乳が飲めないだけでなく，牛乳が含まれるありとあらゆる食べ物を食べることができないため，保育所でのおやつの時間，周囲の子どもたちと同じものを食べることができないことがある．多くの子どもが好むケーキやアイスクリーム，プリンやヨーグルト等，多くのおやつに乳製品が含まれている．他の子どもが美味しそうに食べている姿を傍目に「自分だけ食べることができない」という悲しみや無念さを感じる機会が多くなる．リスク管理の観点から，誤飲や誤食を防ぐために，おやつの時間に他の子どもと席を離されることもあり，「なぜ自分だけが皆と一緒におやつを楽しめないのだろう」と感じてしまうこともあるだろう．また限られた食べ物からバランスの良い食事を考える必要に迫られることや，アレルギーの度合いがひどいと牛乳に触れ

るだけでアレルギー症状が出るために，神経を張り詰める場面も人より多くなる．

　つまり，アレルギーがあると，行動範囲に大きな制限が生じるだけでなく，他者と楽しみを共有できる機会が制限されること等，日常生活のあらゆる場面で神経を張り詰める機会が多くなり，大きなストレスを抱えることになる．

　また，ストレスはアレルギー症状を悪化させる原因ともなると言われており，アレルギーがストレスを生み，ストレスがアレルギーを悪化させるという悪循環が生じることになりうるのである．

3　アレルギーのある子どもと家庭の課題と支援

　乳幼児のアレルギー事故は後を絶たない．2020（令和 2 ）年東京都健康安全研究センターのアレルギー疾患に関する施設調査（2019（令和元）年度調査）では，初発症例（アレルギーの原因物質の診断がされていなかった食べ物での発症）は51.6％，誤食による食物アレルギーは17.1％であり，知らずにアレルギー原因食物を摂取したことによる発生が多いことが伺える．つまり，保育施設等では今まで口にしたことがない飲食物の摂取を避けることが重要である．また，同調査での誤食の原因として最も多かったのは「誤配膳」が23.1％，次いで「原材料の見落とし」が19.2％である．

　このようなアレルギーに関する事故を防ぐために，厚生労働省（2019）の**「保育所におけるアレルギー対応ガイドライン**（2019年改訂版）」には「保育所におけるアレルギー対応の基本原則」として，「全職員を含めた関係者の共通理解の下で，組織的に対応する」「医師の診断指示に基づき，保護者と連携し，適切に対応する」「地域の専門的な支援，関係機関との連携の下で対応の充実を図る」「食物アレルギー対応においては安全・安心の確保を優先する」と記されており，保育・教育施設と医療機関や消防等の関係機関と家庭との情報共有と連携が重要となってくる．ガイドラインには具体的な方法として「生活管理指導表」の活用や**「アレルギー対策の実施体制」**についても記してあるので参考にしてほしい．このようにアレルギーが起こらないような組織体制を作るとともに，アナフィラキシーショック等の重篤なアレルギー症状が起こってしまったときの，迅速かつ適切な医療への接続のあり方も重要となる．例えば，食物アレルギーでは，摂取後，すぐに症状が出現する「即時型アレルギー」と摂取後しばらくしてから症状が表れる「遅延型アレルギー（非即時型アレルギー）」がある．症状が出ないから大丈夫だろうという予断にとらわれず，医療者や家庭との適切な情報共有と迅速かつ適切な判断が生死を分けることもある．また，緊急時に備えて，症状を緩和し，ショックを防ぐ一時的な補助治療薬である「エピペン」の適切な活用法等も習熟しておく必要があるだろう．

第 2 節　多文化の中で保育・教育
──異文化から当たり前を疑う

1　異なる言語・慣習を持つ子どもたち

　近年の外国人労働者の急増に伴い，外国人の子どもたちが保育・教育現場に在籍することも珍しくなくなってきた．法務省の統計によると2022（令和 4 ）年 6 月末時点の在留外国人数はおよそ296万人で前年度と比較して7.3％増となっており，日本国内において親元で暮らす全ての子どもの

6.9％は外国にルーツのある親と暮らしているという報告がある（髙谷他，2013：64）．

　また，外国籍の子どもだけでなく，多様な形で異なる言語や慣習を持つ子どもたちの存在も着目する必要がある．例えば，国際結婚をした方や帰化した方の子ども場合，国籍は日本であっても文化的には異なる背景を持つことになる．また，戦前や戦後に日本に来たその家族・子孫も**文化的背景やアイデンティティ**も異なる点があることに留意する必要がある．

　また，外国にルーツがある子どもたちはそもそも，保育・教育施設へのアクセシビリティーに関してのハードルも存在する．例えば，利用の際に必要な関係書類が日本語版しかないために内容の理解ができず，書類への記入も日本語が基本であるため，手続きを進めることができないというケースや，宗教食への対応が不可能だと言われ，利用をあきらめた等，保護者が入園手続きの時点であきらめるケースが少なからずある．また，そうしたハードルを越えて手続きを進めようとしても，文化的背景の違いがあるという不安から園から断られるケースや，国際結婚等が要因で，家庭内外で複数の言語が飛び交う環境の中で，言葉等の発達の遅れが見られることにより，保育者のスキルやマンパワーが十分にないことを理由に断られるケースもある（大津の子どもをいじめから守る委員会，2022）．

　このように外国にルーツがある子どもたちは，本人の言葉や発達の課題に対して保育施設が対応できないと判断されることや，利用手続きに関する課題等，子どもの家族が困っている状況に対し，適切な対応がなされないがために，保育ニーズがあったとしても保育施設の利用に至らないということも少なくない．さらに外国人は基本的に就学義務がないために，卒園後の生活の課題についても検討する必要があるのである．

2　文化的相違から生じる心理的社会的影響

　外国にルーツのある子どもたちは言葉の壁や**文化的相違**によって，様々な**心理的社会的課題**が生じる．まずは言葉の壁によってコミュニケーションに関して様々な課題が生じる．単純に保育者が意思を伝えられない／子どもの思いの理解が難しいという日常的な問題の他に，言葉の微妙な用法や理解のズレや**文化的土台**の違いから生じる，想定外の行き違いによって双方が大きなストレスを抱えがちである．

　例えば食事をする場面思い浮かべてもらいたい．子どもたちはどのような姿勢で，どのように食器を使い，食事をしているだろうか．正座，片膝を立てて座る等があるだろう．正座をして食事をする習慣のない国の子どもに対し，食事の際に「姿勢を正して」と正座をさせるということは苦痛であるだろう．保育者の指示を受け入れられないという場合もあるだろう．社会的には反抗的で協調性がない子どもと見なされてしまう状況が生じる．また，自分のルーツである国の文化や習慣を否定されたという感情を持つことも十分に考えられる．このような異なる文化がぶつかってしまったときに起こる「文化的コンフリクト」によって，子どもが心理的に孤独を感じ，社会的に孤立する環境が保育施設という場所で保育者によって意図せずとも作られてしまうということに留意する必要があるだろう．

3　多文化を前提とした保育・教育と子ども家庭支援のあり方

　多文化の問題は，単なる言語や生活習慣の多様性だけを捉えるのではなく，子どものアイデンティティ形成に関わる重要な問題であることを保育者は認識する必要がある．また，子どもの文化やアイデンティティの重要な基盤となる保護者の存在とその思いも忘れてはならない．文化的コンフリクトによって生じた，子どもの心理的社会的問題に対し，保護者が心を痛めることや，怒りを覚えたときに，保育者はどのように向き合うかも大きな課題となってくる．

　従来，保育施設には，日本の伝統的文化に基づいた生活習慣に基づいた指導をすることに特に疑問も抱かずとも，問題視されることはなかった．

　保育所保育指針には「子どもの国籍や文化の違いを認め，互いに尊重する心を育てるようにすること」ともある．保育や教育現場ではそのための単なる啓発や教育に留まらない「仕掛け」「枠組み」を設定する必要があるだろう．

第3節　多様な性・多様な志向を尊重した保育・教育
——SOGI の子どもたち

1　自分の身体に対する心の違和感を持つ子どもたち

　今日において性の多様性について考える機会は多くなり，多様な性的志向を表すLGBTQ＋という言葉も一般的に使われるようになってきている．また，自分の体の性に対する心の違和感を持つ「性別違和」の問題は，性自認の多様性を表す「SOGI」という文脈で語られ，心と体が劇的に変化をする第二次性徴期において特に表面化すると言われ，学校教育の課題としても取り上げられるようになった．

　しかし，岡山大学病院ジェンダークリニックが性同一性障害で受診した1167人を対象に実施した調査によると，性別への違和感を覚えた時期は小学校入学前が56.6％であり，思春期よりはるか前の「小学校入学前」からクリニック受診者の半数以上が自分の性に対する違和感を持っていたことが判明した．特定のクリニックに通院する患者の統計ではあるが，病院にいくことができずに悩んでいる子どもがいることを考慮すると，少なくない子どもたちがもやもやした違和感をうまく表現できずに，将来的な苦悩につながってしまっている可能性がある．従来，生育環境が性自認形成に影響を与えるという考えから，育て方が問題にされることも少なくなかったが，科学的根拠が十分ではなく，今日において親の問題で起こるという認識は適切ではないと言われている．

2　性自認・性志向の違和感から生じる心理的社会的影響

　性自認・性志向への違和感があることで，差別や偏見といった負のイメージである「**社会的スティグマ**」を受けることになり，いじめに発展することも珍しくない．2019（平成31・令和元）年に滋賀県大津市立の保育所に入園した子どもが，自分が男性であることに違和感を覚え，女の子向けの服装をしていたところ，他の子どもから「うそつき」「おとこおんな」と言われ，持ち物を壊されることや，たたかれる等が起こった（大津の子どもをいじめから守る委員会，2022）．

　保育施設に通う子どもたちの間には男の子らしさや女の子らしさと言った「**性的ラベリング**」を

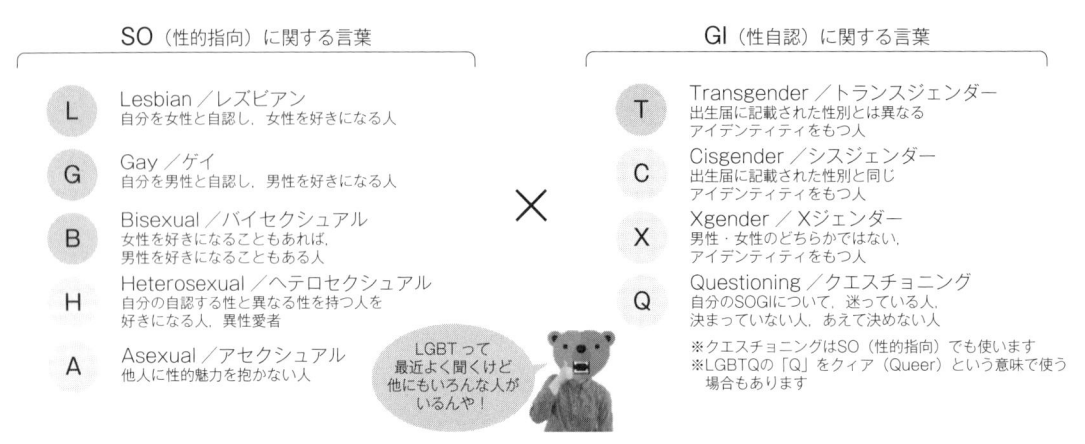

図14-2　SOGIとLGBTについて

(出典) 京都市情報館「SOGIとLGBTについて」．

する場面が多くみられる．そして想定された性的ラベリングから逸脱した行為は，「異常なこと」として見なされることもある．それは友人同士だけでなく，身近な家族や先生にも想定外にラベルから逸脱した状況に対する嫌悪や忌避の感情が生じることもある．

　子どもは逸脱者として見なされることを恐れるがあまり，自らの性に関することを話題にすることがためらわれる心理的抑圧から，自己否定感を抱き，他者との関わりを避けるようになる．それどころか，大津市の事例のように「死にたい．包丁貸して」（大津の子どもをいじめから守る委員会，2022）と自分が存在することにさえ否定的な心理状態に陥ることも決して珍しい出来事ではない．子どもたちは，思春期より以前の幼児期から性器の違いや身に着けているものの色，洋服の違い等の「男の子らしさ」「女の子らしさ」が気になりだす（大津の子どもをいじめから守る委員会，2022）．周囲の大人は子どもの性別違和に対して「おかしい」「改めたほうが良い」と否定的な意識で接することで，時として子どもの命を脅かすことにつながる場合があることを，保育者をはじめとした周囲の大人は自覚すべきであろう．

3　多様な性の形を想定した保育・教育と子ども家庭支援のあり方

　「性」に関する想定されたラベルからの逸脱への忌避・嫌悪は自然なものであり，特に性志向に関する事柄は「婚姻制度を崩壊させ少子化が進み，国家を滅ぼす」「神への冒涜」等と社会防衛主義的な観点から正当化されてきた．就学前の保育において「女の子は赤，男の子は青」といった周囲の大人の言動によって「ジェンダーステレオタイプ」を無自覚に後押しする傾向があり，幼児期の性にまつわる問題を軽視やタブー視する風潮が支配的である．就学後の子どもに対するガイドラインがある等，多様な性のあり方に関して学べる機会は増えてきているものの，就学前の幼児期の配慮に関するガイドライン等はなく，幼稚園教育要領，保育所保育指針，幼保連携型認定こども園教育・保育要領にも特に記述はなく，社会課題としての認識が不十分である．静岡市は2023（令和5）年に公立認定こども園等の園長を対象に「性の多様性研修」を初めて実施した．今まで性の問題をタブー視してきた保育施設だからこそ，学んだことを保育のみに活かすのではなく，地域とと

もに「性の多様性」を学び合う拠点となることが求められていくであろう．

第4節　不登園・不登校という現象を多様な視点で捉える子ども家庭支援

1　結果・現象としての不登園・不登校

登校拒否という言葉が「不登校」という言葉に改められて久しい．公式文書で最初に不登校という言葉を使ったのは法務省の統計調査と言われている．「この調査では，何らかの心理的，環境的要因によって，登校しないか，登校したくともできない状態にある児童生徒を対象とした．このような状態が，一般的には，『登校拒否』と呼ばれているが，学校に行くことを『拒否』しているわけではなく，『行きたいのに行けない』あるいは，『行かなければならないと思っているのにいけない』という児童生徒もいることから，本調査では，『不登校児』と呼ぶことにした」（法務省人権擁護局内人権実務研究会編，1989）とある．登校拒否という名称から不登校に変更になった流れの中には，子どもが学校に行かないことに対して，個人の心理的な問題という認識から，周囲の社会環境の問題に視点がシフトしてきたと言える．つまり，子どもが今置かれている状況に対して，学校という場所や仕組みがミスマッチを起こしているという観点によりウエイトが置かれるようになったのである．

2　不登園・不登校から考える園・学校・社会のあり方の再検討

不登校の子どもがいるということは，学校という場所や仕組みになんらかの課題があるという可能性があるということである．不登校が起こった時に周囲の大人は「どうやったら登校できるようになるのか」ばかりを考え，子どもの行動変容のためのアプローチに偏りがちになる．不登校を学校という場所が起こしている現象として捉えてみたとき，目の前の子どもにとって，今何が起きていて，子どもの今と未来のことを考えたときに何が大切なのかの優先順位やウエイトの置き方を再検討するきっかけとして「不登校」を捉えなおすことが重要である．また，子どもが安心できる居場所のあり方について検討することである．学校に行かないことで他者と関わる機会，特に同世代の子どもと遊ぶことや，何か一緒に取り組む機会が大幅に減ってしまう．「居場所に行きたいという意欲や，出番がほしいという動機をどう持てるようになるか，そこへの支援が必要である」（全国社会福祉協議会，2014）．

周囲の大人は学校に行かないことによる「学習の遅れ」に対しては敏感であっても，安心できる居場所があることの重要性は気づきにくい．橋本・庄司（2018：3-10）は居場所を提供する支援のあり方として，①「認める人」であること：子どもをありのまま認める大人でいること，②「待つ人」であること：本人が簡単に不登校になったわけではないことを認めること，③不登校は大切な「充電期間」だと位置づけること：不登校期間は，変容を支える期間と捉えること，④「何もしない人」であること：積極的・直接的なアプローチをしない，充電が完了するのを待つ姿勢が非常に大切であり，認め，待ち，本人の意思を尊重しながら，消極的・間接的アプローチでゆっくり着実に本人の見える景色を変えていくことと述べている．不登校という現象は個々人の今後の人生の

あり方だけでなく，学校という場のあり方も再検討する機会になりうるものであるだろう．

3 問題・課題のフレームを見直す「子ども家庭支援」

児童生徒の安全，学校との関係性，学校環境などを含んだ包括的な構造をもつ概念である「学校風土」が不登校のリスクを減らす保護因子となっていることの示唆がある（子どもみんなプロジェクト，2019）．不登校は本人が置かれている状況と周囲の環境のミスマッチ等，複合的な要因のひずみによって，子どもが持っている本来の力が抑圧され，どうしていいかわからない状況に追い込まれている状況であるのかもしれない．先にあげた外国にルーツがあることやアレルギーによって食べること等の行動に制限があることだけで不登校になるのではないことを念頭に置き，本人の置かれている状況と至るまでの過程を注視することが重要である．学校に登校させることを第一の目的にするのではなく，本人の学校に対する不安を取り除くこと，本人が主になれる環境が重要である．「既存の秩序により多数の他者を取り込むのでなく秩序を『中断』させ変形させるものとしての包摂」として「創発的包摂」という概念がある（倉石，2021）．社会的弱者とみなされがちな**マイノリティ**が今ある社会秩序の中への単なる包摂を目指すのではなく，地域共生社会における主体的な社会の一員としてあれるような秩序を作り直すことが重要だということである．つまり，「創発的包摂」は，専門家・専門職との調和的関係を前提とするが，当事者の意向が最優先される「主体的営為としての包摂」（倉石，2021）である．不登校という現象はそうした本人の主体性を取り戻す過程で，子どもの周囲の環境を見直すきっかけとなりうるものであろう．

学校という1つの社会の中で抑圧され，その場所に居ることができなくなった不登校当事者の存在は，学校を，この社会を「全て」の人にとって幸せにつながるよりよい場所とする契機となりうるものである．そのためには，学校に適応することに苦しんでいる当事者の側に視座を移し，学校を始めとした今の環境に適応させることありきではなく，多様な場所で多様なあり方での自己実現を支えるための「知恵」とそれを活かすための枠組みが必要となる．「社会的孤立をなくすための施策として，『居場所と出番』が必要だと言われるが，それ以前の，居場所に行きたいという意欲や，出番がほしいという動機をどう持てるようになるか，そこへの支援が必要である（全国社会福祉協議会，2013）．具体的には，本人が本来持っている力を信じ，強み（ストレングス）を見出し，それを発揮できる社会環境を創るという発想を子どもに関わる全ての人々が共有し，実現のためにアイデアを出し合い，協働する意識を持つことが必要不可欠である．そのためには特定の個人の価値観や感じ方に偏らないように，日頃から子どもを多面的に理解するための広い視野と多様な視点を周りの大人が持ち，さらにそれぞれの視点を共有し，子どもの持つあらゆる可能性を広げるためにそれぞれができることを考えあう場を持つことが必要となってくる．不登校という問題を解決するという視点にとらわれず，子どもの10年後20年後の多様な幸せの形を想像し，大人目線での幸せを押し付けず，子どもを常に主体として，関係者と共に「多様な幸せの形・あり方」を創造することがこれからの対人援助職，特に子どもとかかわる者には求められるのではないだろうか．

（山田裕一）

第15章

人間関係の形成と多様な子どもおよびその家庭に対する支援の展開

学びのポイント

　スマートフォンやパソコンの普及，それらの利用者の低年齢化は，効率化・広域化・ネットワークの多様化を促進させた一方で，家族間や友人間の直接的コミュニケーションの機会や実体験を減少させてきた．そのため，気づかぬ間に噂やデマが拡散し，「人権侵害」「犯罪」を生み出し，被害に巻き込まれやすい状況となっている．

　本章では"子どもの最善の利益擁護"のため，いじめとマルトリートメントを踏まえ，その予防と対応について，実態・根拠（evidence）と事例を示し，検討することとする．

　本章を学ぶにあたり，まずワークシート（FBQ）から取り組んでいただきたい．

事前学習課題：15章の本文を読み，学びのポイントにあるキーワードについて，その言葉の意味を書き出しましょう．

事後学習課題：15章で学んだ内容から，あなたが保育者として何を大切にしたいのか決意表明しましょう．

キーワード：いじめ防止，犯罪防止，差別防止，人権教育，マルトリートメント，いじめ防止対策推進法

第1節　いじめとは何か

　多様な子どもの人間関係形成にあたり，発達の遅れ，障害，貧困，文化や国籍の違いなどが複雑に絡み合い，偏見や差別に至る要因となることがある．それらが子どもの人間関係に留まらず，家庭を巻き込む重大事態に発展したり，子どもの人権を侵害したり，生命を奪うことにつながったりすることがある．人権が侵害され，排除が促進され，人間関係形成や家庭に多大な影響を及ぼす問題にいじめがある．

　旧来より，日本の教育機関等においていじめ（bullying）が問題となっている．しかし，長い間，国・地方自治体・教育委員会・教育機関の多くが適切な対応をしてこなかった．

　2011（平成23）年に滋賀県大津市内の中学校で発生したいじめについて，中学校側が適切な対応をしなかったことで被害児童が自殺したが，その後も学校側が「いじめは無かった」として隠蔽し続けたため社会問題となり，「**大津いじめ自殺事件**」としてマスコミに大きく取り上げられた．この事件が契機となり2013（平成25）年に，いじめ防止対策推進法（法律第71号）が整備され，国や

表15-1　いじめの定義内容

① 冷やかしやからかい，悪口や脅し文句，嫌なことを言われる．
② 仲間はずれ，集団による無視をされる．
③ 軽くぶつかられたり，遊ぶふりをして叩かれたり，蹴られたりする．
④ ひどくぶつかられたり，叩かれたり，蹴られたりする．
⑤ 金品をたかられる．
⑥ 金品を隠されたり，盗まれたり，壊されたり，捨てられたりする．
⑦ 嫌なことや恥ずかしいこと，危険なことをされたり，させられたりする．
⑧ パソコンや携帯電話等で，ひぼう・中傷や嫌なことをされる．
⑨ その他

(出典) 文部科学省初等中等教育局児童生徒課 (2015) を参照し筆者作成．

地方自治体では虐待を防止するために様々な方策が検討されてきた．

　いじめ防止対策推進法第2条で「いじめとは，児童生徒に対して，当該児童生徒が在籍する学校 (小学校，中学校，高等学校，中等教育学校及び特別支援学校) に在籍している等当該児童生徒と一定の人的関係にある他の児童生徒が行う心理的又は物理的な影響を与える行為 (インターネットを通じて行われるものを含む) であって，当該行為の対象となった児童生徒が心身の苦痛を感じているもの」と定義されている．

　具体的ないじめの内容は，文部科学省の各教育機関への調査である「児童生徒の問題行動等生徒指導上の諸問題に関する調査」の中に9項目が明記されている (**表15-1**参照)．

第2節　いじめの増加と状況認識

　文部科学省が，国公私立の全ての小学校から高等学校さらには特別支援学校までのいじめに関する統計を取り始めたのは，2006 (平成18) 年度からである．2006 (平成18) 年度以降の17年間で，中学校や高等学校，特別支援学校における「いじめ発生件数」は，増加してきたものの近年は減少か微増に転じていて高止まり傾向である．しかしながら，小学校における「いじめ発生件数」は，2006 (平成18) 年度に「6897件」であったのが2022 (令和4) 年度には「5万1944件」となり，最も激増している．近年，いじめの低年齢化が社会問題となりつつあるが，そのことを顕著に表している．この様に，いじめが低年齢化している状況が顕著でありながら，教育機関でもある幼稚園や幼保連携型認定こども園におけるいじめの統計は，調査対象として含まれていない (**表15-2**参照)．

　一方で，**イノチェンティ研究所**が，2013 (平成25) 年12月に発表した『レポートカード11』の中で，「日本で『いじめを受けたことがある』と答えた13〜15歳の子どもは27.4%で，先進30カ国中12位となったこと」(ユニセフ・イノチェンティ研究所，国立社会保障・人口問題研究所，2013) が，また，2020 (令和2) 年9月に発表した『レポートカード16』の中で，日本国内で「月に何度かいじめを受けている15歳の子どもは約17%であること」(ユニセフ・イノチェンティ研究所，国立社会保障・人口問題研究所，2020) 等が明らかとなった．

　文部科学省によれば，2019 (令和元) 年に日本全国の中学校に在籍している生徒は320万5220人である．この結果をユニセフのいじめに関する調査結果 (27.4%のいじめ被害割合) に当てはめて概

表15-2　全国の教育機関におけるいじめの認知件数の推移

年度	小学校（件）	中学校（件）	高等学校（件）	特別支援学校(件)	合計（件）
2006（平成18）	6,897	51,310	12,307	384	124,898
2010（平成22）	36,909	33,323	7,018	380	77,630
2013（平成25）	118,748	55,248	11,039	768	185,803
2016（平成28）	237,256	71,309	12,874	1,704	323,143
2019（令和元）	484,545	106,524	18,352	3,075	612,496
2022（令和4）	551,944	111,404	15,568	3,032	681,948

（出典）文部科学省（2023：22）.

算すれば，「87万8230人（320万5220人×0.274）」が何らかのいじめ被害を経験していることになる．全国の教育機関におけるいじめの認知件数は，2022（令和4）年の時点で，「小学校：55万1944件」「中学校：11万1404件」の合計「66万3348件」であった．しかし，「66万3348人」は「87万8230人」に比べれば，僅か75.6％でしかない．つまり，教育機関が認知しているいじめは氷山の一角でしかないと考えられる．

　2022（令和4）年時点で，最もいじめが多い小学校におけるいじめの認知件数は55万1944件である．小学校数（1万9161校）に当て嵌めて計算すると，年間に1校当り平均で約29人（55万1944÷1万9161校＝28.8）の児童が何らかのいじめ被害を受けていることになる．次にいじめの認知件数が多い中学校おけるいじめの認知件数は11万1404件である．これを中学校数1万12校（令和4年時点）に当て嵌めて計算すると，年間に1校当たり平均で約11人（11万1404件÷1万12校＝11.1）の生徒が何らかのいじめ被害を受けていることになる．もちろん小学校や中学校によって児童生徒数は異なるので，一概には言えないが，毎年，全国の小学校や中学校で多くの児童生徒がいじめ被害に遭っている可能性が高い．

　それは，教育者や保育者，保護者が気づかぬ所で，適宜いじめのターゲットが変化し，いじめに気づきにくい状況があるだけでなく，担当クラスでいじめが存在することを教育者や保育者自らが気づこうとしない状況もあると考えられる．文部科学省（2023）によると，イジメ発見のきっかけは「アンケート調査など学校の取組により発見（55.2％）」が圧倒的に多く，「担任が発見（9.7％）」は非常に少ない．

第3節　重篤ないじめ発生と対応の現状

　「いじめ防止対策推進法」の第28条第1項に「『いじめにより当該学校に在籍する児童等の生命，心身又は財産に重大な被害が生じた疑いがある』『いじめにより当該学校に在籍する児童等が相当の期間学校を欠席することを余儀なくされている疑いがあると認めるとき』は，学校の設置者又はその設置する学校は，その重大事態に対処し，及び当該重大事態と同種の事態の発生の防止に資するため，速やかに，当該学校の設置者又はその設置する学校の下に組織を設け，質問票の使用その他の適切な方法により当該重大事態に係る事実関係を明確にするための調査を行うものとする」と

表15-3　いじめ防止対策推進法第28条第1項に規定する「重大事態」の発生件数の推移

年度	小学校	中学校	高等学校	特別支援学校	合計
2013（平成25）年	52件	80件	26件	1件	159件
2016（平成28）年	119件	186件	88件	3件	298件
2019（令和元）年	259件	334件	124件	6件	723件
2022（令和4）年	397件	374件	156件	3件	723件

（出典）文部科学省（2023：52）.

規定されている.

　2013（平成23）年から2022（令和4）年までの重大ないじめの発生は年々増加しており，悪質ないじめが決して少なくない現状が明らかである（**表15-3**参照）.

　しかし，これまで発生したいじめ事件で，児童が自殺したり暴行を加えられ意識不明や重傷になったりした場合，その児童が在籍する小学校・中学校・高等学校の担任や教頭・校長等がコメントを発表したり記者会見を開いたりしていることがある. その際，多くの教師や教頭・校長が「気づきませんでした」「知りませんでした」「いじめがあったと認識はしていません」という発言を繰り返している. 単純計算するだけでも，多くの児童がいじめ被害を受けているという事が分かる状況下で，「気づきませんでした」「知りませんでした」という発言は，あまりにも無責任である. これだけのいじめが発生しているのであれば，「自らのクラスにいじめを受けている児童がいる可能性がある」と疑って，常に子どもに対して「目配り・気配り・心配り」をすべきである. 教育機関や教師の無関心が，いじめを見過ごし，小さないじめを重大な事件にさせてしまっている可能性が無いとは言えないのである. さらには，教育機関や教師自らが隠蔽する状況が多発しており，いじめにより重大事故が発生する状況は，教育機関や教員による2次的な人権侵害ともいえる. 児童の命が消える前に，重傷や重体になる前に，いじめを防ぐことが喫緊の課題である.

第4節　いじめ発生の構図と各種事例

　日本のいじめ研究の第一人者の森田洋司（2010）が，いじめ集団の四層構造理論モデルを提示し「いじめ防止のためには観衆層（無関心層）や傍観者層が変わることが重要である」と提唱したことは，現在のいじめ防止の基本理念となっている. ここでは事例を読み，社会的関係性からいじめ発生の構図（メカニズム）を考えてみる.

●事例15-1　E中学校でのいじめの事例

　E中学校へ入学した，男子生徒5人は意気投合し，すぐに仲良くなった. ゴールデンウィーク明けには，5人中4人が携帯電話を入手し，LINEアプリを使用して情報交換を始めた. けれども，Kさん（男児・12歳）だけが，経済的な事情で携帯電話を買ってもらうことが難しかった.
　やがて，他の4人との情報や話題のずれが生じてきたKさんは，少しずつ他の4人との距離が離れていった. そんな矢先，リーダー格のHさんが携帯電話を紛失する出来事があり，Kさんの机の近くで携帯電話が見つかった. 暫くしてKさんの机に落書きが始まり，教科書が破られ，通路を通ると蹴

られ，後ろから押され，横からぶつけられたりする等，暴力行為に発展していった．

　数人のクラスメートは，いじめているHさんの味方をし，他のクラスメート達は気づきながらも，自分がターゲットになることを恐れ，見て見ぬふりをしていた．2学期になると，Kさんは次第に中学校に登校してこなくなった．

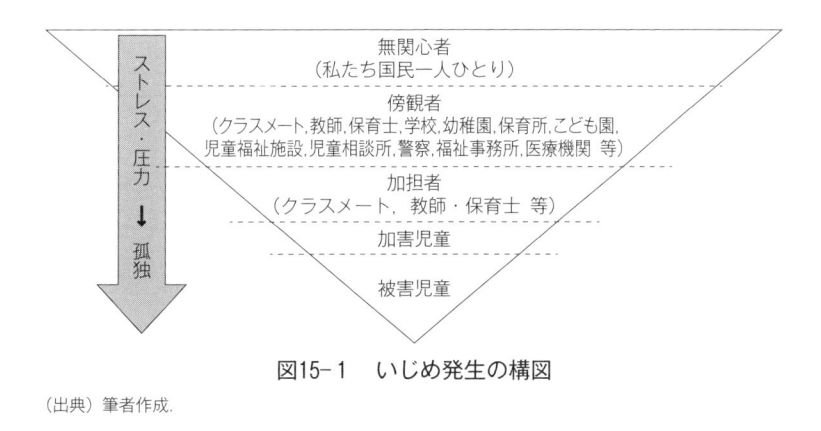

図15-1　いじめ発生の構図

（出典）筆者作成.

　いじめが起こった時，**事例15-1**の様に被害児童は1人であることが多い．その際，直接いじめを行っている加害児童（複数）がいる．そして，直接いじめの場面を見ていながら，加害者の味方となり周囲で囃し立てたり，いじめを見守ったりする加担者（クラスメート等）の存在がある．さらには，いじめの状況を見て見ぬふりをするクラスメートやいじめの事実を知ろうとしない担任である傍観者が存在する．そして何よりも，いじめをなくすために，何も行動を起こそうとしない無関心者（私たち国民）がいる．そして，いじめの被害児童は，誰からも助けられず，周囲から見捨てられ無視されるという孤独（ストレスや圧力）を感じて傷付き，場合によっては自ら命を絶ってしまうのである（**図15-1**参照）．この構図は，児童虐待やDV，差別等の問題にも適応され，共通の問題発生メカニズムである．

第5節　マルトリートメントとは何か

図15-2　いじめとマルトリートメントの相関

（出典）筆者作成.

　マルトリートメント（Maltreatment）とは，欧米で確立してきた概念で「大人の子どもに対する不適切な関わり」を意味し児童虐待でも多数用いられている．本書ではマルトリートメントを「大人がいじめに加担したり，いじめを生む様な原因となる不適切に関わったりすること」と定義することとする（**図15-2**参照）．

　現在，いじめの定義はあっても，マルトリートメントには明確な定義がない．そのため，近年の日本では，教育機関等におけるいじめ防止に関する対策に力を入れ始め出したが，マルトリートメントに対する防止策について等閑（なおざり）になっている．

　以下の4つの事例は，いずれも現実に起こりそうなマルトリート

メントのケースであり，いじめや差別につながっている．事例を通じて，どの様なことがマルトリートメントなのかを考えてみよう．

●事例15-2　K保育園でのいじめの事例

12月の冬の寒い日に，K保育園に通うNくん（6歳・男児）が，外遊びに夢中になっていたため，トイレが間に合わず，おもらしをしてしまった．

その時に，担任のA保育士が，「もう年長で大きいくせに，何でトイレに行かないの？！　おもらし君なんて，情けないよ！」と男児をみんなの前で叱った．

それから，男児はクラスメートだけでなく，年下の児童からも「おもらし君」と言われるようになり，保育園を休みがちになってしまった．

事例15-2の様に，いじめを引き起こす原因が，保育者や教師の不用意な一言が引き金になるケースがある．保育者が，無意識に発した「おもらし君なんて，情けないよ！」という一言が他の児童に強烈に印象付けられ，いじめが発生してしまったのである．いじめを防ぐべき立場でありながら，いじめを引き起こしてしまう可能性があることを認識して，保育者や教育者は発言したり行動したりしなければならない．

●事例15-3　Sこども園でのいじめの事例

Sこども園に通うYちゃん（5歳・女児）とRちゃん（5歳・女児）は，4月から同じクラスになり，少しずつ仲良くなっている．先日，YちゃんがRちゃんの自宅に遊びに行き楽しい時間を過ごした．しかし，Yちゃんの帰宅後，Rちゃんの母が「Yちゃんは服装も粗末で貧乏そうだし，挨拶もできない子だから，あまり仲良くしないように！」とRちゃんに釘を刺した．

次の日に，些細なことからSこども園で喧嘩となった際に，Rちゃんは「あなたは貧乏で，ろくに挨拶もできないくせに生意気よ！」とYちゃんに言い出した．

それから，クラスのみんながYちゃんのことを「ビンボー！」という渾名(あだな)で呼びだした．

事例15-3の様に，保護者が自らの子どもであるRちゃんに発した不用意で差別的な一言が引き金になるケースがある．保護者が，無意識に発した「Yちゃんは服装も粗末で貧乏そうだし，挨拶もできない子だから……」という一言がRちゃんに強烈に印象付けられ，いじめが発生してしまったのである．子どもは親の写し鏡というが，保護者の言動や行動を常に子どもがよく観察しているということを念頭に置き，保護者は発言したり行動したりしなければならない．

●事例15-4　H小学校でのいじめの事例

梅雨が続く毎日で，H小学校の子ども達は休み時間も室内遊びを強いられていた．3年3組では，外で遊べないストレスから，「いじめごっこ」がクラス内で流行し，毎朝あみだクジで当たった児童がその日のいじめのターゲットとなっていた．

ある朝，Tさん（男児・9歳）がクジ引きでいじめのターゲットとなってしまった．Tさんの口癖である「もーっ，やめて！」というフレーズを真似して，クラスの皆で「もーっ，もーっ」と囃し立てていた．さらに，数人が悪乗りして，黒板に「体が牛で，顔がTさんの絵」を描いていた．

　　そこに，担任のB教諭が入ってきた．いっせいに，皆が「先生，黒板を見てください！」というと，B教諭は黒板を見て，「おっ，Tの似顔絵か……よく似てるなぁ！」と笑った．その時，Tさんは「もーっ」と叫んだ．

　　すると，B教諭が「T，お前は牛か？！」というと，クラスは爆笑の渦に包まれた．

　　Tさんは，下を向いて真っ赤な顔となってしまった．

　　それ以来，毎日の「いじめごっこ」のターゲットはTさんに決定してしまった．

　事例15-4の様に，B教諭が「おっ，Tの似顔絵か……よく似てるなぁ！」と言ってしまった発言が，Tさんの心を深く傷つけただろう．Tくんは，「きっとB教諭が似顔絵を描いた生徒を注意してくれる」と期待していたのに裏切られたのである．それどころか，B教諭は「T，お前は牛か？！」と，いじめを助長する発言をしてしまうのである．Tくんは谷底に突き落とされた心地だったに違いない．B教諭は，クラスの雰囲気を和ますための冗談のつもりで発言したのかもしれない．しかし，B教諭は「いじめごっこ」にも気づかず，Tさんを貶める発言をしてしまった罪は非常に大きい．この様に，教師や保育者がいじめに加担してしまうケースもある．この様な状況では，クラスのいじめは治まるどころかますます酷くなるだろう．

第6節　いじめやマルトリートメントの予防と対応

1　いじめる側の児童生徒へのケア，マルトリートメントへの対応

　近年，教育機関によるいじめへの対応が本格化してきたが，いじめ自体は減少する気配がない．その様な状況の中で，いじめている側の児童生徒へのケアを積極的に行っていくことで，いじめ自体を防止したり重篤化を防止したりすることができるのではないかと言われている．

　イノチェンティ研究所は，「日本の児童の29.8％が『孤独を感じる』と答えており，先進24か国中最低の数字であること」（ユニセフ・イノチェンティ研究所，2007）を発表し，「日本の子どもの精神的幸福度が，先進38カ国中37位となっていること」（ユニセフ・イノチェンティ研究所，国立社会保障・人口問題研究所，2020）を明らかにした．

　夫婦共働き家庭やひとり親家庭が増加するとともに少子化も進行し，児童自身がコミュニケーションを図ったり，人間関係を築いたりするチャンスが奪われている現実がある．さらには，友人とは携帯電話やパソコンなどを使用したSNS（ソーシャルネットワークサービス）でコミュニケーションを図り，友人と遊ぶ時でさえ電子ゲームを媒介にして遊んでいるのである．また，テレビ番組やアニメ，漫画，電子ゲーム等において，子ども自身が暴力を目の当たりにしたり，自らがバーチャルの世界で暴力を奮ったりしているため，現実と仮想の区別がつきにくくなっている．

　さらには，経済格差が拡大する中で，低所得の世帯が増加し，6人に1人の児童が貧困家庭となっているため，家庭や学校において常に何らかの不安や不満，ストレスを抱え，訳もなく攻撃的になる子どもが増えている．文部科学省（2020）の調査によると，少子化に伴い中学校や高校における児童生徒による暴力行為は年々減少しているが，小学校では5年間で約4倍に増加していることが明らかとなっている．

　実は，いじめる側に回る児童は上記の様な傾向があるといわれている．

　日本では「いじめ防止や人権に関する教育」の実施が小学校に進学して以降である．しかしながら，欧米では幼児期から「いじめ防止や人権に関する教育」「犯罪の加害や被害の防止に関する教育」が行われている．早期教育化を検討すべきである．

　教師や保育者，或いはカウンセラーが，日常的に様々な児童としっかりと向き合い，ゆっくりと話を聞き，精神的な不安を取り除くことに努める必要がある．また，教師や保育者，或いはソーシャルワーカーが，家庭環境や専門機関に働きかけて，児童の生活不安を取り除く必要もある．さらに，いじめる側の児童や大人が引き起こすマルトリートメントに，担任・担当が気づかない場合，教育者・保育者，カウンセラーやソーシャルワーカーの役割として「マルトリートメントに早期に気づき対応すること」を新たに付加することも，いじめを減少させることにつながる可能性が高い．

2　教育者や保育者の資質向上と環境構築，教科目の再考

　日本の大学や短期大学，専門学校で保育者や教育者を目指す学生に「いじめをなくすことができますか？」と質問をした際，ほとんどの学生が「多分無理だと思う」と回答する．一方で，イギリス，アメリカやオーストラリアで保育者や教育者を目指す学生に同じ質問をした際，多くの学生が日本の学生と同様に「難しいと思う」と答えた上で，「簡単ではないが，いつか撲滅できるように尽力したい」と回答する．

　保育者や教育者を目指す日本の学生は，初めから「いじめを撲滅させることを諦めている状況」であり，この様な学生が将来，保育者や教育者になっては，いつまで経っても日本社会からいじめは減少しないだろう．まずは，子どもと関わりその人生に大きな影響を与える可能性の高い保育者や教育者が，「いじめを予防し減少させる」という意志を持ち責任を持って行動する必要がある．

　また，日本の大学や短期大学，専門学校で保育者や教育者を目指す学生に「いじめは駄目なことだと思いますか？」と，質問をした際，ほとんどの学生が「駄目なことだと思う」と回答する．しかし，「いじめを無くすために，いじめ被害者を助けてきましたか？」「いじめを無くすために，活動をしていますか？」と問いかけても，極わずかな学生を除いて，殆どの学生が下を向いて黙り込んでしまう状況である．いじめの被害者を助けた経験やいじめを無くすための活動をしたことのない学生が，教師や保育者になった際に本当にいじめを無くすことができるだろうか．

　教員養成校や保育者養成校のカリキュラムにおいて，「いじめ防止特論」等の講義を必修科目として，設置する必要があるのではないだろうか．

　和久田（2019b）は，いじめ被害による自己肯定感の低下によって，学力や社会的能力が下がることを指摘している．つまり，いじめは将来にわたり人生にマイナスを与える犯罪であり，人権侵害である．また和久田（2019a）は，加害者や被害者の一人ひとりの子どもの特性に焦点を当てるのではなく，環境にフォーカスし，正しい行動を評価する環境を教育・保育施設や家庭などで構築する重要性を提唱している．

　さらに，カナダの精神科医であるD. R. ホーキンズ（David. R. Hawkins）の研究で「いじめの場面で，周囲の１人が『いじめを止めた方がいい』等と言った場合に，約６割のケースで数秒以内に

いじめが治まったこと」が明らかとなった．つまり，教育者や保育者がいじめを早期発見し「いじめを止めなさい」と顕示したり，周囲にいる児童生徒が「いじめを止める」ように意思表示したりできる様に教育やトレーニングを繰り返し受ける機会を設定したりすることが，いじめ抑止につながる可能性がある．

3　いじめ防止対策推進法と罰則規定の強化

　新潟県教育委員会（2019）は「いじめや差別は人権侵害であり，100％する側が悪い．教育の専門家として，教育的方法（「ちがいによる排除」を克服する教育活動と組織的な人権教育）で解決すべきであり，児童生徒が社会性や寛容さを身に付けられるような支援をする必要があり，家庭の協力も不可欠である．児童生徒がよくなること，将来自立した市民として必要となる資質や能力を身に付けるため，学校と家庭との連携・協力が必要である」と三位一体のいじめや差別対策を提唱している．

　2013（平成25）年に施行された「いじめ防止対策推進法」では，国・地方自治体・学校・教職員の責務が明記されているものの，罰則規定が明記されておらず，仮に法律に従わなかった場合でも，必ずしも処分を受ける可能性があるとは言えない．また「いじめ防止対策推進法」の第14条第1項に，「地方自治体がイジメを防止し問題を解決するために条例で定め，"いじめ問題対策連絡協議会"を置くことができる」旨が明記されている．しかし，必置義務ではないため，これだけ全国的にいじめが問題となっていても "**いじめ**問題対策連絡協議会" を設置している市町村は，文部科学省（2022）の調査で86.5％に留まっている．まず，地域ぐるみでいじめや差別を無くすために，"いじめ問題対策連絡協議会" の設置を義務化すべきである．その上で，怠慢な自治体には補助金をカットしたり，学校や教職員が適切な対応をしていない場合は，必ず「罰則」や「懲戒処分」を適応したりするだけでなく，教育機関や教職員による「いじめの隠蔽」が発覚した場合には，より厳しい罰則規定が適応される必要がある．教育者や保育者，国・自治体・教育施設・保育施設が一体的に責任を持って対応していかなければならない．

　こども家庭庁（2023e）は，いじめの重大事態が年々増加する状況に鑑み「重大事態への対処の在り方等に関する新たな方向性案」を示し，「国（文部科学省）へのいじめ重大事態および調査着手に関する報告ならび報告書に関する情報共有の義務化」「文部科学省とこども家庭庁の連携により，いじめ重大事態の事案に対するモニタリングと助言の迅速対処」「全国で700件以上となる重大事態の事案分析のために EBPM（Evidence-based policy making：証拠に基づく政策）を活用し改善策を政策立案に活用」を提言した．形だけでなく実を伴う改革となることを期待するが，重大事態の発生を防ぐ早期発見・早期対応が同時に実践されなければならない．それを担うのが教育者や保育者の重要な責務である．

（立 花 直 樹）

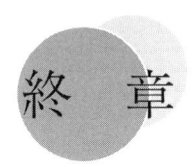

終　章

こどもまんなか社会に活かす子ども家庭支援論

第1節　多様化する家族

1　社会背景

　日本では，子どもの数が減少し，高齢者の数が増加する少子高齢化が急速に進んでいる．「令和5年（2023）人口動態統計月報年計（概数）の概況」（厚生労働省，2023b）に基づいて，日本の合計特殊出生率を見ていくと，日本の合計特殊出生率は2005（平成17）年に1.26となり，その後緩やかな上昇傾向にあったが，2014（平成26）年に低下した．2015（平成27）年に一度再上昇した後，2016（平成28）年からは再び低下している．現在では，2022（令和4）年は1.26，2023（令和5）年は1.20とさらに低下して低水準で推移している．人口を維持するのに必要とされる合計特殊出生率は2.1であるが，現在ではその数字を大きく下回っている．

　出生数は「令和5年（2023）人口動態統計月報年計（概数）」（厚生労働省，2023b）によると，2023（令和5）年出生数は72万7277人で，前年の77万759人より4万3482人減少している．出生数の年次推移をみると，1949（昭和24）年の269万6638人をピークに，1975（昭和50）年以降は減少と増加を繰り返しながら減少傾向が続いており，2015（平成27）年は5年ぶりに増加したが，2016（平成28）年から再び減少しており，1899（明治32）年の調査開始以来過去最少を更新している（図終−1参照）．

　少子化の進行は地域の子どもや子育て家庭の減少をもたらし，地域での子ども同士の育ちあいや子育て家庭と地域の人々の支えあいが行われにくい状況が生じている．こうした少子化は出生数の低下の他，未婚化，晩婚化などによって引き起こされていると考えられている．未婚化，晩婚化にはライフスタイルも従来とは大きく変化してきていることも影響していると考えられる．厚生労働省の調査によると，2040（令和22）年には50歳時の未婚割合が男性で29.5%，女性では18.7%になると見込まれていることから，今後も少子化の改善は難しいともいわれている（図終−2参照）．

　また家族モデルも同様に大きく変化してきている．家族モデルは，少し前までは「サラリーマンの夫」「専業主婦の妻」「子ども」で構成され，夫（父親）は外で働き，妻（母親）は家事や子育てを主として担当するのが一般的とされていた．この家族モデルは，第二次世界大戦後に広く社会に広がり，近代に特徴的な家族として「近代家族」と呼ばれた．「近代家族」の進展に大きく影響を与えたこととして，戦後の家族制度において戸籍が夫婦・親子のみで構成され，男女平等が規定されたこと，仕事をする場所と生活をする場が分離されたこと，サラリーマンが血縁や地縁のある地域を離れ，都市部に移動したことなどがあげられる．

　「近代家族」の増加は，家庭内における家事や子育ての担い手を狭めることになり，結果として

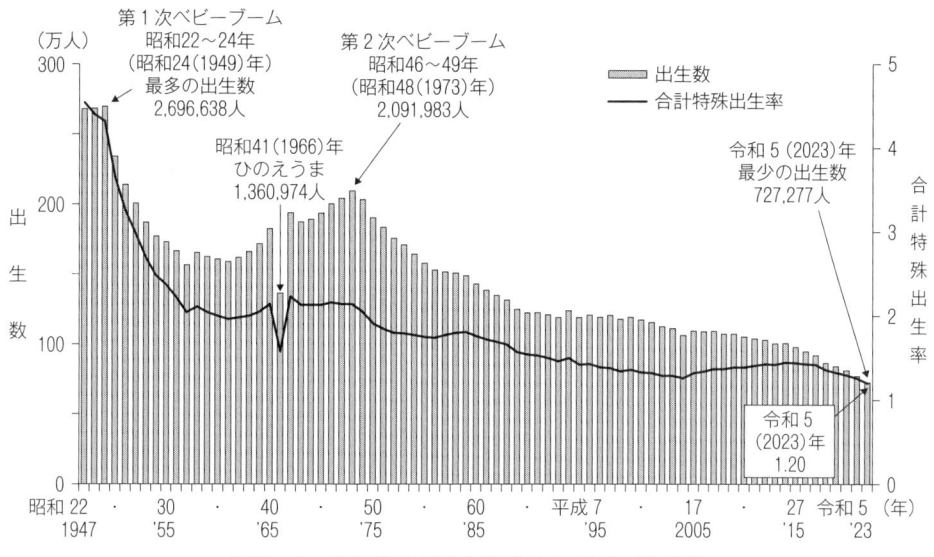

図終-1　出生数及び合計特殊出生率の年次推移

（出典）厚生労働省（2023b：図1）.

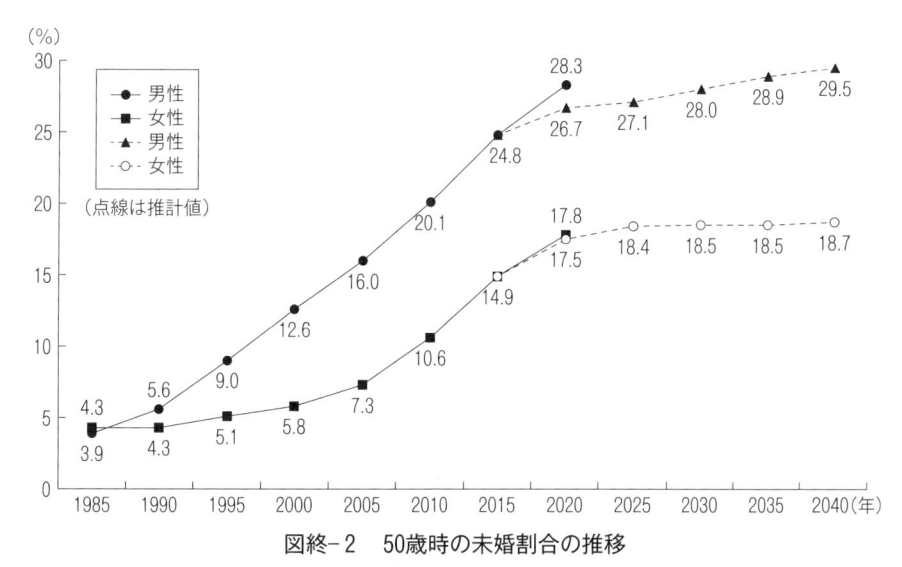

図終-2　50歳時の未婚割合の推移

（注）50歳時の未婚割合は，50歳時点で一度も結婚をしたことのない人の割合であり，2015年までは「人口統計資料集（2017年版）」，2020年以降は「日本の世帯数の将来推計」より，45～49歳の未婚率と50～54歳の未婚率の平均．2020年までの実績値は「人口統計資料集」（2015年及び2020年は，配偶関係不詳完値），2020年以降の推計値は『日本の世帯数の将来推計（全国推計）』（2018（平成30）年推計）による.

（資料）国立社会保障・人口問題研究所「日本の世帯数の将来推計（全国推計）（2013年1月推計）」，「人口統計資料集（2017年版）」.

（出典）厚生労働省（2023a：11，149）.

妻（母親）の負担を大きなものとしたことから，妻（母親）の負担軽減が強く求められる．今後は，2023（令和5）年4月に創設された**こども家庭庁**が中心となって，子どもを産み育てやすい環境づくりを進めていくこととなる.

2 多様化する子育て環境

　近年，子育てに関わる人々の家族状況，子どもが育つ場としての家庭環境は多様化している．一例をあげると，ひとり親家庭，共働き家庭，異文化家庭，貧困，社会的孤立家庭，児童虐待やDVなどを抱えている家庭などである．また籍を入れず婚姻関係も持たずに子育てをする事実婚，離婚・再婚をして**ステップファミリー**になる家族もいる．国の子育て支援政策と相まって，里親家庭も増加傾向にある．

　また**LGBTQ＋**の性的少数派の人も子どもを育てる家族になっている．あまり実態は知られていないなか，2010（平成22）年にLGBTQ＋の保護者が立ち上げた「にじいろかぞく」の活動や手記はLGBTQ＋の保護者たちの子育ての実態や苦労を知るのに参考になると思われる．性的少数派の人々同士の婚姻も含めて，社会全体が理解を示しつつあるのは望ましいことである．2015（平成27）年に東京都渋谷区で最初に認められた**同性パートナーシップ制度**は2024（令和6）年8月現在，全国で459の自治体に広がっている．現在導入に向けて検討中となっている自治体も多い．制度内容は申請条件も含めて自治体によって異なっており，制度の対象はほとんどが同性カップルであるが，中には性同一性障害のある方の存在も考慮している自治体もあり，独自性を持っていることもこの制度の特徴である．まだまだこの制度は十分とはいえないが，性的少数派や同性カップルに対する社会の理解や法的保護も進んでいる．価値観が急速に多様化している状況のなかで，家族構成も多様化しており，保育者も子ども家庭支援を行っていくうえで，価値観の多様化に対する理解を深めることも必要である．

　全ての章において触れられているが子どもが生活する家庭環境は一人ひとり異なっている．保育者による子ども家庭支援を必要としている人々のニーズもそれぞれ異なっており，それぞれに子育ての方針や考え方がある．そのために，保育者が子どもや保護者への支援を行うにあたっては，子どもを取り巻く家庭の養育環境を把握（状況把握やアセスメント）しておくことが求められる．それらに基づいた支援を行っていくことが，**子どもの最善の利益**を保障することになる．

第2節　次世代育成支援対策推進法と子ども・子育て支援制度

1　子ども・子育て支援新制度の成立

　2015（平成27）年から始まった「**子ども・子育て支援新制度**」は，幼児期の学校教育や保育，地域の子育て支援の量の拡充や質の向上を進めていくためにつくられた制度である．支援を必要とする全ての家庭が利用でき，子どもたちがより豊かに育っていける支援を目指し，取組を進めている．

　この「子ども・子育て支援新制度」は，2012（平成24）年8月に成立した「子ども・子育て支援法」「認定こども園法の一部改正法」「子ども・子育て支援法及び認定こども園法の一部改正法の施行に伴う関係法律の整備等に関する法律」の「**子ども・子育て関連3法**」に基づく制度である．

　「子ども・子育て支援新制度」では，認定こども園・幼稚園・保育所を通じた共通の給付と小規模保育等への給付の創設，認定こども園制度の改善，地域の実情に応じた子ども・子育て支援の充実等が行われている．

2　子ども・子育て支援新制度の主なポイント

「子ども・子育て支援新制度」では，① 認定こども園，幼稚園，保育所を通じた共通の給付（「施設型給付」）および小規模保育等への給付（「地域型保育給付」）の創設，② 認定こども園制度の改善（幼保連携型認定こども園の改善等），③ 地域の実情に応じた子ども・子育て支援（利用者支援，地域子育て支援拠点，放課後児童クラブなどの「地域子ども・子育て支援事業」）の充実，の３点が主なポイントである．

2016（平成28）年４月には，「子ども・子育て支援法」の改正により，仕事・子育て両立支援事業として，**「企業主導型保育事業」**と**「企業主導ベビーシッター利用者支援事業」**が創設された．全体像は第10章**図10-1**の通りである．

「子ども・子育て支援新制度」では，消費税率の引上げによる社会保障の充実の財源のうち，0.7兆円程度を子ども・子育て支援に充てることとされている．これを含め１兆円超程度の財源を確保し，幼児教育・保育・地域の子育て支援の更なる充実を図ることとしている．2022（令和４）年度においても，子ども・子育て支援は，社会保障の充実において優先的に取り組む施策と位置づけられ，必要な予算が計上されている．さらに，2023（令和５）年度においても，保育士の２％の処遇改善等の実施に必要な予算が計上されるなどの対策が図られている．また2024（令和６）年10月からは「児童手当制度」が拡充され，所得制限の撤廃，支給期間の高校生世代までの延長（18歳に到達後の最初の年度末まで），第３子以降の支給額を３万円に増額するなどの施策が実施された．また，2024（令和６）年度には，地域子ども・子育て支援事業に**「子育て世帯訪問支援事業」「児童育成支援拠点事業」「親子関係形成支援事業」**が新たに位置づけられた．また，2025（令和７）年度には，この事業の中に「こども誰でも通園制度」が加わり実施されることになる．

実施主体は基礎自治体である市町村が中心であり，地域の実情等に応じて，幼児期の学校教育・保育，地域の子ども・子育て支援に必要な給付・事業を計画的に実施していくこととしている．具体的な内容について，鈴木・山本（2021）は次のようにまとめている．

1）　認定こども園，幼稚園，保育所を通じた共通の給付と小規模保育等への給付の創設

これまでの財政支援は，保育所には保育所運営費が，幼稚園には私学助成等が，認定こども園には，それに加えて，安心子ども基金が給付されていた．「子ども・子育て支援新制度」では施設や事業ごとにばらばらであった財政支援の仕組みを再編し，共通の給付である「施設型給付」を創設して財政支援を一本化した．なお私立保育所については，今までどおり市町村から保育所に委託費が支払われる．

また，新たな給付として「地域型保育給付」を創設し，小規模保育（定員６人以上９人以下），家庭的保育（５人以下），居宅訪問型保育（子どもの居宅において保育を行う），事業所内保育（従業員の子どものほか地域の子どもの保育を行う）の４つの事業について財政支援の対象とした．これにより，都市部では待機児童の解消を図り，人口減少地域では地域の子育て支援機能の維持・確保を目指すこととした．

2）　認定こども園制度の改善（幼保連携型認定こども園の改善等）

認定こども園制度の改善も注目されている．2006（平成18）年度にスタートした認定こども園制

度は，就学前の子どもに対する教育・保育，保護者に対する子育て支援を総合的に提供する仕組みとして，保護者の就労状況によらずに利用できること等が一定の評価を得ていた．ただ幼保連携型認定こども園，幼稚園型認定こども園，保育所型認定こども園，地方裁量型認定こども園の4類型に分かれ，特に幼保連携型こども園では幼稚園部分と保育所部分でそれぞれ認可を受けなければ設置できないといった二重行政の問題がこれまで指摘されてきた．新制度ではこの課題を解決するため，幼保連携型認定こども園を，学校および児童福祉施設としての法的位置づけをもつ単一の施設に改め，認可・指導監督を一本化している．財政支援は，幼保連携型認定こども園，幼稚園型認定こども園，保育所型認定こども園，地方裁量型認定こども園の4類型全てが「施設型給付」の対象とされた．

3） 地域の実情に応じた子ども・子育て支援の充実

「子ども・子育て支援新制度」では，保育が必要な子どものいる家庭だけでなく，全ての家庭を対象に地域のニーズに応じた多様な子育て支援の充実が図られる．保護者が地域の教育・保育，子育て支援事業等を円滑に利用できるよう情報提供・助言等を行う利用者支援や，子育ての相談や親子同士の交流ができる地域子育て支援拠点，一時預かり，放課後児童クラブなど，市町村が行う事業は「地域子ども・子育て支援事業」として法律上に位置づけ，財政支援を強化して，その拡充を図ることとされた．

第3節　これからの子ども家庭支援

1　「こども基本法」に基づく「こども大綱」の策定・推進

「こども基本法」は，こども施策を社会全体で総合的かつ強力に推進していくための包括的な基本法として，2022（令和4）年6月に成立し，2023（令和5）年4月に施行された．

「こども基本法」は，「日本国憲法」および「児童の権利に関する条約」の精神にのっとり，全てのこどもが，将来にわたって幸福な生活を送ることができる社会の実現を目指し，こども政策を総合的に推進することを目的としている．

「こども基本法」は以下の6つを基本理念としている．

① すべてのこどもは大切にされ，基本的な人権が守られ，差別されないこと．

② すべてのこどもは，大事に育てられ，生活が守られ，愛され，保護される権利が守られ，平等に教育を受けられること．

③ 年齢や発達の程度により，自分に直接関係することに意見を言えたり，社会のさまざまな活動に参加できること．

④ すべてのこどもは年齢や発達の程度に応じて，意見が尊重され，こどもの今とこれからにとって最もよいことが優先して考えられること．

⑤ 子育ては家庭を基本としながら，そのサポートが十分に行われ，家庭で育つことが難しいこどもも，家庭と同様の環境が確保されること．

こども基本法の概要

目　的

　日本国憲法及び児童の権利に関する条約の精神にのっとり，次代の社会を担う全てのこどもが，生涯にわたる人格形成の基礎を築き，自立した個人としてひとしく健やかに成長することができ，こどもの心身の状況，置かれている環境等にかかわらず，その権利の擁護が図られ，将来にわたって幸福な生活を送ることができる社会の実現を目指して，こども施策を総合的に推進する.

基本理念

①全てのこどもについて，個人として尊重されること・基本的人権が保障されること・差別的取扱いを受けることがないようにすること
②全てのこどもについて，適切に養育されること・生活を保障されること・愛され保護されること等の福祉に係る権利が等しく保障されるとともに，教育基本法の精神にのっとり教育を受ける機会が等しく与えられること
③全てのこどもについて，年齢及び発達の程度に応じ，自己に直接関係する全ての事項に関して意見を表明する機会・多様な社会的活動に参画する機会が確保されること
④全てのこどもについて，年齢及び発達の程度に応じ，意見の尊重，最善の利益が優先して考慮されること
⑤こどもの養育は家庭を基本として行われ，父母その他の保護者が第一義的責任を有するとの認識の下，十分な養育の支援・家庭での養育が困難なこどもの養育環境の確保
⑥家庭や子育てに夢を持ち，子育てに伴う喜びを実感できる社会環境の整備

責務等

〇 国・地方公共団体の責務　〇 事業主・国民の努力

白書・大綱

〇 年次報告（法定白書），こども大綱の策定
　（※少子化社会対策／子ども・若者育成支援／子どもの貧困対策の既存の3法律の白書・大綱と一体的に作成）

基本的施策

〇 施策に対するこども・子育て当事者等の意見の反映
〇 支援の総合的・一体的提供の体制整備
〇 関係者相互の有機的な連携の確保
〇 この法律・児童の権利に関する条約の周知
〇 こども大綱による施策の充実及び財政上の措置等

こども政策推進会議

〇 こども家庭庁に，内閣総理大臣を会長とする，こども政策推進会議を設置
　①大綱の案を作成
　②こども施策の重要事項の審議・こども施策の実施を推進
　③関係行政機関相互の調整　　等
〇 会議は，大綱の案の作成に当たり，こども・子育て当事者・民間団体等の意見反映のために必要な措置を講ずる

附　則

施行期日：令和5年4月1日
検討：国は，施行後5年を目途として，基本理念にのっとったこども施策の一層の推進のために必要な方策を検討

図終-3　こども基本法の概要

（出典）こども家庭庁（2024a：39）.

　⑥ 家庭や子育てに夢を持ち，喜びを感じられる社会をつくること.

　国は，これらの基本理念にのっとり，こども施策を総合的に策定・実施する責務があり，政府は，こども施策を総合的に推進するため，「こども大綱」を定めなければならないとされている. また都道府県および市町村は「**こども計画**」を定めることとされている.

　「こども基本法」において，「こども施策」とはこどもの健やかな成長に対する支援等を主な目的とする施策に加え，教育施策，雇用施策，医療施策など幅広い施策を含むものである.

　「こども基本法」では「こども大綱」が，これまで別々に作成・推進されてきた「**少子化社会対策大綱**」「**子供・若者育成支援推進大綱**」および「**子供の貧困対策に関する大綱**」を1つに束ね，こども施策に関する基本的な方針や重要事項等を一元的に定めるものであることが定められている.

2　こども大綱が目指す「こどもまんなか社会」

　「こども大綱」は，「こども基本法」の中核として，これを実効あるものとするため，今後5年程度のこども施策に関する基本的な方針や重要事項等を定めるものであり，こども家庭庁の取組みを

こども大綱が目指す「こどもまんなか社会」 〜全てのこども・若者が身体的・精神的・社会的に幸福な生活を送ることができる社会〜

全てのこども・若者が，日本国憲法，こども基本法及びこどもの権利条約*の精神にのっとり，生涯にわたる人格形成の基礎を築き，自立した個人としてひとしく健やかに成長することができ，心身の状況，置かれている環境等にかかわらず，ひとしくその権利の擁護が図られ，身体的・精神的・社会的に将来にわたって幸せな状態（ウェルビーイング）で生活を送ることができる社会．

全てのこどもや若者が，保護者や社会に支えられ，生活に必要な知恵を身に付けながら
- 心身ともに健やかに成長できる・個性や多様性が尊重され，尊厳が重んぜられ，ありのままの自分を受け容れて大切に感じる（自己肯定感を持つ）ことができ，自分らしく，一人一人が思う幸福な生活ができる
- 様々な遊びや学び，体験等を通じて，生き抜く力を得ることができる
- 夢や希望を叶えるために，希望と意欲に応じて，のびのびとチャレンジでき，未来を切り開くことができる
- 固定観念や価値観を押し付けられず，自由で多様な選択ができ，自分の可能性を広げることができる
- 自らの意見を持つための様々な支援を受けることができ，その意見を表明し，社会に参画できる
- 不安や悩みを抱えたり，困ったりしても，周囲のおとなや社会にサポートされ，問題を解消したり，乗り越えたりすることができる
- 虐待，いじめ，体罰・不適切な指導，暴力，経済的搾取，性犯罪・性暴力，災害・事故などから守られ，困難な状況に陥った場合には助けられ，差別されたり，孤立したり，貧困に陥ったりすることなく，安全に安心して暮らすことができる
- 働くこと，また，誰かと家族になること，親になることに，夢や希望を持つことができる

そして，20代，30代を中心とする若い世代が，
- 自分らしく社会生活を送ることができ，経済的基盤が確保され，将来に見通しを持つことができる．
- 希望するキャリアを諦めることなく，仕事と生活を調和させながら，希望と意欲に応じて社会で活躍することができる．
- それぞれの希望に応じ，家族を持ち，こどもを産み育てることや，不安なく，こどもとの生活を始めることができる．
- 社会全体から支えられ，自己肯定感を持ちながら幸せな状態で，こどもと向き合うことができ，子育てに伴う喜びを実感することができる．そうした環境の下で，こどもが幸せな状態で育つことができる．

① こども・若者が，尊厳を重んぜられ，自分らしく自らの希望に応じてその意欲と能力を活かすことができるようになる．こどもを産みたい，育てたいと考える個人の希望が叶う．こどもや若者，子育て当事者の幸福追求において非常に重要．
② その結果として，少子化・人口減少の流れを大きく変えるとともに，未来を担う人材を社会全体で育み，社会経済の持続可能性を高める．

こどもや若者，子育て当事者はもちろん，全ての人にとって，社会的価値が創造され，その幸福が高まることに

（*こども家庭審議会における当該条約の呼称についての議論を踏まえ，当事者であるこどもにとってのわかりやすさの観点から，児童の権利に関する条約を「こどもの権利条約」と記載．）

図終-4　こども大綱が目指す「こどもまんなか社会」

（出典）こども家庭庁（2024a：47）．

定めるものではなく，政府をあげて取り組むべき，こどもや若者に関する施策，少子化の克服やこどもの貧困に関する施策を幅広く対象とするものである．「**こども大綱**」の使命は，常にこどもや若者の最善の利益を第一に考え，こども・若者・子育て支援に関する取組・政策を我が国社会のまんなかに据え，こどもや若者を権利の主体として認識し，こどもや若者の視点で，こどもや若者を取り巻くあらゆる環境を視野に入れ，こどもや若者の権利を保障し，誰一人取り残さず，健やかな成長を社会全体で後押しすることにより，「**こどもまんなか社会**」を実現していくことが強く期待されている．

なお，「**こども大綱**」では，こども施策に関する基本的な方針として，次の6つを掲げている．

① こども・若者を権利の主体として認識し，その多様な人格・個性を尊重し，権利を保障し，こども・若者の今とこれからの最善の利益を図る．

② こどもや若者，子育て当事者の視点を尊重し，その意見を聴き，対話しながら，ともに進めていく．

③ こどもや若者，子育て当事者のライフステージに応じて切れ目なく対応し，十分に支援す

こども施策に関する基本的な方針

日本国憲法，こども基本法及びこどもの権利条約の精神にのっとり，以下の6本の柱を基本的な方針とする．

①こども・若者を権利の主体として認識し，その多様な人格・個性を尊重し，権利を保障し，こども・若者の今とこれ　からの最善の利益を図る

・こども・若者は，保護者や社会の支えを受けながら，自立した個人として自己を確立していく意見表明・参画と自己選択・自己決定・自己実現の主体であり，生まれながらに権利の主体．多様な人格を持った個として尊重し，その権利を保障し，こども・若者の今とこれからにとっての最善の利益を図る．「こどもとともに」という姿勢で，こどもや若者の自己選択・自己決定・自己実現を社会全体で後押し．
・成育環境等によって差別的取扱いを受けることのないようにする．虐待，いじめ，暴力等からこどもを守り，救済する．

②こどもや若者，子育て当事者の視点を尊重し，その意見を聴き，対話しながら，ともに進めていく

・こども・若者が，自らのことについて意見を形成し，その意見を表明することや，社会に参画することが，社会への影響力を発揮することにつながり，おとなは，こども・若者の最善の利益を実現する観点からこども・若者の意見を年齢や発達の程度に応じて尊重する．
・意見表明・社会参画する上でも欠かせない意見形成への支援を進め，意見を表明しやすい環境づくりを行う．困難な状況に置かれたこども・若者や様々な状況にあって声を聴かれにくいこどもや若者等について十分な配慮を行う．

③こどもや若者，子育て当事者のライフステージに応じて切れ目なく対応し，十分に支援する

・こども・若者の状況に応じて必要な支援が特定の年齢で途切れることなく行われ，自分らしく社会生活を送ることができるようになるまでを社会全体で切れ目なく支える．
・「子育て」とは，こどもの誕生前から男女ともに始まっており，乳幼児期の後も，学童期，思春期，青年期を経て，おとなになるまで続くものとの認識の下，ライフステージを通じて，社会全体で子育て当事者を支えていく．

④良好な成育環境を確保し，貧困と格差の解消を図り，全てのこども・若者が幸せな状態で成長できるようにする

・乳幼児期からの安定した愛着（アタッチメント）の形成を保障するとともに，愛着を土台として，全てのこども・若者が，相互に人格と個性を尊重されながら，安全で安心して過ごすことができる多くの居場所を持ち，様々な学びや多様な体験活動・外遊びの機会を得ることを通じて，自己肯定感や自己有用感を高め，幸せな状態で成長し，尊厳が重んぜられ，自分らしく社会生活を営むことができるように取り組む．
・困難な状況にあるこども・若者や家庭を誰一人取り残さず，その特性や支援ニーズに応じてきめ細かい支援や合理的配慮を行う．

⑤若い世代の生活の基盤の安定を図るとともに，多様な価値観・考え方を大前提として若い世代の視点に立って結婚，　子育てに関する希望の形成と実現を阻む隘路（あいろ）の打破に取り組む

・若い世代が「人生のラッシュアワー」と言われる様々なライフイベントが重なる時期において，社会の中で自らを活かす場を持つことができ，現在の所得や将来の見通しを持てるようにする．
・多様な価値観・考え方を尊重することを大前提とし，どのような選択をしても不利にならないようにすることが重要．その上で，若い世代の意見に真摯に耳を傾け，その視点に立って，若い世代が，自らの主体的な選択により，結婚し，こどもを産み，育てたいと望んだ場合に，それぞれの希望に応じて社会全体で支えていく．共働き世帯が増加し，また，結婚・出産後も仕事を続けたい人が多くなっている中，その両立を支援していくことが重要であるため，共働き・共育てを推進し，育児負担が女性に集中している実態を変え，男性の家事や子育てへの参画を促進する．

⑥施策の総合性を確保するとともに，関係省庁，地方公共団体，民間団体等との連携を重視する

図終-5　こども施策に関する基本的な方針

（出典）こども家庭庁（2024a：48）．

　　る．

④ 良好な成育環境を確保し，貧困と格差の解消を図り，全てのこども・若者が幸せな状態で成長できるようにする．

⑤ 若い世代の生活の基盤の安定を図るとともに，多様な価値観・考え方を大前提として若い世代の視点に立って結婚，子育てに関する希望の形成と実現を阻む隘路（あいろ）の打破に取り組む．

⑥ 施策の総合性を確保するとともに，関係省庁，地方公共団体，民間団体等との連携を重視する．

この「**こども大綱**」では，これまでにはない，初めての試みとして，次の5点があげられている．

① 目指す「**こどもまんなか社会**」の姿を，こども・若者の視点で描き，それに対応する目標を定めたこと．

② こども・若者が「**権利の主体**」であることを明示するとともに，こどもや若者・子育て当事者と「**ともに進めていく**」としたこと．

③ 政策に関する重要事項について，こども・若者の視点でわかりやすく示すため，こども・若者のライフステージごとに提示したこと．

④「こども大綱」の下で具体的に進める施策について，今後，毎年，「**こどもまんなか実行計画**」を策定し，骨太の方針や各省庁の概算要求などに反映することにしたこと．

⑤ こども・若者，子育て当事者を始めとする様々な方々から，対面・オンライン・チャット，パブリックコメント，アンケート，ヒアリング，児童館や児童養護施設への訪問など，様々な方法で意見を聴き，その意見を反映するとともに，こどもや若者にもなるべくわかりやすくフィードバックしたこと．

「**こども大綱**」では，大人からの視点ではなく，当事者でもあるこども・若者からの視点を可能な限り取り入れる試みが行われていること特徴でもある．またライフステージごとに重要施策が具体的に示されており，当事者の意識に寄り添ったものとなっている．今後は**こども家庭庁**が中心となって，こども施策の推進，成果が期待されるところである．

3　こども家庭庁

以上のような理念に基づいたこども政策を，社会のまんなかに据え，子どもを取り巻くあらゆる環境を視野に入れ，子どもを誰一人取り残さず，健やかな成長を社会全体で後押ししていくことが必要となった．子どもの最善の利益を第一に考え，常に子どもの視点に立った政策を強い司令塔機能を有しながら推進していくための新たな行政機関として，2023（令和5）年4月にこども家庭庁が発足した．

こども家庭庁は，子どもに関わる行政分野のうち，厚生労働省，文部科学省，内閣府などが担っていた事務の一元化を目的に設立され，子ども施策に関する司令塔機能を一本化するという目的がある．

こども家庭庁の任務は，こどもが自立した個人として等しく健やかに成長することができる社会の実現である．こども家庭庁では，各省庁の間で抜け落ちることがないよう隙間事案に対して必要な取組を行うとともに，新規の政策課題にも取り組む．

こども家庭庁の組織は，以下の3つの部門に分かれている．

① 企画立案・総合調整部門
・こどもの視点，子育て当事者の視点に立った政策の企画立案・総合調整
・必要な支援を必要な人に届けるための情報発信や広報等
・データ・統計を活用したエビデンスに基づく政策立案と実践，評価，改善
② 成育部門
・妊娠・出産の支援，母子保健，成育医療等
・就学前の全てのこどもの育ちの保障
（幼稚園教育要領，保育所保育指針の双方を文部科学省とともに策定（共同告示））
・相談対応や情報提供の充実，全てのこどもの居場所づくり

・こどもの安全

③　支援部門

・様々な困難を抱えるこどもや家庭に対する年齢や制度の壁を克服した切れ目ない包括的支援

・児童虐待防止対策の強化，社会的養護の充実及び自立支援

・こどもの貧困対策，ひとり親家庭の支援

・障害児支援

・いじめ防止を担い文部科学省と連携して施策を推進

（安田誠人）

付　　録

ソーシャルワーク専門職のグローバル定義

　ソーシャルワークは，社会変革と社会開発，社会的結束，および人々のエンパワメントと解放を促進する，実践に基づいた専門職であり学問である．社会正義，人権，集団的責任，および多様性尊重の諸原理は，ソーシャルワークの中核をなす．ソーシャルワークの理論，社会科学，人文学，および地域・民族固有の知を基盤として[1]，ソーシャルワークは，生活課題に取り組みウェルビーイングを高めるよう，人々や様々な構造に働きかける[2]．

　この定義は，各国および世界の各地域で展開してもよい[3]．

....

注　釈

　注釈は，定義に用いられる中核概念を説明し，ソーシャルワーク専門職の中核となる任務・原則・知・実践について詳述するものである．

中核となる任務

　ソーシャルワーク専門職の中核となる任務には，社会変革・社会開発・社会的結束の促進，および人々のエンパワメントと解放がある．

　ソーシャルワークは，相互に結び付いた歴史的・社会経済的・文化的・空間的・政治的・個人的要素が人々のウェルビーイングと発展にとってチャンスにも障壁にもなることを認識している，実践に基づいた専門職であり学問である．構造的障壁は，不平等・差別・搾取・抑圧の永続につながる．人種・階級・言語・宗教・ジェンダー・障害・文化・性的指向などに基づく抑圧や，特権の構造的原因の探求を通して批判的意識を養うこと，そして構造的・個人的障壁の問題に取り組む行動戦略を立てることは，人々のエンパワメントと解放をめざす実践の中核をなす．不利な立場にある人々と連帯しつつ，この専門職は，貧困を軽減し，脆弱で抑圧された人々を解放し，社会的包摂と社会的結束を促進すべく努力する．

　社会変革の任務は，個人・家族・小集団・共同体・社会のどのレベルであれ，現状が変革と開発を必要とするとみなされる時，ソーシャルワークが介入することを前提としている．それは，周縁化・社会的排除・抑圧の原因となる構造的条件に挑戦し変革する必要によって突き動かされる．社会変革のイニシアチブは，人権および経済的・環境的・社会的正義の増進において人々の主体性が果たす役割を認識する．また，ソーシャルワーク専門職は，それがいかなる特定の集団の周縁化・排除・抑圧にも利用されない限りにおいて，社会的安定の維持にも等しく関与する．

　社会開発という概念は，介入のための戦略，最終的にめざす状態，および（通常の残余的および制度的枠組に加えて）政策的枠組などを意味する．それは，（持続可能な発展をめざし，ミクロ−マクロの区分を超えて，複数のシステムレベルおよびセクター間・専門職間の協働を統合するような）全体的，生物—心理—社会的，お

よびスピリチュアルなアセスメントと介入に基づいている．それは社会構造的かつ経済的な開発に優先権を与えるものであり，経済成長こそが社会開発の前提条件であるという従来の考え方には賛同しない．

原　則

ソーシャルワークの大原則は，人間の内在的価値と尊厳の尊重，危害を加えないこと，多様性の尊重，人権と社会正義の支持である．

人権と社会正義を擁護し支持することは，ソーシャルワークを動機づけ，正当化するものである．ソーシャルワーク専門職は，人権と集団的責任の共存が必要であることを認識する．集団的責任という考えは，一つには，人々がお互い同士，そして環境に対して責任をもつ限りにおいて，はじめて個人の権利が日常レベルで実現されるという現実，もう一つには，共同体の中で互恵的な関係を確立することの重要性を強調する．したがって，ソーシャルワークの主な焦点は，あらゆるレベルにおいて人々の権利を主張すること，および，人々が互いのウェルビーイングに責任をもち，人と人の間，そして人々と環境の間の相互依存を認識し尊重するように促すことにある．

ソーシャルワークは，第一・第二・第三世代の権利を尊重する．第一世代の権利とは，言論や良心の自由，拷問や恣意的拘束からの自由など，市民的・政治的権利を指す．第二世代の権利とは，合理的なレベルの教育・保健医療・住居・少数言語の権利など，社会経済的・文化的権利を指す．第三世代の権利は自然界，生物多様性や世代間平等の権利に焦点を当てる．これらの権利は，互いに補強し依存しあうものであり，個人の権利と集団的権利の両方を含んでいる．

「危害を加えないこと」と「多様性の尊重」は，状況によっては，対立し，競合する価値観となることがある．例えば，女性や同性愛者などのマイノリティの権利（生存権さえも）が文化の名において侵害される場合などである．『ソーシャルワークの教育・養成に関する世界基準』は，ソーシャルワーカーの教育は基本的人権アプローチに基づくべきと主張することによって，この複雑な問題に対処しようとしている．そこには以下の注が付されている．

> 文化的信念，価値，および伝統が人々の基本的人権を侵害するところでは，そのようなアプローチ（基本的人権アプローチ）が建設的な対決と変化を促すかもしれない．そもそも文化とは社会的に構成されるダイナミックなものであり，解体され変化しうるものである．そのような建設的な対決，解体，および変化は，特定の文化的価値・信念・伝統を深く理解した上で，人権という（特定の文化よりも）広範な問題に関して，その文化的集団のメンバーと批判的で思慮深い対話を行うことを通して促進されうる．

知

ソーシャルワークは，複数の学問分野をまたぎ，その境界を超えていくものであり，広範な科学的諸理論および研究を利用する．ここでは，「科学」を「知」というそのもっとも基本的な意味で理解したい．ソーシャルワークは，常に発展し続ける自らの理論的基盤および研究はもちろん，コミュニティ開発・全人的教育学・行政学・人類学・生態学・経済学・教育学・運営管理学・看護学・精神医学・心理学・保健学・社会学など，他の人間諸科学の理論をも利用する．ソーシャルワークの研究と理論の独自性は，その応用性と解放志向性にある．多くのソーシャルワーク研究と理論は，サービス利用者との双方向性のある対話

的過程を通して共同で作り上げられてきたものであり，それゆえに特定の実践環境に特徴づけられる．

　この定義は，ソーシャルワークは特定の実践環境や西洋の諸理論だけでなく，先住民を含めた地域・民族固有の知にも拠っていることを認識している．植民地主義の結果，西洋の理論や知識のみが評価され，地域・民族固有の知は，西洋の理論や知識によって過小評価され，軽視され，支配された．この定義は，世界のどの地域・国・区域の先住民たちも，その独自の価値観および知を作り出し，それらを伝達する様式によって，科学に対して計り知れない貢献をしてきたことを認めるとともに，そうすることによって西洋の支配の過程を止め，反転させようとする．ソーシャルワークは，世界中の先住民たちの声に耳を傾け学ぶことによって，西洋の歴史的な科学的植民地主義と覇権を是正しようとする．こうして，ソーシャルワークの知は，先住民の人々と共同で作り出され，ローカルにも国際的にも，より適切に実践されることになるだろう．国連の資料に拠りつつ，IFSW は先住民を以下のように定義している．

　　・地理的に明確な先祖伝来の領域に居住している（あるいはその土地への愛着を維持している）．

　　・自らの領域において，明確な社会的・経済的・政治的制度を維持する傾向がある．

　　・彼らは通常，その国の社会に完全に同化するよりも，文化的・地理的・制度的に独自であり続けることを望む．

　　・先住民あるいは部族というアイデンティティをもつ．

http : ifsw.org/policies/indigenous-peoples

実　　践

　ソーシャルワークの正統性と任務は，人々がその環境と相互作用する接点への介入にある．環境は，人々の生活に深い影響を及ぼすものであり，人々がその中にある様々な社会システムおよび自然的・地理的環境を含んでいる．ソーシャルワークの参加重視の方法論は，「生活課題に取り組みウェルビーイングを高めるよう，人々や様々な構造に働きかける」という部分に表現されている．ソーシャルワークは，できる限り，「人々のために」ではなく，「人々とともに」働くという考え方をとる．社会開発パラダイムにしたがって，ソーシャルワーカーは，システムの維持あるいは変革に向けて，様々なシステムレベルで一連のスキル・テクニック・戦略・原則・活動を活用する．ソーシャルワークの実践は，様々な形のセラピーやカウンセリング・グループワーク・コミュニティワーク，政策立案や分析，アドボカシーや政治的介入など，広範囲に及ぶ．この定義が支持する解放促進的視角からして，ソーシャルワークの戦略は，抑圧的な権力や不正義の構造的原因と対決しそれに挑戦するために，人々の希望・自尊心・創造的力を増大させることをめざすものであり，それゆえ，介入のミクロ―マクロ的，個人的―政治的次元を一貫性のある全体に統合することができる．ソーシャルワークが全体性を指向する性質は普遍的である．しかしその一方で，ソーシャルワークの実践が実際上何を優先するかは，国や時代により，歴史的・文化的・政治的・社会経済的条件により，多様である．

　この定義に表現された価値や原則を守り，高め，実現することは，世界中のソーシャルワーカーの責任である．ソーシャルワーカーたちがその価値やビジョンに積極的に関与することによってのみ，ソーシャルワークの定義は意味をもつのである．

....

※「IFSW 脚注」

　2014年7月6日の IFSW 総会において，IFSW は，スイスからの動議に基づき，ソーシャルワークのグローバル定義に関して以下の追加動議を可決した.

IFSW 総会において可決された，ソーシャルワークのグローバル定義に関する追加動議

　「この定義のどの一部分についても，定義の他の部分と矛盾するような解釈を行わないものとする」

　「国・地域レベルでの『展開』は，この定義の諸要素の意味および定義全体の精神と矛盾しないものとする」

　「ソーシャルワークの定義は，専門職集団のアイデンティティを確立するための鍵となる重要な要素であるから，この定義の将来の見直しは，その実行過程と変更の必要性を正確に吟味した上ではじめて開始されるものでなければならない. 定義自体を変えることを考える前に，まずは注釈を付け加えることを検討すべきである.」

==

2014年7月メルボルンにおける国際ソーシャルワーカー連盟（IFSW）総会及び国際ソーシャルワーク学校連盟（IASSW）総会において定義を採択. 日本語定義の作業は社会福祉専門職団体協議会と（一社）日本社会福祉教育学校連盟が協働で行った. 2015年2月13日，IFSW としては日本語訳，IASSW は公用語である日本語定義として決定した.

　　　社会福祉専門職団体協議会は，（NPO）日本ソーシャルワーカー協会，（公社）日本社会福祉士会，（公社）日本医療社会福祉協会，（公社）日本精神保健福祉士協会で構成され，IFSW に日本国代表団体として加盟しています.

注
1 ）「地域・民族固有の知（indigenous knowledge）」とは，世界各地に根ざし，人々が集団レベルで長期間受け継いできた知を指している. 中でも，本文注釈の「知」の節を見ればわかるように，いわゆる「先住民」の知が特に重視されている.
2 ）この文の後半部分は，英語と日本語の言語的構造の違いから，簡潔で適切な訳出が非常に困難である. 本文注釈の「実践」の節で，ここは人々の参加や主体性を重視する姿勢を表現していると説明がある. これを加味すると，「ソーシャルワークは，人々が主体的に生活課題に取り組みウェルビーイングを高められるよう人々に関わるとともに，ウェルビーイングを高めるための変革に向けて人々とともに様々な構造に働きかける」という意味合いで理解すべきであろう.
3 ）今回，各国および世界の各地域（IFSW/IASSW は，世界をアジア太平洋，アフリカ，北アメリカ，南アメリカ，ヨーロッパという五つの地域＝リージョンに分けている）は，このグローバル定義を基に，それに反しない範囲で，それぞれの置かれた社会的・政治的・文化的状況に応じた独自の定義を作ることができることとなった. これによって，ソーシャルワークの定義は，グローバル（世界）・リージョナル（地域）・ナショナル（国）という三つのレベルをもつ重層的なものとなる.

〈https://www.jacsw.or.jp/citizens/kokusai/IFSW/documents/SW_teigi_japanese.pdf〉（2025年2月7日確認）.

全国保育士会倫理綱領

　すべての子どもは，豊かな愛情のなかで心身ともに健やかに育てられ，自ら伸びていく無限の可能性を持っています．

　私たちは，子どもが現在(いま)を幸せに生活し，未来(あす)を生きる力を育てる保育の仕事に誇りと責任をもって，自らの人間性と専門性の向上に努め，一人一人の子どもを心から尊重し，次のことを行います．

　　私たちは，子どもの育ちを支えます．

　　私たちは，保護者の子育てを支えます．

　　私たちは，子どもと子育てにやさしい社会をつくります．

（子どもの最善の利益の尊重）

1．私たちは，一人一人の子どもの最善の利益を第一に考え，保育を通してその福祉を積極的に増進するよう努めます．

（子どもの発達保障）

2．私たちは，養護と教育が一体となった保育を通して，一人一人の子どもが心身ともに健康，安全で情緒の安定した生活ができる環境を用意し，生きる喜びと力を育むことを基本として，その健やかな育ちを支えます．

（保護者との協力）

3．私たちは，子どもと保護者のおかれた状況や意向を受けとめ，保護者とより良い協力関係を築きながら，子どもの育ちや子育てを支えます．

（プライバシーの保護）

4．私たちは，一人一人のプライバシーを保護するため，保育を通して知り得た個人の情報や秘密を守ります．

（チームワークと自己評価）

5．私たちは，職場におけるチームワークや，関係する他の専門機関との連携を大切にします．

　　また，自らの行う保育について，常に子どもの視点に立って自己評価を行い，保育の質の向上を図ります．

（利用者の代弁）

6．私たちは，日々の保育や子育て支援の活動を通して子どものニーズを受けとめ，子どもの立場に立ってそれを代弁します．

　　また，子育てをしているすべての保護者のニーズを受けとめ，それを代弁していくことも重要な役割と考え，行動します．

（地域の子育て支援）

7．私たちは，地域の人々や関係機関とともに子育てを支援し，そのネットワークにより，地域で子どもを育てる環境づくりに努めます．

（専門職としての責務）

8．私たちは，研修や自己研鑚を通して，常に自らの人間性と専門性の向上に努め，専門職としての責務を果たします．

社会福祉法人　全国社会福祉協議会

全国保育協議会

全国保育士会

おわりに

　本書『こどもまんなか社会に活かす「子ども家庭支援論」』は，2008（平成20）年5月20日に西尾祐吾・末廣貴生子編『社会福祉援助技術──保育・介護を学ぶ人々のために』の初版が発刊されてから8冊目の発刊となる．本書は，保育士養成課程のカリキュラムの社会状況に合わせた変更により，これまでの書籍に新たな内容を加えて刷新している．

　これまでの発刊経過をたどってみると，2011（平成23）年4月に，保育士資格必修科目の「社会福祉援助技術」が「相談援助」「保育相談支援」の2科目へと変更されたことによる発刊がある．その変更により，授業内容に子どもたちに対する援助とともに，保護者に対する支援，虐待を受けた子どもへの援助，特別な配慮が必要な子ども等に対する援助の技術向上についての学びが求められることとなった．そこで，新たな保育者養成への対応を目指して，2011（平成23）年5月に『保育における相談援助・相談支援──いま保育者に求められるもの』，2013（平成25）年4月に改訂版となる『保育現場で役立つ相談援助・相談支援』，2015（平成27）年4月に再改訂版となる『保育の質を高める相談援助・相談支援』の発刊となった．それらの書籍において，私たちは執筆者として参加する機会をいただいた．そして，2017（平成29）年4月に再々改訂版となる『保育実践を深める相談援助・相談支援』でも執筆者として参加する機会をいただいた．

　2019（令和元）年の保育士養成カリキュラム改正で，これまでの「相談援助」「保育相談支援」「家庭支援論」の3科目の内容に，関係機関・施設・専門職との協働の重要性やカウンセリングマインドやスキル等の内容が加重され，「子ども家庭支援論」「子育て支援」「子ども家庭支援の心理学」の3科目の再編となった．その際には，それら3科目を統合し，『保育者の協働性を高める子ども家庭支援・子育て支援』として1冊の書籍とされ，そこでも，私たちは執筆者として参加させていただいた．

　その後，監修者である立花直樹先生，安田誠人先生は，「子ども家庭支援論」「子育て支援」「子ども家庭支援の心理学」の3科目を1冊にすることは，ページ数増加による価格上昇，書籍重量の増加，未履修目の内容も入った書籍となった為，「学生First」に逆行すると判断された．この様な状況の改善のため，『子ども・保護者に寄り添う「子ども家庭支援論」』『子ども・保護者に寄り添う「子育て支援」』『子ども・保護者に寄り添う「子ども家庭支援の心理学」』の3冊の発刊を企画された．各書の刊行により，保育士を目指す学生が，「子ども家庭支援論」「子育て支援」「子ども家庭支援の心理学」の各科目の知識・技術・価値等を体系的かつ関連的に会得できるものと判断された．これまでの書籍では西尾祐吾先生を監者，立花直樹先生・安田誠人先生・波田埜英治先生を編者とし，私たちは執筆者として参加させていただいていた．しかし，この書籍から，立花直樹先生・安田誠人先生の監修のもと，編者として執筆に参加することになった．

　その後，子ども家庭福祉に関する法律は改正されるとともに，こども基本法，こども家庭庁設置法が施行されたことにより，新たに本書『こどもまんなか社会に活かす「子ども家庭支援論」』を

刊行することになった．本書籍の刊行に当たっては，『子どもと保護者に寄り添う「子ども家庭支援論」』でも執筆をご担当いただいた先生方，また，大学・短期大学・専門学校等において専門職養成に携わっている先生方に新たに執筆を依頼した．

　刊行にあたり，暖かいご助言やご教示を与えてくださった監修者の立花直樹先生・安田誠人先生の監修を始め，ご執筆いただいた諸先生方にもご意見やご指導を賜ったことに心から感謝している．

　本書に基づいて学ぶことにより，保育者，保育者を目指す者が，子どもや保護者の思いを理解し，支援のあり方について考え，実践に活かしていただけたらと思う．子どもを取り巻く環境について考えながら家庭支援ができるように学びを深めていただけたらと思う．今後，子どもを取り巻く環境に対しての見立てができ，必要な支援ができるようになっていくことを求める．その際，本書が皆様の一助を担えればと願う．

　将来，保育者という立場で子どもや保護者に関わると，保育・教育の知識や技術だけでは限界や困難を感じることがあるかもしれない．その時，本書で学んだ「ソーシャルワーク」の知識や技術，考え方が手がかりになると心から期待している．

　また，本書は，保育者として子ども家庭支援の基礎となる知識・技術を述べている．保育ニーズが多様化・複雑化しており，今後，新たなニーズが現れる．その際に，子ども家庭支援の基礎を振り返るための参考にしていただきたい．

　そうして保育者として子どもと保護者と向き合う際に，子どもの最善の利益を保障する支援とはどのようなことかということを，専門職として各々に常に念頭に置くことを大切にしてほしい．そのためにも，本書から多様な子どもや家庭に対する丁寧に支援する方法について読者の参考となれば幸いである．

　末筆になるが，本書の出版に際し，ご支援をいただいた晃洋書房の萩原淳平社長，そして不慣れな私たち編者を支えて，校正から編集，出版に至るまで多大な労を惜しまずにご尽力いただいた編集部部長の西村喜夫氏，櫻井天真氏に心からの感謝の意を表する．

　2025年2月

　　　　　　　　　編者　中典子・青井夕貴・谷村和秀・吉田祐一郎

参 考 文 献

赤木和重・岡村由紀子・金子明子・馬飼野陽美（2017）『保育実践力アップシリーズ4　どの子にもあ〜楽しかった！の毎日を──発達の視点と保育の手立てをむすぶ』ひとなる書房.

秋山博介編（2007）『臨床に必要な社会福祉援助技術演習』弘文堂.

阿部彩（2014）『こどもの貧困Ⅱ──解決策を考える』岩波書店.

泉谷朋子（2023）「家庭の状況に応じた支援」児童育成協会監，松原康雄・村田典子・南野奈津子編『子ども家庭支援論〔第2版〕』中央法規出版.

石動瑞代・中西遍彦・隣谷正範編（2020）『学ぶ・わかる・みえるシリーズ保育と現在社会　保育と子ども家庭支援論』みらい.

上田衛編（2016）『保育と家庭支援〔第2版〕』みらい.

遠藤利彦（2022）『アタッチメントがわかる本「愛着」が心を育む』講談社.

大阪地域福祉サービス研究所監修（2019）『子どもと家庭を指させる保育──ソーシャルワークの視点から』ミネルヴァ書房.

大津の子どもをいじめから守る委員会（2022）「大津市立保育園事案に係る第三者委員会報告書概要版」大津市立保育園事案に係る第三者委員会.

小野﨑佳代・石田幸美（2020）『MINERVA保育士等キャリアアップ研修テキスト6　保護者支援・子育て支援』ミネルヴァ書房.

小原敏郎・橋本好市・三浦主博編（2016）『学ぶ・わかる・みえるシリーズ保育と現在社会　演習・保育と保護者への支援──保育相談支援』みらい.

掛札逸美（2017）『ストレスを活かす　心を守る　保育者のための心の仕組みを知る本』ぎょうせい.

柏女霊峰監修，橋本真紀・西村真美編（2010）『保護者支援　スキルアップ講座　保育者の専門性を生かした保護者支援（保育相談）の実際』ひかりのくに.

柏女霊峰・橋本真紀（2010）『保育者の保護者支援──保育指導の原理と技術〔増補版〕』フレーベル館.

柏女霊峰・橋本真紀編（2011）『新・プリマーズ／保育　保育相談支援』ミネルヴァ書房.

可知悠子（2020）『保育園に通えない子どもたち』筑摩書房.

上出香波（2021）「特別な配慮が必要な子どもへの支援と課題」佐久間美智雄・坂本健編『シリーズ保健の基礎を学ぶ2　実践に活かす子ども家庭福祉』ミネルヴァ書房.

河合美子（2021）「社会資源」子安増生・丹野義彦・箱田裕司監修『現代心理学辞典』有斐閣.

京極高宣監修（1993）『現代福祉学レキシコン』雄山閣出版.

金仙玉（2016）「障害者教育における『合理的配慮』の意義と課題：韓国の現状と社会福祉的背景」愛知県立大学大学院人間発達学研究科博士論文.

倉石一郎（2021）『教育福祉の社会学〈包摂と排除〉を超えるメタ理論』明石書店.

厚生労働省（2020b）『厚生労働白書〔令和2年版〕』.

厚生労働省（2021c）『厚生労働白書〔令和3年版〕』.

厚生労働省（2023a）『厚生労働白書〔令和5年版〕』.

厚生労働省編（2008）『保育所保育指針解説書』フレーベル館.

厚生労働省編（2018）『保育所保育指針解説　平成30年3月』フレーベル館.

こども家庭庁（2024a）『こども白書〔令和 6 年度版〕』.

小林奈穂・篠田邦彦（2007）「幼児，児童，生徒の朝食欠食を促す要因に関する系統的レビュー」『新潟医療福祉学会誌』7 .

齋藤克子（2007）「子育て支援施策の変遷——1990年以降の子育て支援施策を中心として」『現代社会研究科論集』（京都女子大学）1 .

斎藤信哉（2021）「特別な配慮が必要な子どもへの支援と課題」佐久間美智雄・坂本健編『シリーズ・保育の基礎を学ぶ2　実践に活かす子ども家庭福祉』ミネルヴァ書房.

佐野友恵（2013）「戦前日本における託児所保姆の養成・資格・待遇」『保育学研究』51（1），日本保育学会.

児童育成協会監修，松原康雄，村田典子，南野奈津子編（2019）『子ども家庭支援論』中央法規出版.

児童育成協会監修，松原康雄，村田典子，南野奈津子編（2024）『子ども家庭支援論〔第 2 版〕』中央法規出版.

芝野松次郎・新川泰弘・宮野安治・山川宏和編（2020）『子ども家庭福祉入門』ミネルヴァ書房.

庄司妃佐・二宮祐子編（2023）『子ども家庭支援論』アイ・ケイコーポレーション.

白石恵理子（2018）「保育所・幼稚園・こども園での障害児保育」玉村公二彦・清水貞夫・黒田学・向井啓二編『キーワードブック特別支援教育——インクルーシブ教育時代の障害児教育』クリエイツかもがわ.

末冨芳・桜井啓太（2021）『子育て罰「親子に冷たい日本」を変えるには』光文社.

全国社会福祉協議会・全国保育士会（2017）『保育士・保育教諭として，こどもの貧困問題を考える　質の高い保育実践のために』.

全国社会福祉協議会中央福祉人材センター（1995）『従事者研修のすすめ』全国社会福祉協議会.

全国保育士会（2018）『全国保育士会倫理綱領ガイドブック』全国社会福祉協議会.

髙谷幸・大曲由起子・樋口直人・鍛治致（2013）「2005年国勢調査に見る外国人の教育」『岡山大学大学院社会文化科学研究科紀要』35.

立花直樹・安田誠人監修，青井夕貴・中典子・吉田祐一郎・谷村和秀編（2022）『子どもと保護者に寄り添う「子ども家庭支援論」』晃洋書房.

立花直樹・安田誠人・波田埜英治編（2015）『保育の質を高める相談援助・相談支援』晃洋書房.

立花直樹・安田誠人・波田埜英治編（2017）『保育実践を深める相談援助・相談支援』晃洋書房.

立花直樹・安田誠人編（2013）『保育現場で役立つ相談援助・相談支援』晃洋書房.

ドラッカー，P. F.（1995）『「新訳」創造する経営者』上田惇生訳，ダイヤモンド社.

内閣府（2018）『少子化社会対策白書〔平成30年度版〕』.

内閣府・文部科学省・厚生労働省（2018）『幼保連携型認定こども園教育・保育要領解説』フレーベル館.

中坂育美・佐野信也・野村武司・川松亮（2023）『事例でわかる　子ども虐待対応の多職種・他機関連携』明石書店.

中坪史典・山下文一・松井剛太・伊藤嘉余子・立花直樹編（2022）『保育・幼児教育・子ども家庭福祉辞典〔第 2 版〕』ミネルヴァ書房.

仲村優一・岡村重夫・阿部志郎・三浦文夫・柴田善守・嶋田啓一郎編（1988）『現代社会福祉事典〔改訂新版〕』全国社会福祉協議会.

西尾祐吾監修，立花直樹・安田誠人・波田埜英治編（2019）『保育の協働性を高める子ども家庭支援・子育て支援』晃洋書房.

西尾祐吾・橘高通泰・熊谷忠和編（2005）『ソーシャルワークの固有性を問う』晃洋書房．

西尾祐吾監修，立花直樹・安田誠人・波田埜英治編（2019）『保育者の協働性を高める子ども家庭支援・子育て支援』晃洋書房．

西間三馨・眞弓光文・近藤直美監修（2011）『小児アレルギー疾患総合ガイドライン2011』協和企画．

日本子どもを守る会編（2021）『子ども白書2021』かもがわ出版．

日本社会福祉会監修（2023）『子ども家庭支援アセスメントガイドブック』中央法規出版．

橋本真紀・鶴宏史編（2021）『よくわかる　子ども家庭支援論』ミネルヴァ書房．

橋本怜・庄司和史（2018）「不登校生徒への支援を考える」『教育実践研究』2．

羽根木プレーパークの会（1978）『冒険遊び場がやってきた！　羽根木プレーパークの記録』晶文社．

原信夫・松倉佳子・佐藤ちひろ編（2020）『子ども家庭支援論』北樹出版．

福祉教育カレッジ編（2022）『イラストでみる社会福祉用語事典〔第２版〕』エムスリーエデュケーション．

ブーバー，M．（1978）『我と汝・対話』田口義弘訳，みすず書房．

福祉・保育小六法編集委員会編（2024）『福祉・保育小六法〔2024年版〕』みらい．

冬木春子・佐野千夏（2019）「母親の就労が幼児の生活習慣に及ぼす影響」日本家政学会誌，70（8）．

法務省人権擁護局内人権実務研究会編（1989）「不登校児の実態について――不登校児人権実態調査結果報告」法務省人権擁護局．

待井和江（1980）「保母の専門職化と保育者養成」『社會問題研究』30，大阪府立大学．

松本峰雄監修（2023）『子ども家庭支援論　演習ブック』ミネルヴァ書房．

丸目満弓・八重津史子・渡辺俊太郎（2021）「保育所の困難事例における有効な子育て支援とその要因―リフレーミングの意義―」『保育ソーシャルワーク学研究』7．

水枝谷奈央（2011）「保育所の地域子育て支援における保育相談支援」柏女霊峰・橋本真紀編『保育相談支援』ミネルヴァ書房．

水野喜代志編（2006）『社会福祉援助技術演習――福祉・介護を学ぶ人々のために』保育出版社．

森田洋司（2010）『いじめとは何か――教室の問題，社会の問題』中央公論新社．

文部科学省（2018）「幼稚園教育要領解説」フレーベル館．

文部科学省・厚生労働省・内閣府（2017）『幼稚園教育要領／保育所保育指針／幼保連携型認定こども園教育・保育要領〔原本〕』チャイルド本社．

山縣文治・柏女霊峰編（2013）『社会福祉用語辞典〔第９版〕』ミネルヴァ書房．

湯浅誠（2017）『「なんとかする」子どもの貧困』KADOKAWA．

横井一之・吉弘淳一編（2004）『保育ソーシャルカウンセリング』建帛社．

吉田眞理（2023）『児童の福祉を支える子ども家庭福祉』萌文書林．

Barker, R. L.（1991）The Social Work Dictionary（2 nd ed.），NASW Press.

Belsky, J.（1980）Child maltreatment : an ecological integration, *Am Psychol*, 35（4）.

Hindley, N., Ramchandani, P. G. & Jones, D. P.（2006）Risk factors for recurrence of maltreatment : a systematic review, *Arch Dis Child*, 91（9）.

Kovács, M., Stauder, A. & Szedmák, S.（2003）Severity of allergic complaints : The importance of depressed mood, *Journal of Psychosomatic Research, 54*.

朝日新聞デジタル（2023）「騒音苦情きっかけに公園は消えた「子どもの声」と住民，共生の道は」〈https :

//www.asahi.com/articles/ASR8B5H8KR83UTFL00D.html〉（2024年 8 月31日アクセス）.

NHK（2020）「【データで読む】いじめ　不登校　暴力行為　過去最多　低年齢化も」〈https：//www3.nhk.
　　or.jp/news/html/20201022/k10012676031000.html〉（2024年 9 月 1 日アクセス）.

京都市情報館「SOGI と LGBT について」〈https：//www.city.kyoto.lg.jp/bunshi/page/0000322970.html〉
　　（2024年 9 月17日アクセス）.

京都新聞（2013）「大津市いじめ第三者委報告〈要旨〉」〈http：//kyoto-np.co.jp/kp/topics/kanren/ijimehou
　　kokusyo/index.html〉（2024年 9 月 1 日アクセス）.

経済企画庁（1998）「平成 9 年度　国民生活選好度調査」〈https：//warp.da.ndl.go.jp/info：ndljp/pid/10361265
　　/www5.cao.go.jp/seikatsu/senkoudo/98/19980219c-senkoudo.html〉（2024年 9 月 6 日アクセス）.

厚生労働省「地域共生社会ポータルサイト」〈https：//www.mhlw.go.jp/kyouseisyakaiportal/〉（2024年 9
　　月15日アクセス）.

厚生労働省「令和 5 年度の育児休業取得率の調査結果」〈https：//ikumen-project.mhlw.go.jp/event/pdf/re
　　port_R5_2.pdf〉（2024年 9 月15日アクセス）.

厚生労働省（2014）「第 5 回21世紀出生児縦断調査（平成22年出生児）」〈https：//www.e-stat.go.jp/stat-sea
　　rch/files?page=1&layout=datalist&toukei=00450050&tstat=000001059174&cycle=7&tclass1=00000108
　　8935&tclass2=000001088975&tclass3val=0〉（2024年 9 月 4 日アクセス）.

厚生労働省（2019）「保育所におけるアレルギー対応ガイドライン〔2019年改訂版〕」〈https：//sukoyaka21.
　　cfa.go.jp/media/tools/s4_nyu_gail029.pdf〉（2024年12月 5 日アクセス）.

厚生労働省（2020a）「令和元年度障害者総合福祉推進事業医療的ケア児とその家族の生活実態調査報告
　　書」〈https：//www.mhlw.go.jp/content/12200000/000653544.pdf〉（2024年 8 月20日アクセス）.

厚生労働省（2021a）「令和 3 年度報酬改定における医療的ケア児に係る報酬（児童発達支援及び放課後等
　　デイサービス）の取扱い等について」〈https：//www.mhlw.go.jp/content/000763142.pdf〉（2024年12
　　月10日アクセス）.

厚生労働省（2021b）「「医療的ケア児及びその家族に対する支援に関する法律」について」〈https：//www.
　　mhlw.go.jp/content/12601000/000794739.pdf〉（2024年12月10日アクセス）.

厚生労働省（2022a）「令和 3 年度　全国ひとり親世帯等調査結果の概要」〈https：//www.cfa.go.jp/assets/
　　contents/node/basic_page/field_ref_resources/f1dc19f2-79dc-49bf-a774-21607026a21d/9ff012a5/202307
　　25_councils_shingikai_hinkon_hitorioya_6TseCaln_05.pdf〉（2024年 5 月26日アクセス）.

厚生労働省（2022b）「令和 3 年度　全国ひとり親世帯等調査結果報告（令和 3 年11月 1 日現在）」〈https：/
　　/warp.da.ndl.go.jp/info：ndljp/pid/12862028/www.mhlw.go.jp/content/11920000/001027808.pdf〉（2024
　　年 5 月26日アクセス）.

厚生労働省（2023b）「令和 5 年（2023）人口動態統計月報年計（概数）の概況　結果の概要」〈https：//www.
　　mhlw.go.jp/toukei/saikin/hw/jinkou/geppo/nengai23/dl/kekka.pdf〉（2024年 8 月30日アクセス）.

厚生労働省子ども家庭局家庭福祉課（2023）「里親制度（資料集）」〈https：//www.cfa.go.jp/assets/content
　　s/node/basic_page/field_ref_resources/a1964f34-8554-42bf-ba0c-05f25d36c092/be98e0a5/20230401_poli
　　cies_shakaiteki-yougo_satooya-seido_06.pdf〉（2024年 5 月26日アクセス）.

国立社会保障・人口問題研究所（2022）「第16回出生動向基本調査（結婚と出産に関する全国調査）」〈https：
　　//www.ipss.go.jp/ps-doukou/j/doukou16/doukou16_gaiyo.asp〉（2024年 8 月30日アクセス）.

こども家庭庁「子ども・子育て支援制度の概要」〈https：//www.cfa.go.jp/policies/kokoseido/〉（2024年 8
　　月30日アクセス）.

こども家庭庁「次世代育成支援対策」〈https://www.cfa.go.jp/policies/shoushika/jisedaishien/〉（2025年1月19日アクセス）.

こども家庭庁「要保護児童対策地域協議会スタートアップマニュアル」〈https://www.cfa.go.jp/assets/contents/node/basic_page/field_ref_resources/9de1dfa5-709b-4c6d-b2b0-15553510463c/e952b302/20230401_policies_jidougyakutai_startup-manual_08.pdf〉（2024年9月1日アクセス）.

こども家庭庁「「要保護児童対策地域協議会設置・運営指針」の一部改正について」〈https://www.cfa.go.jp/assets/contents/node/basic_page/field_ref_resources/fdf4848a-9194-4b7c-b228-1b7ed4847d58/9ac668ca/20230401_policies_jidougyakutai_hourei-tsuuchi_71.pdf〉（2024年9月1日アクセス）.

こども家庭庁（2022）「令和4年度　児童相談所における児童虐待相談対応件数（速報値）」〈https://www.cfa.go.jp/assets/contents/node/basic_page/field_ref_resources/a176de99-390e-4065-a7fb-fe569ab2450c/12d7a89f/20230401_policies_jidougyakutai_19.pdf〉（2024年8月30日アクセス）.

こども家庭庁（2023a）「こども家庭センターについて」〈https://www.mhlw.go.jp/content/11907000/001127396.pdf〉（2024年8月10日アクセス）.

こども家庭庁（2023b）「こども誰でも通園制度（仮称）の本格実施を見据えた試行的事業実施の在り方に関する検討会における現時点での議論の整理」〈https://www.cfa.go.jp/assets/contents/node/basic_page/field_ref_resources/160b1a31-89fa-4017-8401-8d89466b3984/0f51973c/20231108_councils_daredemotsuuen_klj8u1DW_05.pdf〉（2024年8月30日アクセス）.

こども家庭庁（2023c）「令和4年度子ども・若者の状況及び子ども・若者育成支援施策の実施状況」〈https://www.cfa.go.jp/assets/contents/node/basic_page/field_ref_resources/0ccb3a83-155c-4c5e-888e-8b5cbc9210fe/c6fc81e7/20231220_resources_white-paper_02.pdf〉（2024年10月26日アクセス）.

こども家庭庁（2023d）「こども大綱」〈https://www.cfa.go.jp/assets/contents/node/basic_page/field_ref_resources/f3e5eca9-5081-4bc9-8d64-e7a61d8903d0/276f4f2c/20231222_policies_kodomo-taikou_21.pdf〉（2024年9月1日アクセス）.

こども家庭庁（2023e）「資料2：重大事態への対処の在り方等に関する新たな方向性」〈https://www.cfa.go.jp/assets/contents/node/basic_page/field_ref_resources/29a92c86-1f65-4964-8413-c12bee814e1a/d44d9bf6/20230202_councils_ijime_boushi_shiryou_02.pdf〉（2025年2月10日アクセス）.

こども家庭庁（2024b）「こども家庭センターの設置状況等について」〈https://www.cfa.go.jp/assets/contents/node/basic_page/field_ref_resources/688cad47-93b1-4b82-90fc-79ba3c0af4f3/c2904fba/20240708_press_688cad47-93b1-4b82-90fc-79ba3c0af4f3_01.pdf〉（2024年9月2日アクセス）.

こども家庭庁支援局家庭福祉課「こどもの未来応援国民運動　こどもの貧困とは」〈https://kodomohinkon.go.jp/hinkon/〉（2024年12月10日アクセス）.

こども家庭庁支援局家庭福祉課（2023）「里親制度（資料集）」〈https://www.cfa.go.jp/assets/contents/node/basic_page/field_ref_resources/a1964f34-8554-42bf-ba0c-05f25d36c092/be98e0a5/20230401_policies_shakaiteki-yougo_satooya-seido_06.pdf〉.

こども家庭庁支援局家庭福祉課（2025）「社会的養育の推進に向けて」〈https://www.cfa.go.jp/assets/contents/node/basic_page/field_ref_resources/8aba23f3-abb8-4f95-8202-f0fd487fbe16/85d5a9d1/20250108_policies_shakaiteki-yougo_115.pdf〉（2025年2月13日アクセス）.

子どもみんなプロジェクト（2019）「子どもみんなプロジェクト事業成果報告書」〈https://www.cocoro.chiba-u.jp/kodomo-minna/files/houkokusyo.pdf〉（2024年12月16日アクセス）.

出入国在留管理庁（2024）「令和5年末現在における在留外国人数について」〈https://www.moj.go.jp/isa/

publications/press/13_00040.html〉（2024年 5 月26日アクセス）.

鈴木雄司・山本雅章監修（2021）「子ども子育て関連 3 法と子ども子育て支援新制度の概要」福祉医療機構〈https：//www2.wam.go.jp/content/wamnet/pcpub/jidou/handbook/feature/wamnet_jidou_explain.html〉（2024年 8 月30日アクセス）.

全国社会福祉協議会（2014）「社会的包摂にむけた福祉教育——実践に向けた福祉教育プログラムの提案」平成25年度社会的包摂にむけた福祉教育のあり方研究会報告書〈https：//www.zcwvc.net/wp/wp-content/uploads/2021/09/2013%E5%B9%B4%E5%BA%A6%E7%A6%8F%E7%A5%89%E6%95%99%E8%82%B2%E5%A0%B1%E5%91%8A%E6%9B%B8.pdf〉（2025年 1 月26日アクセス）.

立田康裕（国立教育政策研究所）（2013）「生涯学習の学習需要の実態とその長期的変化に関する調査研究」〈https：//nier.repo.nii.ac.jp/record/1003/files/20140218103658-0007.pdf〉（2024年 8 月31日アクセス）.

東京新聞（2024）「認可保育所の建設中止　JR 戸塚駅付近，狭い道路に隣接し住民らが反対運動」〈https：//www.tokyo-np.co.jp/article/336887〉（2024年 8 月30日アクセス）.

東京都世田谷区（2017）「せたがや子どもの未来応援気づきのシート」〈https：//www.city.setagaya.lg.jp/documents/2186/s5b1.pdf〉（2024年11月 7 日アクセス）.

内閣府「令和 3 年度子供の貧困の状況と子供の貧困対策の実施状況」〈https：//warp.da.ndl.go.jp/info：ndljp/pid/12772297/www8.cao.go.jp/kodomonohinkon/taikou/pdf/r03_joukyo.pdf〉（2024年12月10日アクセス）.

内閣府（2020）「コラム 1　生活時間の国際比較」『男女共同参画白書〔令和 2 年版〕』〈https：//www.gender.go.jp/about_danjo/whitepaper/r02/zentai/html/column/clm_01.html〉（2024年 8 月30日アクセス）.

内閣府（2021a）「令和 2 年度　少子化対策に関する国際意識調査」〈https：//warp.da.ndl.go.jp/info：ndljp/pid/13024511/www8.cao.go.jp/shoushi/shoushika/research/r02/kokusai/pdf_index.html〉（2024年 8 月30日アクセス）.

内閣府（2021b）「令和 3 年度　性別による無意識の思い込み（アンコンシャス・バイアス）に関する調査研究」〈https：//www.gender.go.jp/research/kenkyu/pdf/seibetsu_r03/02.pdf〉（2024年 8 月30日アクセス）.

内閣府（2023）「障害者白書〔令和 6 年版〕」〈https：//www8.cao.go.jp/shougai/whitepaper/r06hakusho/zenbun/index-pdf.html〉（2024年 8 月20日アクセス）.

内閣府子ども・子育て本部（2014）「子ども・子育て支援新制度の概要について」〈https：//www8.cao.go.jp/kisei- kaikaku/suishin/meeting/wg/hoiku/20170922/170922hoiku03.pdf〉（2024年 8 月10日アクセス）.

内閣府子ども・子育て本部（2022）「子ども・子育て支援新制度について」〈https：//www.cfa.go.jp/assets/contents/node/basic_page/field_ref_resources/59cb59b3-ce0e-4a4f-9369-2c25f96ad376/0a86ca26/20230929_policies_kokoseido_outline_01.pdf〉（2025年 2 月11日アクセス）.

内閣府男女共同参画局（2022）「男女共同参画白書〔令和 4 年版　全体版〕」〈https：//www.gender.go.jp/about_danjo/whitepaper/r04/zentai/pdf/r04_tokusyu.pdf〉（2024年 5 月26日アクセス）.

新潟県教育委員会（2019）「新潟県いじめ等防止のための資料集」〈https：//www.ijimetaisaku.pref.niigata.lg.jp/pdf/ma-1.pdf〉（2024年 9 月 1 日アクセス）.

日本産婦人科医会 HP「女性の健康 Q&A　産後うつについて教えてください」〈https：//www.jaog.or.jp/qa/confinement/jyosei200311/〉（2024年 9 月 7 日アクセス）.

日本総研「ヤングケアラーの実態に関する調査研究」〈https：//www.jri.co.jp/page.jsp?id=102439〉（2024年12月17日アクセス）.

PIAZZA（2024）「孤育てに関するアンケート」〈https：//prtimes.jp/main/html/rd/p/000000129.000016981. html〉（2024年 8 月31日アクセス）.

ベネッセ教育総合研究所（2017）「第 2 回　乳幼児の親子のメディア活用調査」〈https：//benesse.jp/berd/ jisedai/topics/index_5242.html〉（2024年 8 月31日アクセス）.

三池輝久（2021）「親の「夜ふかし」が子供の健康に与える大問題」（東洋経済オンライン）〈https：//toyokeizai. net/articles/-/417763〉（2024年12月 5 日アクセス）.

文部科学省（2020）「令和元年度　児童生徒の問題行動・不登校等生徒指導上の諸課題に関する調査結果」 〈https：//www.mext.go.jp/content/20211008-mext_jidou01-100002753_01.pdf〉.

文部科学省（2022）「幼保小の架け橋プログラムの実施に向けての手引き〔初版〕」〈https：//www.mext.go. jp/content/20220405-mxt_youji-000021702_3.pdf〉（2024年 9 月15日アクセス）.

文部科学省（2023）「令和 4 年度　児童生徒の問題行動・不登校等生徒指導上の諸課題に関する調査結果について」〈https：//www.mext.go.jp/a_menu/shotou/seitoshidou/1422178_00004.htm〉（2024年12月25日アクセス）.

文部科学省初等中等教育局児童生徒課（2015）「いじめの態様」〈https：//www.mext.go.jp/component/a_ menu/education/detail/_icsFiles/afieldfile/2019/01/04/1412082-26.pdf〉（2025年 1 月15日アクセス）.

文部科学省初等中等教育局児童生徒課（2021）「令和 2 年度　児童生徒の問題行動・不登校等生徒指導上の諸課題に関する調査結果」〈https：//www.mext.go.jp/content/20211007-mxt_jidou01-100002753_1.pdf〉（2024年 9 月 1 日アクセス）.

文部科学省初等中等教育局児童生徒課（2023）「令和 4 年度　児童生徒の問題行動等生徒指導上の諸問題に関する調査について」〈https：//www.mext.go.jp/a_menu/shotou/seitoshidou/1302902.htm〉（2024年 9 月10日アクセス）.

文部科学省総合教育政策局調査企画課（2021）「令和 4 年度学校基本調査（確定値）の公表について」〈https：//www.mext.go.jp/b_menu/toukei/chousa01/kihon/kekka/k_detail/1419591_00007.htm〉（2024年 9 月 1 日アクセス）.

ユニセフ・イノチェンティ研究所（2007）「ノチェンティ　レポートカード 7　先進国における子どもの幸せ　生活と福祉の総合的評価」〈https：//www.unicef.or.jp/library/pdf/labo_rc7.pdf〉（2024年 9 月 1 日アクセス）.

ユニセフ・イノチェンティ研究所，国立社会保障・人口問題研究所（2013）「ノチェンティ　レポートカード11　先進国における子どもの幸福度　日本との比較　特別編集版」〈https：//www.unicef.or.jp/ library/pdf/labo_rc11ja.pdf〉（2024年 9 月 1 日アクセス）.

ユニセフ・イノチェンティ研究所，国立社会保障・人口問題研究所（2020）「ノチェンティ　レポートカード16　子どもたちに影響する世界　先進国の子どもの幸福度を形作るものは何か」〈https：//www. unicef.or.jp/library/pdf/labo_rc16j.pdf?240402〉（2024年 9 月 1 日アクセス）.

読売新聞オンライン（2024）「子どもの推計人口は過去最少1401万人……43年連続減少，少子化に歯止めかからず（2024年 5 月 4 日）」〈https：//www.yomiuri.co.jp/national/20240504-OYT1T50047/〉（2024年 8 月31日アクセス）.

和久田学（2019a）「科学の力でいじめ撲滅を目指す〔前編〕」〈https：//www.kokuyo-furniture.co.jp/solution /mana-biz/2019/02/world-179.php〉（2024年 9 月 1 日アクセス）.

和久田学（2019b）「科学の力でいじめ撲滅を目指す〔後編〕」〈https：//www.kokuyo-furniture.co.jp/solution /mana-biz/2019/03/world-181.php〉（2024年 9 月 1 日アクセス）.

索　引

《監修者紹介》

立 花 直 樹 （たちばな　なおき）［序　章・第15章］

　　1994年　関西学院大学社会学部卒業
　　　　　　　企業，社会福祉施設，社会福祉協議会等での勤務を経て
　　2007年　関西学院大学大学院社会学研究科博士課程前期課程修了
　　現　在　関西学院短期大学保育科准教授，大阪地域福祉サービス研究所研究員
　　主要業績
　　　『子どもと保護者に寄り添う「子ども家庭支援論」』（共監著）晃洋書房，2022年.
　　　『子どもと保護者に寄り添う「子ども家庭支援の心理学」』（共監著）晃洋書房，2022年.
　　　『子どもと保護者に寄り添う「子育て支援」』（共監著）晃洋書房，2022年.
　　　『保育・幼児教育・子ども家庭福祉辞典』（共編著）ミネルヴァ書房，2021年.
　　　『児童・家庭福祉——子どもと家庭の最善の利益——』（共編著）ミネルヴァ書房，2022年.

安 田 誠 人 （やすだ　よしと）［終　章］

　　1993年　三重大学大学院教育学研究科修士課程修了
　　　　　　　一宮女子短期大学（現修文大学短期大学部），びわこ学院大学等での勤務を経て
　　現　在　大谷大学教育学部教育学科教授
　　主要業績
　　　『保育者の協働性を高める子ども家庭支援・子育て支援——「子ども家庭支援論」「子ども家
　　　　庭支援の心理学」「子育て支援」を学ぶ——』（共編著）晃洋書房，2019年.
　　　『障害児の保育・福祉と特別支援教育』（共著）ミネルヴァ書房，2019年.
　　　『子どもと保護者に寄り添う「子ども家庭支援論」』（共監著）晃洋書房，2022年.

《編者紹介》

中　　典 子 （なか　のりこ）［第6章］

　　2002年　佛教大学大学院社会学研究科博士課程修了
　　現　在　中国学園大学子ども学部子ども学科教授

青 井 夕 貴 （あおい　ゆうき）［第3章］

　　2008年　岩手県立大学大学院社会福祉学研究科博士後期課程修了
　　　　　　　仁愛女子短期大学等での勤務を経て
　　現　在　仁愛大学人間生活学部子ども教育学科准教授

谷 村 和 秀 （たにむら　かずひで）［第2章］

　　2005年　中部学院大学大学院人間福祉学研究科修士課程修了
　　　　　　　社会福祉士養成施設，介護福祉士養成施設での勤務を経て
　　現　在　愛知学泉短期大学幼児教育学科准教授

吉 田 祐一郎 （よしだ　ゆういちろう）［第12章］

　　2012年　中部学院大学大学院人間福祉学研究科博士課程単位取得後退学（満期）
　　現　在　四天王寺大学教育学部教育学科准教授

《執筆者紹介》（執筆順，＊は監修者，編者）

＊立 花 直 樹　関西学院短期大学　………………………………………………… 序　章・第15章

　丸 目 満 弓　大阪総合保育大学　………………………………………………… 第 1 章

＊谷 村 和 秀　愛知学泉短期大学　………………………………………………… 第 2 章

＊青 井 夕 貴　仁愛大学　…………………………………………………………… 第 3 章

　津 田 尚 子　関西女子短期大学　………………………………………………… 第 4 章

　吉 弘 淳 一　福井県立大学　……………………………………………………… 第 5 章

＊中 　 典 子　中国学園大学　……………………………………………………… 第 6 章

　渡 邊 明 宏　愛知東邦大学　……………………………………………………… 第 7 章

　松 本 亜香里　愛知東邦大学　……………………………………………………… 第 7 章

　手 塚 崇 子　川村学園女子大学　………………………………………………… 第 8 章

　佐 々 智 子　京都民医連中央病院・京都文教短期大学　………………………… 第 9 章

　河 村 浩 世　京都芸術大学　……………………………………………………… 第10章

　平 本 　 譲　鹿児島女子短期大学　……………………………………………… 第11章

＊吉田祐一郎　四天王寺大学　……………………………………………………… 第12章

　金 　 　 仙 玉　富山国際大学　……………………………………………………… 第13章

　山 田 裕 一　関西福祉科学大学　………………………………………………… 第14章

＊安 田 誠 人　大谷大学　…………………………………………………………… 終　章

こどもまんなか社会に活かす
「子ども家庭支援論」

2025年3月30日　初版第1刷発行		＊定価はカバーに 　表示してあります

監　修	立　花　直　樹 © 安　田　誠　人	
編　者	中　　典　　子 青　井　夕　貴 谷　村　和　秀 吉　田　祐　一　郎	
発行者	萩　原　淳　平	
印刷者	藤　森　英　夫	

発行所　株式会社　晃　洋　書　房

〒615-0026　京都市右京区西院北矢掛町7番地
電話　075(312)0788番(代)
振替口座　01040-6-32280

装幀　HON DESIGN(小守いつみ)　印刷・製本　亜細亜印刷㈱
ISBN 978-4-7710-3899-8